Die Abbildung zeigt ein Gemälde des Künstlers Jacques-Louis David aus dem Jahr 1804. Es entstand im Auftrag des französischen Herrschers Napoleon Bonaparte und stellt dessen Krönung zum Kaiser der Franzosen dar – im Beisein hoher Würdenträger. Gezeigt ist der Augenblick, in welchem Napoleon seiner Frau Josephine die Kaiserkrone aufsetzt, nachdem er sich kurz zuvor selbst gekrönt hatte.

1 *Beschreibt die Abbildung.*

2 *Stellt Vermutungen darüber an, warum der Papst, der rechts hinter Napoleon sitzend dargestellt ist, zur Kaiserkrönung eingeladen wurde.*

Schauplatz: Napoleonkult

1769 Geburt auf Korsika; Kind einer armen, adligen Familie
1784 Offiziersausbildung an Pariser Militärschule; Außenseiter in der feinen französischen Gesellschaft
1789 Rang eines Oberleutnants
1793 Eroberung von Toulon, das von englischen Truppen besetzt war, und Beförderung zum General
1795 Niederschlagung eines Aufstandes gegen die Regierung
1796
- Heirat mit Josephine
- Oberbefehl für die Kriege in Oberitalien

1799
- Auflösung des Parlaments mithilfe der Truppen
- Staatsoberhaupt: „Erster Konsul"
- Erlass einer Verfassung, die Napoleon alle Macht sichert; eine Volksvertretung wird zum Schein beibehalten

1804 Kaiserkrönung
1805
- Niederlage gegen England in der Seeschlacht bei Trafalgar
- Sieg über Österreich und Russland in der Schlacht von Austerlitz

1806 Sieg in der Schlacht bei Jena und Auerstedt gegen Preußen
1808 Spanische Aufstände gegen napoleonische Herrschaft
1812 Niederlage im Russlandfeldzug
1813 Niederlage in der „Völkerschlacht" von Leipzig
1814 Thronverzicht und Verbannung nach Elba
1815
- Rückkehr für 100 Tage
- Endgültige Niederlage in der Schlacht bei Waterloo
- Verbannung nach St. Helena

1821 Tod auf St. Helena

1 **Der Lebenslauf des Napoleon Bonaparte.**

Über seine politischen Ziele sagte Napoleon in einem Gespräch:

Q1 … Europa wird nicht zur Ruhe kommen, bevor es nicht unter einem einzigen Oberhaupte steht, unter einem Kaiser, der Könige als seine Beamte hat und der seinen Generalen Königreiche gibt.
Wir brauchen ein europäisches Gesetz, einen europäischen Gerichtshof, eine einheitliche Münze, die gleichen Gewichte und Maße. Wir brauchen dieselben Gesetze für ganz Europa. … Aus allen Völkern Europas muss ich ein Volk machen und aus Paris die Hauptstadt der Welt. …

Aus einem Aufruf Napoleons an seine Soldaten:

Q2 … Soldaten! Ihr seid nackt, schlecht genährt; die Regierung ist euch viel schuldig, aber sie kann euch nichts geben. Bewunderungswürdig ist eure Geduld und der Mut, den ihr bewiesen habt. Ich will euch in die fruchtbarsten Ebenen der Welt führen. Reiche Provinzen, große Städte werden in eure Hände fallen; dort werdet ihr Ehre, Ruhm und Reichtümer finden! …

1 *Lest den Lebenslauf. Wie erklärt ihr euch den raschen Aufstieg Napoleons?*
2 *Erläutert anhand des Textes Q1 die Ziele Napoleons. Überlegt, ob manche von ihnen heute noch zeitgemäß wirken oder nicht. Begründet eure Auffassung.*
3 *Erklärt, wie Napoleon sich bei den Soldaten Sympathien schuf (Q2).*

2 **1840: Der Sarg Napoleons wird in den Invalidendom in Paris überführt.** Stich, um 1840.

Schauplatz: Napoleonkult

Napoleon – Superstar

Napoleon Bonaparte wurde in Europa von vielen Menschen verehrt. Sie sahen in ihm den Botschafter einer neuen Zeit und einen genialen Feldherrn. War er nicht der Mann, der nach den Wirren der Revolution wieder für Ruhe und Ordnung sorgen konnte?
Die Verehrung Napoleons zeigte sich in zahlreichen bildlichen Darstellungen, in Musikkompositionen, Gedichten oder Alltagsgegenständen.

Noch 1828 schrieb Johann Wolfgang von Goethe:

Q3 … Sein Leben war das Schreiten eines Halbgottes von Schlacht zu Schlacht und von Sieg zu Sieg. Von ihm könnte man sehr wohl sagen, dass er sich in dem Zustande einer fortwährenden Erleuchtung befunden; weshalb auch sein Geschick ein so glänzendes war, wie es die Welt vor ihm nicht sah, und vielleicht auch nach ihm nicht sehen wird.

5 **Napoleon auf dem Großen St. Bernhard, 1801.**
Das Gemälde von Jacques-Louis David zeigt Napoleon während eines Italienfeldzuges bei der Überquerung der Alpen. Aufzeichnungen Mitreisender belegen, dass Napoleon den Großen St. Bernhard tatsächlich nicht auf einem kräftigen, ungestümen Pferd, sondern auf einem Maultier, geführt von einem Bergbauern, überquert hat. Der Maler tauschte das Motiv des Maultiers aber nicht nur gegen das des Pferdes aus. Seine Art der Darstellung bezieht sich auch auf ein seit der römischen Kaiserzeit verbreitetes Bild des reitenden Herrschers, der sein Pferd mit der linken Hand zügelt und die rechte zum Gruß erhebt.

3 **Schnupftabakdose.**
19. Jahrhundert. Foto.

4 **Schultheißenstab.**
Dieser Stab war das Amtszeichen eines Dorfvorstehers. Um 1800, Museum Schifferstadt. Foto.

4 *Nennt Gründe, warum Menschen sich anscheinend gerne mit Gegenständen umgaben, wie sie die Abbildungen 3 und 4 zeigen. Was verband vermutlich der Dorfvorsteher mit dem Tragen des Stabes?*
5 *Erklärt, in welcher Rolle und in welchem Verhältnis zu Napoleon sich der zeitgenössische Betrachter des Gemäldes (Abbildung 5) offenbar sehen sollte.*
6 *Berichtet über heutige „Helden" und deren Verehrung.*

Schauplatz: Napoleonkult

Nachdem Napoleon sich selbst zum Kaiser der Franzosen gekrönt hatte, zerbrach für viele Zeitgenossen schon das Bild des zeitgemäßen Herrschers, das sie zu Anfang seiner Regentschaft gewonnen hatten. Hinzu kam, dass die auf Befehl Napoleons geführten Kriege unzählige Opfer forderten: Bis weit über seinen Tod hinaus wurde er zu einer umstrittenen Figur.
Der Komponist Ludwig van Beethoven etwa widmete Napoleon aus Begeisterung für ihn und die republikanische Sache eine Sinfonie: Auf das Titelblatt schrieb er „Buonaparte“. Als er aber erfuhr, dass sich Napoleon zum Kaiser gekrönt hatte, zerriss er das Titelblatt und sagte, dass er sich in diesem Mann geirrt hätte, der ja wohl nur ein ganz gewöhnlicher, ehrgeiziger Mensch sei. Die Sinfonie ist heute unter dem Namen „Eroica“ (französisch: „die Heldenhafte“) bekannt.

Der französische Schriftsteller Chateaubriand formulierte um 1830:

Q1 … Heute ist es Mode, die Siege Bonapartes zu verherrlichen. Man hört nichts mehr von den Verwünschungen, den Schmerzensschreien, der Verzweiflung der Opfer. Man sieht das erschöpfte Frankreich … nicht mehr. … Unter dem Kaiserreich verschwanden wir, es war gar nicht mehr die Rede von uns, alles gehörte Bonaparte: „Ich habe befohlen, ich habe gesiegt, ich habe gesprochen, meine Adler, meine Krone, mein Blut, meine Familie, meine Untertanen …“ Was Bonaparte angeht, so ist er trotz seiner ungeheuren Eroberungen erlegen, nicht weil er besiegt worden war, sondern weil Frankreich seiner überdrüssig war.

1 *Vergleicht die Stationen der Karikatur mit denen des Lebenslaufs Napoleons. Stellt tabellarisch den in der Karikatur genannten Stationen die entsprechenden Jahreszahlen gegenüber.*

2 *Bewertet: Welche Einstellung zu Napoleon hatte der Karikaturist vermutlich?*

1 Napoleons Aufstieg und Sturz. Deutsche Karikatur, 1814.

Arbeitstechnik: Ein Tribunal durchführen

Napoleon: Held oder Kriegstreiber?

Mithilfe dieses Kapitels sollt ihr euch selbst ein Urteil über Napoleon bilden. Deshalb lernt ihr hier die Methode „Ein Tribunal durchführen" kennen. Tribunal – das ist ein anderes Wort für Gerichtshof oder Gerichtsprozess und meint hier eine besondere Form des Rollenspiels als Gerichtsverhandlung. Dabei geht es darum, dass ihr euch von einer geschichtlichen Situation oder einem aktuellen Problem ein ausführliches Bild macht und es von verschiedenen Seiten zu beurteilen versucht. Ziel dieser Methode ist aber weniger das Urteil selbst als vielmehr die Beschäftigung mit den Hintergründen des zu verhandelnden Falles.
Anders als in anderen Einheiten dieses Buches könnt ihr die hier vorgestellte Methode aber erst anwenden, wenn ihr die gesamte Einheit über das Zeitalter Napoleons durchgearbeitet und genügend Informationen gesammelt habt. Während der Arbeit an den folgenden Seiten solltet ihr euch deshalb Stichpunkte notieren.

1. Informationen sammeln und bewerten

- Wertet Texte und Bilder aus. Was spricht für Napoleon, was gegen ihn?
- Formuliert Argumente.

2. Rollen übernehmen

- Legt nun die Rollen fest, z. B.: Ankläger, Verteidiger, Angeklagter, Zeugen, Experten (Lehrkraft?), unabhängige Beobachter/Presse, Richter (zur Leitung der Verhandlungen).
- Jede Rolle muss nun durch eine Gruppe besetzt werden, die sich auf die Verhandlung vorbereitet.
- Überlegt innerhalb der Gruppen, wie ihr vorgehen wollt.
- Entscheidet, ob ihr vor der Verhandlung unter den Gruppen die vorbereitenden Texte austauschen wollt.

3. Argumente austauschen

- Argumentiert: Was spricht für, was gegen den Angeklagten?
- Gegebenenfalls: Nennt auftretende Probleme, die die Klärung erschweren.
- Notiert auch abweichende Meinungen von Minderheiten.
- Findet abschließend ein Urteil.

4. Abschlussbesprechung

- Diskutiert offene Fragen und unterschiedliche Meinungen zum Urteil.
- Überprüft, wenn möglich, den Verlauf des Tribunals mit der geschichtlichen Wirklichkeit.

So geht es weiter ...

Frankreich und Europa

1600 1625 1650 1675 1700 1725 1750 1775 1800 1825 1850 1875 1900 1925 1950

__1805:__
Im Oktober unterliegt die französische Flotte der Royal Navy bei Trafalgar.

Im Dezember siegt Napoleon mit seiner Armee über die Truppen Österreichs und Russland bei Austerlitz.

__1806:__
Die französische Armee schlägt die preußische in der Doppelschlacht von Jena und Auerstedt im heutigen Thüringen.

Napoleon erlässt die Kontinentalsperre gegen England.

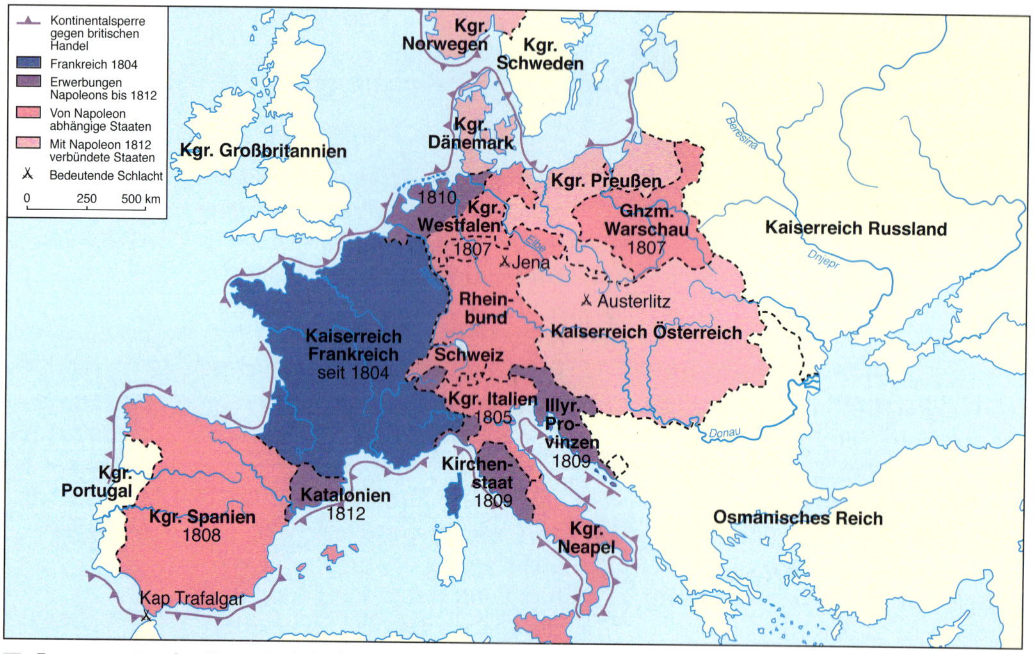

1 **Europa unter der Herrschaft Napoleons.**

Austerlitz – Ein Sieg und seine Folgen

Dass es sein Ziel war, über ganz Europa zu herrschen, hatte Napoleon schon früh deutlich gemacht (Seite 8, Q1), und seine Truppen führte er von Sieg zu Sieg. Doch um ein französisches Imperium zu verhindern, verbündeten sich die Herrscher Englands, Russlands, Österreichs und Schwedens im Jahr 1805 gegen den französischen Kaiser. Als Antwort auf dieses Bündnis entschloss sich dieser im Spätsommer zu einem Vorstoß gegen die österreichischen und russischen Armeen. Schon im November zogen die französischen Heere in Wien ein. Von dort rückten sie in nördlicher Richtung vor. Am 2. Dezember kam es bei Austerlitz im heutigen Tschechien zur so genannten Dreikaiserschlacht, bei der 37 000 Soldaten starben. Napoleon gewann die Schlacht, noch bevor Preußen seine Drohung, in den Krieg einzugreifen, wahr machen konnte. Der österreichische Monarch Franz II., der zugleich deutscher Kaiser war, entschloss sich, mit Napoleon einen Waffenstillstand zu vereinbaren, musste dafür aber erhebliche Gebietsverluste hinnehmen. Der russische Zar zog sich mit den Resten seiner Armee zurück. Mehr als 37 000 Soldaten hatten in der Schlacht den Tod gefunden.

Napoleon aber konnte mit dem Sieg in Austerlitz seine Vormachtstellung auf dem europäischen Kontinent festigen. In wenigen darauf folgenden Jahren gelang es ihm, den größten Teil Mitteleuropas zu unterwerfen (Karte 1) und seiner ▶Hegemonie* zu unterstellen. Auch die Großmacht Preußen musste sich seinen Truppen geschlagen geben: 1806 unterlag die preußische Armee der französischen in der Doppelschlacht bei Jena und Auerstedt in Thüringen. Preußen wurde zu Gebietsabtretungen und Entschädigungszahlungen verpflichtet und blieb besetzt.

*__▶Hegemonie*__*
(griechisch: Oberbefehl, Führerschaft): Vorherrschaft oder Überlegenheit einer Institution – z. B. eines Staates – in politischer, militärischer, wirtschaftlicher und kultureller Hinsicht über andere Institutionen, sodass diese kaum Möglichkeiten haben, eigene Ziele durchzusetzen.

Frankreich und Europa

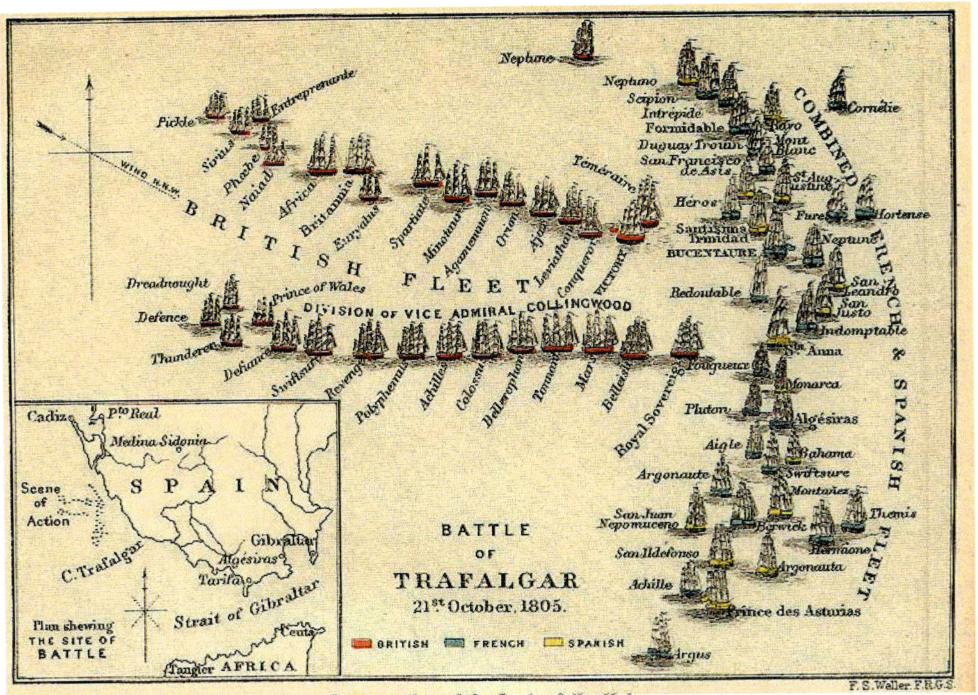

2 Die Aufstellung der gegnerischen Flotten vor der Schlacht von Trafalgar, 1805.
Zeitgenössische Darstellung.

1 *Beschreibt anhand der Karte die Machterweiterung des französischen Kaiserreichs.*

Trafalgar – Eine Niederlage und ihre Folgen
Nur England widersetzte sich Napoleon erfolgreich: Die französische Flotte, in deren Ausbau viel Geld investiert worden war, wurde im Oktober 1805 in der Seeschlacht von Trafalgar von der „Royal Navy" vernichtend geschlagen und verhinderte die Unterwerfung des Königreiches Großbritannien.
Um England gefügig zu machen, entschloss sich Napoleon 1806 zu einem Wirtschaftskrieg. Er verbot den europäischen Ländern jeglichen Handel mit England.
Um dieser Maßnahme, die als „Kontinentalsperre" bezeichnet wird, Nachdruck zu verleihen, kontrollierten französische Beamte und Soldaten in den unter der Herrschaft Napoleons stehenden Gebieten immer wieder Geschäfte und Haushalte und beschlagnahmten alle Waren, die aus England stammten. Vor den Stadttoren wurde ihre Beute in Scheiterhaufen verbrannt.
Die Briten wehrten sich gegen diese Maßnahmen, indem sie alle europäischen Schiffe kaperten, die sie auf See antrafen. Seefahrt und Fernhandel der Kontinentalmächte kamen zum Erliegen. So mangelte es bald an Absatzmöglichkeiten vor allem für Getreide und Holz. In Deutschland fehlten der englische Stahl und die Werkzeuge, die daraus hergestellt wurden. Zudem blieben die Waren aus britischen ▶Kolonien aus: Kaffee, Tee, Zucker, Gewürze und Baumwolle. Sein Ziel, England wirtschaftlich niederzuringen, erreichte Napoleon jedoch nicht: England gelang es, neue Absatzmärkte in Südamerika zu erschließen.

2 *Versucht, anhand der Abbildung 2 eine Erklärung für den Sieg der Engländer zu finden. Vergleicht anschließend eure Erklärung mit dem Text in der Randspalte.*

3 *Nennt die Folgen der Kontinentalsperre für Matrosen, Kaufleute, Handwerker und Familien. Überlegt, wie diese Folgen die Stimmung gegenüber Napoleon vermutlich beeinflussten.*

Wie kam es zum Sieg der Royal Navy?
Admiral Collingwoods Flaggschiff eröffnete die Schlacht und fuhr in eine Lücke der französischen Flotte hinein. Dann kam Admiral Nelson zu Hilfe und griff sofort das Schiff des französischen Admirals Villeneuve an. Als dieser die Schiffe seiner Vorhut zu Hilfe rief, gehorchten deren Kapitäne nicht und fuhren mit vollen Segeln davon. Auch waren die Briten die erfahreneren Matrosen: Sie konnten die befohlenen Manöver (wenden, Segel setzen, Kanonen ausrichten usw.) etwa fünfmal schneller ausführen als die französischen Seeleute.

Napoleon verändert Deutschland

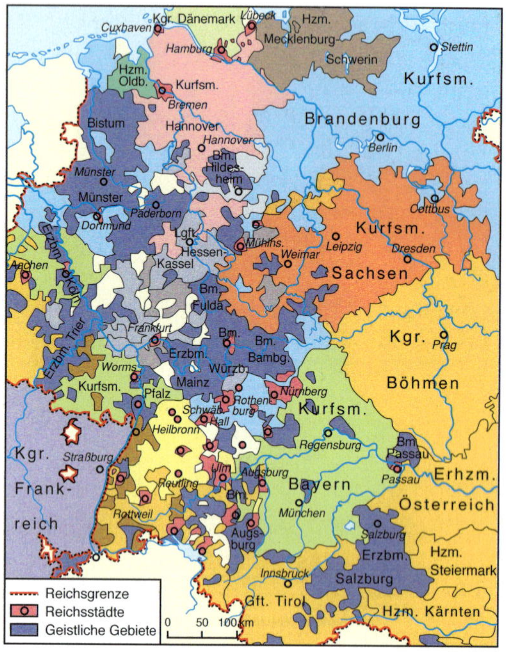

1 **Mitteleuropa vor 1789.**

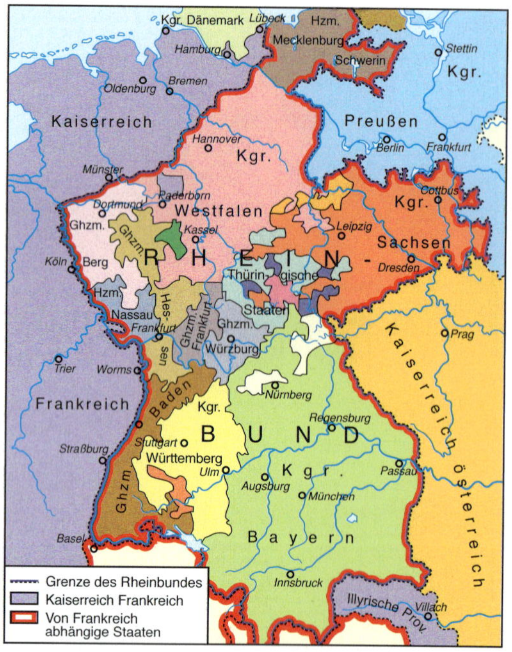

2 **Mitteleuropa zwischen 1806 und 1815.**

Säkularisierung*
(lateinisch „saecularis" = weltlich): Der Begriff bezeichnet die Überführung von Kirchengütern in weltlichen Besitz. Säkularisierungen fanden z. B. während der Reformation, der Französischen Revolution und unter der Herrschaft Napoleons statt.

Rheinbund*:
Bis zum Jahr 1806 traten 16 deutsche Reichsstädte und Fürstentümer aus dem deutschen Reich aus. Sie gründeten den Rheinbund, dessen Schutzherr Napoleon war.

Neue Herrscher für Millionen Menschen

Den deutschen Staaten brachten die Eroberungen tiefgreifende Veränderungen: Bereits bis 1801 waren alle Länder links des Rheins Teil des französischen Kaiserreichs geworden. Für die Fürsten, die dadurch Gebietsverluste erlitten hatten, wurde jedoch eine Entschädigung vereinbart. Nach Verhandlungen unter Mitwirkung des französischen Außenministers einigte man sich im Reichstag auf die Säkularisierung* des Reiches: Die geistlichen Landesherren wurden enteignet, ihre Gebiete gingen nun in die Machtbereiche weltlicher Herren über. Auch die Reichsstädte und Kleinstaaten, die bisher dem deutschen Kaiser direkt unterstellt waren, wurden mächtigeren Landesherren zugewiesen, sodass bis 1803 eine Reihe mittelgroßer Staaten entstand und viele Fürsten ihre Machtbereiche erheblich erweitern konnten: Fast 300 kleine Herrschaftsgebiete waren dagegen von der Landkarte verschwunden und etwa drei Millionen Menschen neuen Herrschern unterstellt.

1 *Erläutert, welchen Vorteil sich Napoleon von der Umgestaltung der deutschen Staaten in mittelgroße Fürstentümer erhoffen konnte.*

Das Ende des Deutschen Reiches

Bereits nach Napoleons Sieg bei Austerlitz schieden die Länder Baden, Württemberg und Bayern aus dem deutschen Reichsverbund aus und begaben sich in ein Bündnis mit Frankreich. Ihre Landesherren wurden von Napoleon belohnt, indem er sie zu Königen bzw. Großherzögen ernannte. Mit 13 weiteren Reichsfürsten schlossen diese ein Jahr später ihre Gebiete zum Rheinbund* zusammen: Alle Rheinbundstaaten erkannten Napoleon als ihren Schutzherrn an. Sie verpflichteten sich, Frankreich im Bedarfsfall militärisch zu unterstützen und erklärten gleichzeitig ihren Austritt aus dem deutschen Reichsgebiet. Das „Heilige Römische Reich Deutscher Nation", das im Jahr 962 mit der Kaiserkrönung Ottos I. in Rom begonnen hatte, war damit bedeutungslos geworden. Franz II. verzichtete in der Folge auf die deutsche Kaiserkrone und nannte sich nur noch „Kaiser von Österreich".

Napoleon verändert Deutschland

Ein deutscher Buchhändler verbreitete 1806 eine Kampfschrift gegen Napoleon. Kurz darauf wurde er auf dessen Befehl hingerichtet. Hier ein Auszug aus der Schrift:

Q1 ... Napoleon führt seine Völker über den Rhein. ... Wer wollte sich einigen Hunderttausenden widersetzen? Baden und Württemberg, Frankreichs ohnmächtige Nachbarn, erhalten den ersten Besuch. Wie wohlgemeint und freundschaftlich dieser ablief, darüber leisten die lauten Klagen jener Länder Gewähr. Fressen, Saufen, Raub und Weiberschänden waren Tagesordnung der französischen Armee. ... Schon wird das Schicksal deutscher Städte und Länder in Paris abgewogen und des Reiches Oberhaupt muss dabei das Auge verschließen. Was fühlst du, deutscher Mitbruder, bei der Ohnmacht deines Kaisers? Fehlt es etwa an Beweisen, dass Napoleon alle Reiche Europas von sich abhängig zu machen fest entschlossen ist? Sind nicht die von ihm neu geschaffenen Könige seine Diener, die ihm auf Verlangen beistehen müssen? ...

2 *Stelle anhand des Textes und Q1 tabellarisch gegenüber: Was sprach für, was gegen die Gründung des Rheinbundes? Beachte dabei auch verschiedene Blickwinkel (Fürst bzw. König/Untertanen).*

Französisches Recht in Deutschland

In den zu Frankreich gehörenden Gebieten, aber auch in vielen Staaten des Rheinbundes wurde der Code Civil – seit 1804 auch „Code Napoléon" genannt – eingeführt. Dieses Gesetzbuch gründete sich in vielen Punkten auf die Ideen der Französischen Revolution. Es sah z. B. die Freiheit des Eigentums, das Recht auf freie Wahl des Wohnsitzes, das Recht auf Ehescheidung und die Gleichheit aller Bürger vor dem Gesetz vor. Wenn auch die Menschen nach wie vor keine politische Mitbestimmung hatten, so waren sie doch erstmals persönlich frei: Die Leibeigenschaft gab es darin nicht mehr.

Nachdem Napoleon kleinere hessische, hannoversche, preußische und sächsische Gebiete 1807 zum Königreich Westfalen zusammengefasst hatte, setzte er seinen Bruder Jérome dort als König ein. Diesem schrieb er:

Q2 ... Das Glück Ihres Volkes liegt mir nicht allein wegen des Einflusses am Herzen, den es auf Ihren und meinen Ruhm haben kann, sondern auch in Hinsicht auf die allgemeine europäische Politik. ... Was das deutsche Volk am sehnlichsten wünscht, ist, dass diejenigen, die nicht von Adel sind, durch ihre Fähigkeiten gleiche Rechte auf Ihre Auszeichnungen und Anstrengungen haben, damit jede Leibeigenschaft und vermittelnde Obrigkeit zwischen dem Souverän* und der untersten Volksklasse aufgehoben werde. ... Ihr Königtum wird sich durch die Wohltaten des Code Napoléon, durch das öffentliche Gerichtsverfahren und die Einführung des Geschworenengerichts auszeichnen. ... Ihr Volk muss sich in seiner Freiheit und Gleichheit eines Wohlstandes erfreuen, die den übrigen Völkern Deutschlands unbekannt sind. Eine solche liberale Regierung wird eine mächtigere Schranke gegen Preußen sein als alle Festungen ...

3 *Erläutert, wie sich die neuen Regelungen auf die Menschen auswirkten. – Welche Gruppen haben die Veränderungen vermutlich begrüßt, welche haben sie vermutlich abgelehnt?*

3 **Die Napoleonsbrücke in Trier.** Besonders in den neuen französischen Departements ließ Napoleon viele Straßen bauen. Federzeichnung.

Aus dem Hausbuch eines pfälzischen Bauern:

1806 *– Johannes ist Soldat geworden. Der Kaiser Napoleon braucht Soldaten.*

1809 *– Mein Sohn Johannes ist gefallen. Weiß nicht, wann.*

1813 *– Der Gustav vom Schmidtböhm ist um Pfingsten wiedergekommen. Er ist dritthalb Jahr von Hauses gewesen. ... Brenne heute meinen Toten ein Lichtlein ab. Brenne auch ein Lichtlein für den Napoleon, so mir meine Kinder genommen hat.*

Souverän*: *Inhaber der Staatsgewalt, hier: Herrscher.*

Reformen in Preußen

1 **Der preußische Minister und Reformer Karl Freiherr vom und zum Stein.** Gemälde.

„Eine Revolution im guten Sinne"
Preußen besiegt, seine Armee vernichtend geschlagen, das Land fast halbiert. Wie hatte dies nur passieren können – so fragten sich jetzt verantwortliche Politiker, und sie wussten auch die Antwort: Die meisten Bürger fühlten sich für ihren Staat nicht verantwortlich. Ob sie unter der Herrschaft eines französischen Kaisers oder eines preußischen Königs lebten, war ihnen eigentlich gleichgültig. In ihrem Leben veränderte sich dadurch nichts. Mehr noch: Als Napoleon im Oktober 1806 in Berlin einmarschierte, wurde er von zahlreichen Menschen freudig begrüßt. Viele Politiker in Preußen traten daher für umfassende Reformen ein. Der preußische Staat sollte völlig umgestaltet werden. Aus Untertanen sollten Staatsbürger werden, die bereit waren, sich für diesen Staat einzusetzen. Karl August von Hardenberg (1750–1822), einer der führenden Reformer, schrieb 1807, nur ein Jahr nach der Niederlage:

Q1 ... Der Wahn, dass man der Französischen Revolution am sichersten durch Festhalten am Alten entgegentreten könne, hat geradezu dazu beigetragen, diese Revolution zu fördern. ...
Eine Revolution im guten Sinne – das ist unser Ziel. Demokratische Grundsätze in einer monarchischen Regierung: Dieses scheint mir die angemessene Form für den gegenwärtigen Zeitgeist. ...

1 *In Preußen herrschten weitgehend ähnliche Zustände wie in Frankreich vor der Revolution. – Stellt Vermutungen an, was Hardenberg mit seiner Forderung nach einer „guten Revolution" gemeint haben könnte.*

Preußische Bauern werden befreit
Zu den Befürwortern einer Reform gehörte auch der Reichsfreiherr Karl vom und zum Stein. Der König ernannte ihn am 30. September 1807 zum Ersten Minister. Nur wenige Tage später, am 9. Oktober 1807, wurde das Gesetz über die Bauernbefreiung verabschiedet („Oktoberedikt"). Bauern, die in Preußen einem Gutsherrn unterstanden, war es bis dahin verboten gewesen, ihr Land zu verlassen. Sie mussten ihren Grundherrn um Erlaubnis bitten, wenn sie heiraten wollten, und konnten von ihm sogar verkauft werden. Jetzt waren sie freie Leute, da das Gesetz alle Gutsuntertänigkeit in Preußen abschaffte.
Die Bauern mussten ihrem Gutsherrn allerdings eine Entschädigung zahlen, indem sie ihm bis zur Hälfte ihres Landes abgaben. Der verbliebene Rest reichte oft nicht zur Ernährung der Familie aus. Viele Bauern verdingten sich deshalb als Landarbeiter, gingen in die Städte oder wanderten in die USA aus.
Das Oktoberedikt sah auch die freie Berufswahl für alle Stände vor. Ziel war es, die Wirtschaft anzukurbeln und damit die Finanzkraft des Staates zu stärken:

Q2 ... §2 Jeder Edelmann ist, ohne allen Nachteil seines Standes, befugt, bürgerliche Gewerbe zu betreiben; und jeder Bürger oder Bauer ist berechtigt, aus dem Bauern- in den Bürger- und aus dem Bürger- in den Bauernstand zu treten. ...

1806:
Beginn des Reformwerks: Preußische Bauern werden befreit.

Neue Rechte für die Untertanen?

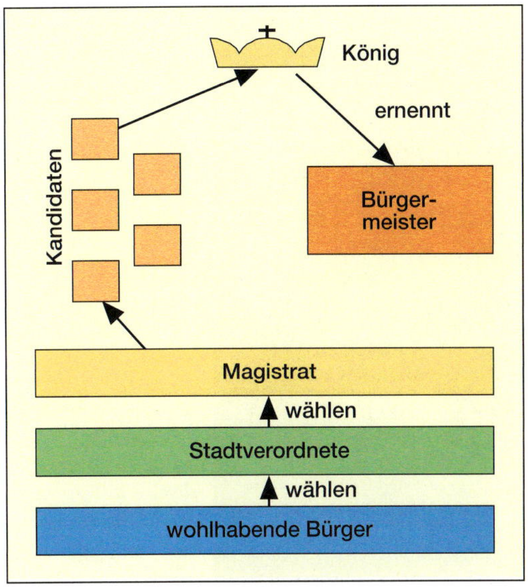

2 **Die neue Städteordnung nach Stein.**

2 *Mehrere Bauern unterhalten sich über das Oktoberedikt. – Was könnten sie gesagt haben?*
3 *Überlegt, welche Vor- und welche Nachteile mit der Gewerbefreiheit verbunden waren.*

Neue Rechte für die Juden

Die Reformer wollten, dass alle Einwohner Preußens frei und als Bürger am Staat interessiert sein sollten. So auch die Juden, die bis zu diesem Zeitpunkt fast rechtlos und verachtet waren: Sie durften kein Handwerk ausüben und kein Land besitzen, sodass ihnen nur wenige Möglichkeiten blieben, ihren Lebensunterhalt zu verdienen. Viele von ihnen fristeten ihr Leben als Hausierer oder Altwarenhändler. Nur wenigen jüdischen Familien war es gelungen, im Bankgeschäft oder als Manufakturbesitzer reich zu werden und sich dadurch das Recht zu sichern, in Städten wohnen zu dürfen. Mittellose Juden konnten jederzeit aus jedem Ort ausgewiesen werden.
1812 erließen die Reformer ein Edikt, das die Rechtslage der Juden verbessern sollte. Darin heißt es:

Q3 ... Die als Einländer zu achtenden Juden sollen gleiche Rechte wie die Christen genießen ...

... Sie können Grundstücke jeder Art erwerben, auch alle Gewerbe ... unter Beachtung der allgemeinen gesetzlichen Vorschriften treiben ...

Die Bürger sollen sich selbst verwalten

Dem Ziel, aus Untertanen freie und verantwortungsvolle Bürger zu machen, diente auch die im November 1809 verkündete Städteordnung. Mit diesem Gesetz erhielten die Städte ihre Selbstverwaltung zurück, die sie in der Zeit des Absolutismus verloren hatten. Nicht mehr vom König eingesetzte Beamte, sondern die Bürger selbst sollten durch ihre Abgeordneten die Stadt verwalten. Wählen durfte allerdings nur, wer ein Haus besaß oder mehr als 200 Taler im Jahr verdiente. Das waren z. B. in Berlin von ungefähr 150 000 Einwohnern nur etwa 10 000 Bürger.
Weil die Reformer überzeugt waren, dass nur gut ausgebildete Bürger ihre Pflichten und Rechte wahrnehmen könnten, wurde auch das Unterrichtswesen reformiert. Zahlreiche Schulen wurden gebaut und die Ausbildung der Lehrer verbessert.
4 *Erklärt mithilfe der Abbildung 2 die Bedeutung der Städteordnung für die Selbstverwaltung der Bürger.*

Das Volksheer ersetzt die Söldnerarmee

Auch das preußische Heer blieb von den Reformen nicht ausgeschlossen. Bisher dienten dort viele Söldner, bezahlte Soldaten, die vor allem wegen ihres Lohnes in den Kampf zogen. Mit dem Ziel, ein Heer zu schaffen, in welchem die Soldaten – wie im französischen Heer – für ihr Vaterland zu kämpfen bereit waren, beschlossen die Reformer folgende Maßnahmen: Aus dem Söldnerheer wurde ein Volksheer, indem man die allgemeine Wehrpflicht anordnete. Die Prügelstrafe und das Spießrutenlaufen wurden abgeschafft, ebenso die Vorrechte des Adels: Nun sollte jeder tüchtige Soldat Offizier werden können.
5 *Erklärt die Aussage im Heeresgesetz: Alle Bewohner des Staates sind geborene Verteidiger desselben.*

1808:
Die neue Städteordnung tritt in Kraft und stärkt die Selbstverwaltungsrechte der Bürger.

1813:
Einführung der allgemeinen Wehrpflicht.

Schlacht von Auerstedt, 14. Oktober 1806:

Französische Truppen:
27 000 Soldaten
Französische Verluste:
7000 Soldaten

Preußische Truppen:
30 000 Soldaten
Preußische Verluste:
15 000 Soldaten
3000 Gefangene

Die Freiheitskriege

1 **Französische Soldaten erschießen Aufständische in Spanien 1808.** Gemälde von F. de Goya, 1814.

*Der Gastwirt **Andreas Hofer** ist die Seele des Tiroler Aufstands gegen Napoleon. Als Kämpfer für „Gott, den österreichischen Kaiser und das Vaterland" wird er 1810 erschossen.*

„Die Gärung ist auf dem höchsten Grad angelangt"

Im Jahr 1811 stand Napoleon auf dem Höhepunkt seiner Macht. Unumschränkter Herrscher war er über Frankreich, die deutschen Staaten und weite Teile Europas. Vereinzelte Widerstände in Spanien, Österreich oder auch in Preußen nahm er nicht ernst. Von so einem braven Volk – so meinte er damals – habe er nichts zu befürchten.
Warnend schrieb ihm sein Bruder Jérôme, den er zum König von Westfalen gemacht hatte:

Q1 … Ich weiß nicht, Sire, unter welchem Gesichtspunkt Ihre Generale und Agenten die öffentliche Meinung in Deutschland betrachten. Wenn sie von Unterwerfung, Ruhe und Schwäche sprechen, so täuschen Sie sich, Eure Majestät. Die Gärung ist auf dem höchsten Grad angelangt: Falls ein Krieg mit Russland ausbrechen sollte, werden alle zwischen Rhein und Oder gelegenen Gegenden der Schauplatz einer ausgedehnten und lebhaften Erhebung werden. Die Verzweiflung der Völker, die nichts mehr zu verlieren haben, da ihnen alles genommen wurde, ist zu fürchten. …

Napoleon nahm von den Warnungen seines Bruders keine Notiz. Im Gegenteil: Die deutschen Staaten wurden erneut aufgefordert, noch mehr Soldaten zu stellen und Steuern zu zahlen, um einen Krieg gegen Russland führen zu können.

Moskau in Flammen

Es gab nur noch einen mächtigen Herrscher in Europa, der sich den Anordnungen Napoleons widersetzte – Zar Alexander I. von Russland. Unbekümmert trieb er auch weiterhin einen regen Handel mit England. Napoleon musste erkennen, dass das Handelsverbot für England keine Gefahr darstellte, solange der Handel über Russland weiterlief. So entschloss er sich, auch gegen Russland in den Krieg zu ziehen.
Im Jahr 1812 marschierte er mit seiner Großen Armee in Russland ein. Sie bestand aus fast 600 000 Soldaten, darunter etwa 160 000 Deutsche. Napoleon hatte gehofft, in einer großen Schlacht zu einem schnellen Sieg zu kommen, doch die russische Armee wich immer weiter zurück. Mit Gewaltmärschen versuchte Napoleon, die russischen Truppen einzuholen. Für die Soldaten bedeutete dies wochenlanges ermüdendes Marschieren und schon auf dem Vormarsch wurde die Verpflegung knapp. Die Russen verbrannten bei ihrem Rückzug sämtliche Vorräte, sodass das nachfolgende Heer Na-

Der Untergang der „Grande Armée"

1812/13:
Napoleons Krieg gegen Russland endet mit dem Untergang der „Grande Armée".

2 **Der Rückzug der „Großen Armee".** Ausschnitt aus einem Gemälde von Johann Adam Klein, 1812.

poleons fast nichts zu essen vorfand. Nach zweieinhalb Monaten erreichten die ersten Truppen des Kaisers endlich Moskau, wo die „Grande Armée" ihr Winterquartier beziehen wollte. Doch die Stadt bot den Soldaten ein gespenstisches Bild. Die Bewohner hatten Moskau verlassen. Proviant für die Truppen war nicht vorhanden. Wenige Tage nach dem Einzug Napoleons zündeten russische Soldaten Moskau an. Fast die ganze Stadt wurde durch den Brand zerstört.

„Mit Mann und Ross und Wagen"

Napoleon musste den Rückzug befehlen. Halb verhungert, von eisiger Kälte geschwächt, traten die Soldaten den langen Heimweg an. Nun gingen die russischen Truppen zum Angriff über. Sie zwangen Napoleon, sich auf den Wegen zurückzuziehen, auf denen seine Armee nach Russland hineinmarschiert war. Aber hier waren alle Vorräte vernichtet, alle Häuser verbrannt. Ungezählte Soldaten kamen um.

Auf dem Rückzug musste das Heer über die Beresina. Der Fluss war von Eisschollen bedeckt und unpassierbar. Hier zerbrachen die Reste des großen Heeres. Ein Augenzeuge berichtet:

Q2 ... Und die Tausende ... sahen einzig in der schmalen Brücke, die nur wenige zugleich passieren konnten, den Weg zu ihrer Rettung. Alles drängte gegen die Brücke. Hunderte, die schon die Brücke erreicht zu haben glaubten, wurden in die Flut gedrängt und fanden hier das Ende. ... Jede Spur von Ordnung, ... jedes menschliche Gefühl hatte aufgehört. Nur den einen Gedanken klar denkend: Du musst dich retten, koste es, was es wolle. Die Führer einiger Kanonen brachen sich schonungslos mit denselben Bahn durch die gedrängten Haufen, ohne danach zu sehen, dass ihr Weg über Menschen ging. ...

Von etwa 600 000 Soldaten kehrten nur etwa 30 000 zurück. Zerlumpt, ausgemergelt, viele todkrank, so erreichten sie die deutsche Grenze. Ein 18-jähriger Schüler schrieb damals ein Gedicht, das in ganz Deutschland berühmt wurde. Es begann mit den Worten: „Mit Mann und Ross und Wagen, so hat sie Gott geschlagen ...".

1 *Stellt Vermutungen darüber an, wie die Menschen in den deutschen Staaten auf diese Niederlage reagiert haben könnten.*

2 *Versetzt euch in die Situation nach Napoleons Rückzug aus Russland und entwerft ein Flugblatt, in dem ihr die Situation darstellt.*

Nationales Bewusstsein erwacht

1 Buchillustration zu dem Märchen „Hänsel und Gretel" der Gebrüder Grimm, um 1850. Die Professoren Jacob und Wilhelm Grimm gaben 1812–1815 zwei Bände ihrer gesammelten „Kinder- und Hausmärchen" heraus. Auch andere Veröffentlichungen von Märchen, Liedern und Balladen erschienen in dieser Zeit, wie z. B. 1808 der Band „Des Knaben Wunderhorn" der Dichter Achim von Arnim und Clemens von Brentano.

Besinnung auf Gemeinsamkeiten

Um 1810 waren weite Gebiete des „Heiligen Römischen Reiches Deutscher Nation" militärisch besetzt: Die Bewohner mussten französische Soldaten einquartieren und auf eigene Kosten versorgen. Immer mehr Menschen begannen, sich gegen die Besatzer zu wenden.

Doch auch diejenigen, die nicht eindeutig franzosenfeindlich eingestellt waren, empfanden, dass ihnen durch Napoleon etwas genommen worden war: Seit dem Zerfall des Reiches und der Umgestaltung der Einzelstaaten konnten sich deren Einwohner nur noch mit ihrem Herkunftsland – wie Preußen, Hessen oder Bayern – identifizieren, aber nicht mehr mit „Deutschland". In dieser Situation erwachte das Bewusstsein für eine gemeinsame Kultur. Dichter, Philosophen und Staatsmänner begannen, in Reden und Schriften eine neue Idee für Deutschland als ▶Nation* zu verbreiten, die in weiten Kreisen, vor allem in der Jugend, aufgenommen wurde. Eine ähnliche Bewegung setzte auch in anderen europäischen Ländern, z. B. in Spanien, ein.

In einer deutschen Flugschrift hieß es 1808:

Q1 … Vor allen Dingen sollte man bei allen Untertanen die Idee der Einheit des Staates zu erwecken und zu nähren suchen. Sie ist von der größten Wichtigkeit für die … Kultur der Nation. … Bayern, Sachsen, Franken, Schwaben, Rheinländer, Westfälinger … sie reden und schreiben doch alle Deutsch, haben viele gemeinschaftliche Sitten, Bedürfnisse, Verbindungen. Jetzt umschlinge sie alle ein politisches Band …

Der Freiherr vom Stein schrieb 1812 in einem Brief:

Q2 … Ich habe nur ein Vaterland, das heißt Deutschland … Mir sind die Dynasten [Herrscher] in diesem Augenblick vollkommen gleichgültig. … Mein Wunsch ist, dass Deutschland groß und stark werde, um seine Selbstständigkeit, Unabhängigkeit und Nationalität wiederzuerlangen. … Das ist das Interesse der Nation und ganz Europas: Es kann auf dem Wege alter, zerfallener und verfaulter Formen nicht erhalten werden. …

1 *Diskutiert, wodurch Märchen, Lieder und Gedichte das Zusammengehörigkeitsgefühl einer Gruppe stärken können.*

2 *Beschreibt die Stimmung, die sich in den Quellentexten ausdrückt und erläutert, wie die Forderung nach der Einheit der Deutschen begründet wird.*

▶ ***Nation/Nationalbewusstsein**** *(lateinisch „natio" = Geburt, Herkunft, Volksstamm): Bezeichnung für eine größere Gruppe von Personen gleicher Abstammung, Sprache und Kultur, die sich aufgrund ihrer Gemeinsamkeiten als Einheit verstehen. Als Nationalbewusstsein wird das im 19. Jahrhundert aufkommende Denken bezeichnet, das für die Angehörigen einer Nation einen gemeinsamen Staat als bestmögliche politische Organisationsform fordert.*

Das Ende der Herrschaft Napoleons

2 **Einschiffung Napoleons nach Elba im April 1814.** Zeitgenössischer kolorierter Kupferstich.

Der Widerstand wächst

Nach der vernichtenden Niederlage der französischen Armee im russischen Feldzug entzündete sich vor dem Hintergrund des erwachten ▶Nationalbewusstseins* ein breiter Widerstand gegen Napoleon: Im März 1813 erklärte Preußen Frankreich den Krieg – unterstützt von Russland, Österreich, England und Schweden.

Über die damalige Stimmung in Preußen schrieb ein russischer Offizier:

Q3 … Es wurden … Freiwillige aufgerufen, die Untertanen beschworen, alle möglichen Opfer zu bringen, um das Vaterland vom Joche der Franzosen zu befreien, und diese Aufforderung fiel nicht auf taube Ohren. Alles strömte herbei. Der Landmann verließ seinen Pflug und stellte sich mit seinen Söhnen, um gegen den Feind zu fechten; die Jugend verließ die Universitäten, die Schulen, die Beamten ihre einträglichen Posten … Jeder brachte, was er an Geld oder Geldeswert hatte. …

Napoleons Herrschaft wird abgeschüttelt

Napoleon selbst zögerte keinen Augenblick, mit eilig zusammengezogenen Truppen nach Deutschland zu ziehen, um den Widerstand im Keim zu ersticken. Zur entscheidenden Schlacht kam es im Oktober 1813 bei Leipzig: Am 14. Oktober traf Napoleon hier mit einer Armee von fast 200 000 Soldaten ein. Zwei Tage später begann der Kampf mit einer Kanonade auf beiden Seiten, die – wie ein Beobachter schrieb – die Erde erbeben ließ. Nach vier Tagen hatten die Alliierten* den Sieg errungen, 100 000 Soldaten waren gefallen.

Die Fürsten des Rheinbundes sagten sich von Napoleon los, den verbündeten Heeren gelang es, die französischen Truppen aus den deutschen Gebieten zu vertreiben. 1814 zogen preußische und russische Truppen in Paris ein und zwangen Napoleon abzudanken. Die Macht übernahm jetzt König Ludwig XVIII., ein Bruder Ludwigs XVI.

Napoleon wurde auf die Mittelmeerinsel Elba verbannt. Doch er gab noch nicht auf: 1815 kehrte er noch einmal nach Frankreich zurück. Die Bevölkerung jubelte ihm zu, die Truppen liefen zu ihm über, Ludwig XVIII. floh, als Napoleon Paris erreichte. Erneut konnte er ein Heer aufstellen, wurde aber in der Schlacht von Waterloo im heutigen Belgien von einem englisch-preußischen Heer endgültig besiegt. Wieder musste er abdanken. In der Verbannung auf der Insel St. Helena im Südatlantik starb er 1821.

3 *Stellt die Ursachen für Napoleons Untergang zusammen.*

4 *Versucht abschließend, mithilfe eines Tribunals (Seite 11) zu einem Urteil über Napoleon zu gelangen.*

Alliierte*:
aus dem Französischen abgeleitete Bezeichnung für Verbündete.

Oktober 1813:
In der Völkerschlacht bei Leipzig werden die Truppen Napoleons besiegt.

1815:
Napoleon wird auf die Insel St. Helena verbannt.

1 Szene aus dem DEFA-Spielfilm „Lützower" mit Jaecki Schwarz (links) und Jürgen Reuter als Hauptmann Friesen. Foto.

Die „Schwarzen" in Dresden

Dresden, 1813, zur Zeit Napoleons. ... Beim Denkmal verteilte ein Junge Bekanntmachungen. Filo ließ sich so einen Zettel geben und begann neugierig den Inhalt zu entziffern. „Sammelt euch zu uns, tüchtige Männer des unterjochten Sachsenlandes", stand darauf. „Landsleute sind wir, Brüder sind wir. Ja, für die Freiheit dieses Landes wollen wir fechten und, wie Gott will, siegen oder sterben." Sie las es laut im Gehen, deklamierte die Sätze die Große Meißner Gasse entlang. „Ursel, hast du das gehört? Was sind das für welche?" Ursel zuckte die Achseln. „Spinner allesamt. Als ob's nicht schon genug Soldaten gäb auf beiden Seiten. Und wer soll die Arbeit machen?" Auch Veit brachte ein solches Flugblatt mit. Er sah anders aus als sonst. Irgendwie verklärt, fand Filo, richtig schön.
Der Aufruf, so erfuhr sie, stammte von den „Schwarzen", einem preußischen Freikorps, das ein gewisser Major Lützow vor ein paar Wochen ins Leben gerufen hatte.
Die „Schwarzen"? Die hatte sie doch erst vorgestern gesehen. Weil Sonntag war und so mildes Frühlingswetter, war die ganze Familie vors Tor spaziert, zum Lincke'schen Bad, einem Kaffeegarten. Dort hatten die „Schwarzen" mit ihren schwarzen Monturen im Freien gesessen und Lieder gesungen. Lieder, in denen es ums Kämpfen ging, um blitzende Schwerter und darum, wie gerne sie fallen würden, wenn nur recht viele Feinde auch fielen. Die Leute waren ganz aus dem Häuschen gewesen und hatten ihnen Glück gewünscht für den Kampf gegen Napoleon. Filo hatte sie dann nicht weiter beachtet, weil sie Gustchen die ersten Schwalben zeigte, die gerade aus Afrika gekommen waren. Sie flogen hin und her über die Gasthaustische, mit ihrem hellen Gezwitscher. Als wollten sie feststellen, ob alles noch so war wie letztes Jahr, als sie es verlassen hatten.
Das Einzige, was Filo an den „Schwarzen" aufgefallen war, erschien ihr so drollig, dass sie laut herausgeplatzt war. Sie hatten die Brust dick auswattiert und glichen vollbusigen Damen.
„Das soll wohl als Kugelfang dienen", vermutete Onkel Leberecht. „Nimm dich zusammen, Filo. Man lacht nicht über Menschen, die sich einer edlen Sache verschrieben haben. Das sind alles Freiwillige."
Jetzt lehnte Veit an der Kredenz und las stehend den ganzen Aufruf vor. „Sollen eure Speicher, eure Keller noch länger die Henkersknechte füttern? Sollen eure Söhne noch länger für die Raserei eines schamlosen Ehrgeizes geschlachtet werden? Lasst diese große Zeit nicht kleine Menschen finden!"
Veit ließ den Zettel sinken. „Stellt euch vor, sie haben Männer aus allen Berufen unter ihrem Banner – Geistliche, Künstler, Ärzte und Lehrer, Handwerker, Studenten und Landwirte. Und alle haben nur ein einziges Ziel: den verfluchten Napoleon dahin zu schicken, wo er hergekommen ist – zurück nach Frankreich. Versteht ihr nicht? Das ganze Volk tut sich zusammen, ohne dass ein Fürst es ruft. Das ist einmalig. Das hat es noch nie gegeben."
Er sah jeden einzeln an, als meine er gerade ihn besonders. Dann sagte er leise: „Ich hab mich auch gemeldet. In drei Tagen muss ich fort."
Es war totenstill in der Stube. Dann kam ein Wimmern von Tante Male. Sie versuchte es mit dem Taschentuch zu unterdrücken, aber sie schaffte es nicht. ...

Wie es weitergeht, erfahrt ihr in dem Buch von Karla Schneider: Die abenteuerliche Geschichte der Filomena Findeisen. Abenteuer-Roman. Verlag Beltz & Gelberg, 1996.

Zusammenfassung

Frankreichs Expansion in Europa
Nachdem Napoleon seine Macht als Kaiser von Frankreich gefestigt hatte, verfolgte er konsequent sein Ziel, Herrscher über ganz Europa zu werden. Seine ►Hegemonie auf dem europäischen Kontinent konnte er im Jahr 1805 durch die Schlacht von Austerlitz, in der er einen Sieg über Österreich und Russland errang, entscheidend festigen. 1806 besiegten französische Truppen auch die Großmacht Preußen und besetzten das Land. Eine Niederlage musste Napoleon allerdings in der Seeschlacht von Trafalgar hinnehmen: England konnte er nicht unterwerfen. Auch der Versuch, das Land durch eine Handelsblockade zu schwächen (Kontinentalsperre), scheiterte.

Napoleon verändert Deutschland
Seit 1803 wurde unter dem Einfluss Napoleons die Neugliederung des Deutschen Reiches eingeleitet. Mit der Gründung des Rheinbundes, in dem sich die Fürsten Mittel- und Westdeutschlands unter der Führung Napoleons zusammenschlossen, wurde das alte Reich aufgelöst. Kaiser Franz II. verzichtete auf die Kaiserkrone und nannte sich nur noch „Kaiser von Österreich". Von der politischen Landkarte Deutschlands verschwanden über 300 kleine Herrschaftsgebiete. In den von Napoleon besetzten Gebieten sowie in einigen Staaten des Rheinbundes wurde der Code Napoléon, das bürgerliche Gesetzbuch Frankreichs, eingeführt.
In Preußen versuchte man, durch Reformen aus den Niederlagen bei Jena und Auerstedt zu lernen: Bauernbefreiung, Gewerbefreiheit, Städte- und Heeresreform sowie Judenemanzipation waren Kennzeichen der Neuorientierung des preußischen Staates.

Die Befreiungskriege
Mit zunehmender Ausweitung der Macht Napoleons regte sich überall in Europa bald Widerstand gegen seine Herrschaft. Ein neues Nationalbewusstsein breitete sich im ehemaligen Deutschen Reich aus.
Der Überfall auf Russland durch französische Truppen leitete schließlich den Untergang des Herrschers ein: Preußen, Russland, Schweden und Österreich schlossen 1813 ein Bündnis gegen Frankreich. Nach der Niederlage in der Völkerschlacht bei Leipzig (Oktober 1813) musste Napoleon abdanken. Er starb in der Verbannung auf der Insel St. Helena, nachdem er 1815 noch einmal erfolglos versucht hatte, seine alte Machtposition zurückzugewinnen.

1804

Kaiserkrönung Napoleons.

1806

Vernichtende Niederlage der Preußen gegen das französische Heer bei Jena und Auerstedt.

1807

Die Bauernbefreiung leitet die Reformen in Preußen ein.

1812/13

Untergang der „Großen Armee" in Russland. Beginn der Befreiungskriege.

2. Restauration und Revolution

Die Errichtung und Verteidigung der Barrikade an der Mannheimer Rheinbrücke am 26. April 1848. Neuruppiner Bilderbogen, 1848.

1 *Betrachtet die Abbildung und beschreibt die verschiedenen Szenen:*
- *Was wird alles zum Barrikadenbau benutzt?*
- *Wer ist daran beteiligt?*
- *Welche Waffen könnt ihr erkennen?*

2 *Stellt Vermutungen an, wer sich bereits auf der anderen Seite der Barrikaden befinden könnte.*

Schauplatz: Barrikadenkämpfe

1 Theobald Betz, Gastwirt
(*1824 Mannheim, † unbekannt, in den USA)

Wir kämpfen mit der Waffe für unseren Traum von Freiheit, Gleichheit und Brüderlichkeit. Es lebe die Republik!

2 Phillip Betz, Handelsangestellter
(*1827 Mannheim, † unbekannt, in den USA)

Ich kämpfe für das allgemeine Wahlrecht. Weg mit den absoluten Herrschern! Her mit der Republik. Das Volk soll seinen Präsidenten frei wählen können!

3 Carl Mayer, Student
(*1828 Mannheim, † unbekannt, in den USA)

Unser Ziel ist eine Verfassung für Deutschland. Darin muss stehen, dass alle Menschen gleich sind. Egal welcher Religion sie angehören, egal ob sie arm oder reich sind.

4 Johann Grobe, Verleger
(*1807 Mannheim, † 1874 Rotterdam [Niederlande])

Ich stehe hier auf den Barrikaden, weil ich endlich Bücher und Zeitungen drucken will, ohne die Fürsten um Erlaubnis fragen zu müssen. Pressefreiheit muss her.

5 Heinrich Hoff, Buchhändler
(*1808 Mannheim, † 1852 New York [USA])

Wir wollen endlich das Recht haben, uns frei zu versammeln. Außerdem soll jeder Bürger seine Meinung frei äußern dürfen. Auch wenn sie den Fürsten nicht passt. Wir haben es satt, von der Polizei bespitzelt zu werden.

6 Johann Spies, Bierbrauermeister
(*1809 Mannheim, † 1863 New York [USA])

Das Elend der Armen ist unermesslich. Sie verdienen wenig, haben kaum zu essen und ihre Kinder sterben an Unterernährung. Ich fordere gerechtere Löhne und bessere Wohnungen für die Armen.

7 Lisette Haufeld, ledige Mutter
(*1823 Mannheim, † unbekannt, in den USA)

Pulver ist schwarz, Blut ist rot, golden flackert die Flamme. Das sind die Farben unserer Fahne. Ich kämpfe für ein vereintes und gerechteres Deutschland.

8 Carl Jacobi, Schneidergeselle
(*1818 Mannheim, † 1849 Rastatt in Baden [Deutschland])

Wir fordern einen 10-Stunden-Tag. Der Sonntag soll frei sein. Arbeitslose, Invaliden, alte Menschen und Witwen müssen vom Staat unterstützt werden.

1 *Übertragt die Tabelle in euer Geschichtsheft und ergänzt sie mithilfe der Informationen aus den Abbildungen 1–8.*

Name	Beruf	Forderungen
Theobald Betz	Gastwirt	Freiheit, Gleichheit, Brüderlichkeit
…	…	…

Schauplatz: Barrikadenkämpfe

9 Kronprinz Wilhelm von Preußen, genannt der Kartätschenprinz* **(1797–1888).** Foto.

So könnte sich der Oberbefehlshaber der preußischen Armee, Kronprinz Wilhelm, über die Barrikadenkämpfe geäußert haben:

> *Ich kann es nicht zulassen, dass ein paar wild gewordene Republikaner in einigen Städten des Deutschen Bundes auf die Barrikaden gehen. Das Volk hat nicht das Recht, Fürsten abzusetzen. Wir sind von Gottes Gnaden eingesetzt. Unsere Macht ist absolut. Gegen Demokraten helfen nur Soldaten!*

Kartätsche*:
Ein mit Bleikugeln gefülltes Artilleriegeschoss, das sehr schwere Verletzungen hervorrief. Kronprinz Wilhelm ließ die Barrikaden mit Kartätschen zusammenschießen.

10 Hans Müller, Soldat (1808–1860).

Diese Gedanken könnte der preußische Soldat Hans Müller gehabt haben, als er gegen Barrikadenkämpfer eingesetzt wurde:

> *Ich bin nur ein einfacher Soldat im stehenden Heer des Königs von Preußen. Kronprinz Wilhelm ist unser oberster Befehlshaber. Was er befiehlt, muss ausgeführt werden. Wenn ich ihm den Befehl verweigere, werde ich standrechtlich erschossen. Ich habe eigentlich gar nichts gegen die Aufständischen auf den Barrikaden. Aber ich habe dem König Treue geschworen.*

11 Peter Reichensperger (1810–1892), höherer Beamter im Staatsdienst. Foto.

Peter Reichensperger gehörte der Koblenzer bürgerlichen Oberschicht an. Seine Einstellungen über die Revolution sind überliefert. Sie werden hier sinngemäß zitiert:

> *Ich bin ein entschiedener Gegner der Revolution. Wie kann das Volk sich anmaßen, die Macht des Königs durch ein Parlament zu verringern? Ich bin für mäßigen Fortschritt, aber immer mit einem König an der Spitze des Staates. Eine Republik, in der das Volk seinen eigenen Präsidenten wählt, lehne ich ab.*

2 *Übertragt folgende Tabelle in euer Geschichtsheft. Vergleicht mit der Tabelle von Seite 26.*

Name	Beruf	Argumente gegen die Revolution
Kronprinz Wiilhelm	…	…

Schauplatz: Barrikadenkämpfe

Die „Macht des Liedes"
Für unterschiedliche Anlässe gibt es verschiedene Arten von Liedern, die in ihrer jeweiligen Form auf den gegebenen Anlass eingehen. So sind z. B. Märsche stark rhythmisiert und mit knapp geschnittenen Versen versehen, damit eine größere Gruppe von Soldaten sie während des Marschierens gut mitsingen kann. Ähnliches gilt für Hymnen, Vereins- oder Arbeiterlieder: Große Menschengruppen sollen sie gemeinsam singen können. Durch mitreißende Melodien und eingängige, manchmal auch aufpeitschende Texte soll oftmals überhaupt erst ein Zusammengehörigkeitsgefühl entstehen.

Das kennt ihr sicher auch aus eigener Erfahrung: Ein beim Konzert zusammen mit tausenden anderer Fans mitgesungener Hit, ein beim Bundesligaspiel im Fanblock gegröltes Vereinslied – all das fördert das Gruppengefühl und verleiht der gemeinsamen Sache sozusagen „eine Stimme". Nicht anders ist das bei vielen historischen Liedern, die ebenfalls bei Massenveranstaltungen gesungen wurden: Oft dichtete man Texte, die eine politische Absicht verfolgten, zu bereits bekannten Melodien, sodass die Lieder sich leicht unter den Menschen verbreiten konnten. Ein Beispiel für ein Protestlied aus dem 19. Jahrhundert ist hier abgedruckt:

Q1 Die Gedanken sind frei

Volksweise

2. Ich denke, was ich will und was mich beglücket,
doch alles in der Still' und wie es sich schicket.
Mein Wunsch und Begehren kann niemand verwehren.
Es bleibet dabei: Die Gedanken sind frei!

3. Und sperrt man mich ein im finsteren Kerker,
das alles sind rein vergebliche Werke,
denn meine Gedanken, sie reißen die Schranken
und Mauern entzwei. Die Gedanken sind frei!

1 *Lest den Liedtext und erklärt seine Aussage.*
2 *Äußert Vermutungen darüber, aus welchem Grund er verfasst wurde.*

Arbeitstechnik: Politische Lieder verstehen

Q2 Fürsten zum Land hinaus

1 Fürsten zum Land hinaus
Jetzt kommt der Völker-
schmaus
Hinaus, hinaus, hinaus!
2 Wilhelm liebt Bürgermord
Jagd ihn aus Preußen fort
Fort, fort, fort!
3 Bayernland ins Gewehr
Ludwig, der taugt nichts mehr
Los, los, los!
4 Der schönste Schwabenstreich
ist: Wilhelm aus dem Reich
Hinaus, hinaus, hinaus!
5 Mecklenburgs Friedrich Franz
Schandfleck des Vaterlands
Weg, weg, weg!
6 Oldenburg, deine Frist
Auch abgelaufen ist
Tick – tack, tick – tack
7 Reuß-Reiß-Spreitz-Lobenstein
Jagd in ein Maus'loch rein.
Katz, Katz, Katz!
8 Jagd über Feld und Au
Die Nassau und Dessau
Hussa, hussa, hussa!
9 Dem deutschen Bundestag
Werft faule Eier nach
Kikeriki, Kikeriki, Kikeriki!
10 Bald ist im Lande Raum.
Pflanzet den Freiheitsbaum
Hoch, hoch, hoch!

(Deutsches Revolutionslied aus dem Jahr 1832)

Um Lieder zu verstehen, können euch folgende Leitfragen helfen:

1. Entstehung klären
- Wann wurde das Lied geschrieben oder gesungen?
- In welchem Land war es bekannt?
- Wer hat das Lied verfasst?

2. Text untersuchen
- Wie heißt der Titel des Liedes?
- Was erfahren wir aus den einzelnen Strophen?
- Welche Absichten könnte der Autor mit dem Lied verfolgt haben?
- Wie können wir die Aussagen zusammenfassen?

3. Wirkung von Text und Melodie untersuchen
- Ist die Musik eher schnell/langsam, laut/leise, fröhlich/traurig, mitreißend/zurückhaltend, kriegerisch/besänftigend?
- Passen Text und Musik zusammen?
- Welche Gefühle könnte das Lied bei den Menschen damals ausgelöst haben?

4. Beurteilung
- Wie wirkt das Lied heute auf uns?
- Können wir dem Lied eine Botschaft für die heutige Zeit entnehmen? Wenn ja, wie würdet ihr sie formulieren?

3 *Bearbeitet eines der auf diesen Seiten abgedruckten Lieder mithilfe der Arbeitsschritte.*

So geht es weiter ...

Eine neue Ordnung für Europa?

1 Europa 1815.

Fürsten und Diplomaten befestigen in Wien die alte Ordnung

Europa 1815: Napoleons Truppen waren geschlagen, seine Herrschaft zusammengebrochen. Wie sollte es jetzt weitergehen? Um diese Frage zu lösen, luden die Siegermächte Österreich, Russland, England und Preußen die Fürsten Europas zu einem Kongress nach Wien ein. Die Herrscher oder ihre Gesandten von fast 200 Staaten, Herzog- und Fürstentümer folgten der Einladung.

Fürsten, die von Napoleon vertrieben worden waren, forderten jetzt die Rückgabe ihrer Gebiete. Gemeinsames Ziel aller Teilnehmer war es, die alte Ordnung wiederherzustellen (Restauration*).

Über neun Monate zogen sich die Beratungen in Wien hin. Unter dem Vorsitz des österreichischen Staatskanzlers Fürst Metternich einigte man sich auf folgende Grundsätze:

- Keine der fünf europäischen Großmächte (Frankreich, Großbritannien, Österreich, Preußen, Russland) soll ein Übergewicht über eine andere Macht bekommen. Nur so könne man den Frieden sichern.
  Die von Napoleon beseitigten Monarchien werden wiederhergestellt.
- Frankreich wird wieder Königreich in den Grenzen von 1789.
- Preußen wird um die Rheinprovinz, Westfalen und Teile von Sachsen vergrößert.
- Die Vormachtstellung Frankreichs in Europa soll dauerhaft beseitigt werden. Deshalb werden an seinen Grenzen starke Staaten geschaffen: Die Niederlande und Belgien werden zu einem Königreich vereinigt.

Restauration*:
Wiederherstellung eines ehemaligen Zustandes.

814/15:
Wiener Kongress.

Wiener Kongress und Deutscher Bund

2 Sitzung des Deutschen Bundestages in Frankfurt.
Kolorierter Stich (anonym), Ende 19. Jahrhundert.

Länder und Provinzen, Städte und Grenzstreifen wurden während der Verhandlungen zwischen den Fürsten hin und her geschoben. Sie beanspruchten, über das Schicksal der dort lebenden Menschen zu entscheiden.

1 *Beschreibt die Gebietsveränderungen für Preußen und Österreich anhand der Karte.*

2 *Stellt Vermutungen an, wie die Menschen auf die Beratungen des Wiener Kongresses reagiert haben könnten.*

Nationale Einheit oder Deutscher Bund?
Das Deutsche Reich war 1806 zerbrochen. Viele Deutsche hofften jetzt, dass nun endlich die Einheit Deutschlands geschaffen würde. In einem Flugblatt hieß es damals:

Q … Europas Fürsten haben Deutschland von der Knechtschaft unter Napoleon befreit. Jetzt beraten sie in Wien. Welcher wahre Deutsche kann jetzt träge und schläfrig abwarten, was werden wird? Wer fühlt jetzt nicht voller Begeisterung, dass der Zeitpunkt da ist, wo der Deutsche an der Donau und am Rhein den an der Elbe und Weser als einen Mitbruder umarmen möchte? Jetzt ist die Zeit, wo die Herrscher erkennen, dass die Völker nicht um ihretwillen, sondern sie um der Völker willen da sind. Jetzt ist die Zeit, wo nicht mehr wie bisher den Menschen die Hälfte des Arbeitsschweißes abgepresst wird, um elende Höflinge, … kostbare Jagden, die Menge unnützer Schlösser und eine Kriegsmacht zu unterhalten, die nicht dem Schutz des Vaterlandes dient, sondern nur … der Großmannssucht des Herrschers. Diese Zeiten – wer zweifelt daran – sind vorbei. …

Der Verfasser des Flugblattes irrte sich. Die Großmächte wollten kein mächtiges Deutsches Reich. Auch die deutschen Fürsten wollten keinen starken deutschen Kaiser über sich haben. So schuf man nur einen losen Deutschen Bund mit 35 Fürstentümern und vier freien Städten (Hamburg, Bremen, Lübeck und Frankfurt am Main). Die Gesandten der Fürsten bildeten die Bundesversammlung, auf der Beschlüsse mit Zweidrittelmehrheit gefasst werden konnten. Ob die Beschlüsse dann auch durchgesetzt wurden, lag im Ermessen der Einzelstaaten.

3 *Beschreibt die Abbildung 2. Achtet auf Kleidung, Gesten und Haltung der Menschen und auf die Einrichtung. Stellt einen Bezug her zu den Aussagen in Q.*

4 *Stellt euch vor, der Verfasser der Flugschrift hätte die Möglichkeit, den Fürsten seine Meinung darzulegen. Was würde er sagen, was könnten sie antworten? Entwerft eine Szene und spielt sie.*

1815:
Die 39 deutschen Einzelstaaten schließen sich im Deutschen Bund zusammen.

Aufbruch zur Freiheit?

1 **„Der Denker-Club“.** Karikatur, um 1820.

Karlsbader Beschlüsse*: *im September 1819 vor allem auf Betreiben Metternichs beschlossene Maßnahmen zur Unterdrückung der Kritiker der Fürstenherrschaft.*

Die schwarz-rot-goldene Fahne wurde schon 1815 von der Jenaer Burschenschaft benutzt. Sie wurde in den folgenden Jahren zum Symbol der nationalen und demokratischen Bewegung in Deutschland.

▸zensieren/Zensur*: *hier: gezielte Unterdrückung von unerwünschten Verlautbarungen, z. B. Nachrichten oder persönliche Meinungsäußerungen.*

Streben nach Freiheit und Verfassung

Von den Beschlüssen der Fürsten auf dem Wiener Kongress waren viele Menschen enttäuscht. Waren Hunderttausende in den Schlachten dafür gefallen, dass jetzt alles so blieb wie vorher? Vor allem im Umkreis der Universitäten bildeten sich „liberale“ Gruppen heraus, die die Beteiligung der Bürger an den politischen Entscheidungen forderten. So schlossen sich noch 1815 in Jena Studenten zur „Deutschen Burschenschaft“ zusammen, um ihrem Protest gegen die bestehenden Herrschaftsformen Ausdruck geben zu können. Mit Veranstaltungen wie Fackelzügen, Gedenkfeiern oder Kundgebungen richteten sie sich gegen die Fürstenherrschaft.

Über die Ziele vieler Burschenschaftler gibt ein Brief Auskunft, den der Student Heinrich von Gagern 1818 an seinen Vater schrieb:

Q1 … Wir leben in einer deutschen Burschenschaft im Geist als ein Volk, wie wir es in ganz Deutschland gerne in der Wirklichkeit hätten. … Wir geben uns die freieste ▸Verfassung, so wie wir sie gerne in Deutschland möglichst frei hätten. … Wir wünschen eine Verfassung für das Volk …, nicht dass jeder Fürst seinem Volke gibt, was er Lust hat und wie es seinem Privatinteresse dienlich ist. Überhaupt wünschen wir, dass die Fürsten davon ausgehen und überzeugt sein möchten, dass sie des Landes wegen, nicht aber das Land ihretwegen existiere.

Die Reaktion der Fürsten

Für die Herrschenden war der Wunsch nach mehr Freiheit nichts anderes als ein Aufruf zur Gesetzlosigkeit. Als im Frühjahr 1819 ein Mannheimer Student den Schriftsteller August von Kotzebue ermordete, weil dieser die freiheitlichen Forderungen verspottet und als „aufrührerisches Treiben“ bezeichnet hatte, nutzten die Fürsten die Gelegenheit und verfügten die Auflösung der Burschenschaften. Auf der in Karlsbad* stattfindenden Ministerkonferenz beschlossen sie außerdem, „revolutionär gesinnte“ Professoren zu entlassen und die Universitäten überwachen zu lassen. Zeitungen und Flugblätter sollten künftig ▸zensiert* werden. Die Gefängnisse füllten sich mit Professoren und Studenten, zum Teil ohne dass ihnen ein Prozess gemacht wurde. In ganz Deutschland herrschte jetzt die Furcht vor Bespitzelung, Verhören und Verhaftungen.

Das Hambacher Fest

2 **Der Zug der Protestierenden zum Hambacher Schloss am 27. Mai 1832.** Zeitgenössische Lithografie.

Mai 1832: *Massenprotest gegen die Fürstenherrschaft im pfälzischen Hambach („Hambacher Fest").*

1 *Arbeitet mithilfe des Textes die Aussage der Karikatur 1 heraus. Beachtet auch die Hinweise zum Umgang mit Karikaturen auf Seite 202.*

Der Protest setzt sich fort …

Im Juli 1830 kam es in Paris zu Straßenkämpfen, als König Karl X. versuchte, das Parlament aufzulösen und die Pressefreiheit aufzuheben. Protestierende Bürger erreichten, dass der Monarch zurücktreten musste und die freiheitliche Verfassung erhalten blieb. Die Ereignisse ermutigten auch die Menschen in Deutschland: Als der Jurist Philipp Jakob Siebenpfeiffer und der Journalist Georg August Wirth 1832 zu einer Versammlung in Hambach bei Neustadt in der Pfalz einluden, um die deutschen Freiheits- und Nationalstaatsbestrebungen deutlich zu machen, kamen etwa 30 000 Männer und Frauen. Sie trugen schwarz-rot-goldene Fahnen, sangen Lieder wie „Fürsten zum Land hinaus" und verbrannten Bilder regierender Fürsten. Es war die erste politische Massenversammlung in Deutschland. Der Redner Siebenpfeiffer rief den Menschen zu:

Q2 … Vaterland – Freiheit – ja! Ein freies deutsches Vaterland – dies ist der Sinn des heutigen Festes, dies die Worte, den Verrätern der deutschen Nationalsache die Knochen erschütternd. Seit das Joch des fremden Eroberers abgeschüttelt, erwartet das deutsche Volk von seinen Fürsten die verheißene Wiedergeburt; es sieht sich getäuscht. … Die Natur der Herrschenden ist Unterdrückung, der Völker Streben ist Freiheit. Es wird kommen der Tag, wo … der Bürger nicht in höriger Untertänigkeit den Launen des Herrschers, sondern dem Gesetz gehorcht, wo ein gemeinsames deutsches Vaterland sich erhebt. …

… die Unterdrückung ebenso

Auch auf die Vorkommnisse am Hambacher Schloss, die sie von Spitzeln überwachen ließen, antworteten die Fürsten mit Unterdrückungsmaßnahmen. Die bestehenden Gesetze wurden umgehend verschärft: So wurde die Rede- und Versammlungsfreiheit ganz aufgehoben, die Farben Schwarz-Rot-Gold durften nicht mehr getragen werden, das Singen politischer Lieder wurde verboten. Erneut wurden Hunderte inhaftiert, in der folgenden Zeit nahm die Zahl der Auswanderer in die USA ständig zu.

2 *Erläutert, wen der Redner meinte, als er von „Verrätern der deutschen Nationalsache" und dem „fremden Eroberer" sprach.*

3 *Benennt die Forderungen, die der Redner stellt. Was wirft er den Fürsten vor?*

Philipp Jakob Siebenpfeiffer *und andere Redner des Hambacher Festes wurden verhaftet und wegen Beamtenbeleidigung verurteilt. Siebenpfeiffer gelang jedoch die Flucht aus dem Gefängnis; er konnte sich in die Schweiz absetzen.*
In der Pfalz schlossen sich nach den Verhaftungen Frauen zusammen, um die Unterstützung der Familien von Inhaftierten zu organisieren, z. B. durch den Verkauf von Losen.

In der Behaglichkeit des Zuhauses

1 „Die gute alte Zeit". Das Innere einer Bürgerwohnung im Biedermeierstil. Zeitgenössische Darstellung, um 1835 (Ausschnitt). In der Biedermeierzeit entstanden viele Bilder, die – wie dieses – das bürgerliche Privatleben zum Thema hatten. Obwohl diese Bilder keine historischen Ereignisse darstellen, können sie doch wertvolle Geschichtsquellen sein, denn sie veranschaulichen den „Geist" ihrer Entstehungszeit.

Biedermeier*:
Bezeichnung für den bürgerlichen Lebensstil, der zwischen 1815 und 1848 verbreitet war.
Der Begriff „Biedermeier" ist abgeleitet von dem Titel einer Gedichtserie, die in den 1850er-Jahren von den Dichtern Adolf Kußmaul und Ludwig Eichrodt veröffentlicht wurde: „Die Gedichte des schwäbischen Schullehrer Gottlieb Biedermaier und seines Freundes Horatius Treuherz". Die Gedichte waren der populären Lyrik des schwäbischen Lehrers S. F. Sauter nachgebildet, die die Geborgenheit des häuslichen Glückes anpries.

Zurückgezogenheit als Lebensform?

Besonders in bürgerlichen Kreisen nahm angesichts der seit 1819 zunehmenden Bespitzelungen und Verhaftungen das Gefühl der eigenen Ohnmacht zu: Nachdem viele Bürger in den Befreiungskriegen aktiv den Krieg gegen Napoleon unterstützt hatten, kam eine breite Masse nun zu dem Urteil, dass ihr Einsatz und ihre Opfer vergeblich gewesen waren.
Abseits der Protestbewegungen begannen viele Menschen, sich fern des politischen Tagesgeschehens in die eigenen vier Wände zurückzuziehen. Sie versuchten, sich in der Abgeschiedenheit der Familie das Leben behaglich zu gestalten: Aus der Resignation angesichts der eigenen Machtlosigkeit versuchten sie das Ideal eines zufriedenen Familienlebens abzuleiten. Diese Lebenseinstellung des betont Unpolitischen bezeichnete man später als Biedermeier*.

Der zeitgenössische Schriftsteller Gottfried Kinkel verfasste folgende Verse über die Lebenseinstellung des Biedermeiers:

Q1 … Stets nur treu und loyal
Und vor allem stets zufrieden.
So hat Gott es mir beschieden.
Folglich bleibt mir keine Wahl.
Ob des Staates alter Karren
Weise lenken oder Narren,
Dieses geht mich gar nichts an,
Denn ich bin ein Untertan.

Jeder Untertan und Christ
Weiß den Dienst und dass daneben
Mit dem Staat sich abzugeben
Keineswegs ersprießlich ist.
Wer nicht herrscht, hört zu den Dummen.
Also warum sollt ich brummen?
Dieses geht mich gar nichts an,
Denn ich bin ein Untertan …

1 *Untersucht Abbildung 1 mithilfe der Arbeitsschritte zur Bildanalyse (Seite 202).*
2 *Erläutert, auch mithilfe des Textes, inwiefern die Darstellung das Leben im „Biedermeier" wiedergibt.*

Elend vielerorts

2 **Weberelend.** Grafik, aus den 40er-Jahren des 19. Jahrhunderts.

Armut in der Stadt und auf dem Land

Viele Menschen in den Ländern des Deutschen Bundes nahmen weder an Protestveranstaltungen teil, noch konnten sie sich in ein behagliches Zuhause zurückziehen.

Obwohl im Zeitraum von 1816 bis 1847 etwa 600 000 Menschen aus den Staaten des Deutschen Bundes auswanderten, stieg die Bevölkerungszahl von 23,5 Millionen auf fast 35 Millionen Menschen an. Die Handwerker in den Städten kämpften gegen Unterbeschäftigung, sinkende Einkommen und Verarmung. Missernten und Verteuerung der Nahrungsmittel führten in der ersten Hälfte des 19. Jahrhunderts zu Plünderungen. In größeren Städten überfielen hungernde Menschen Bäckerläden, Polizeiämter und Zollstationen.

Die meisten Kleinbauern konnten von der Landwirtschaft allein nicht leben und waren auf Nebenverdienste durch Garnspinnen oder Weben von Leinen in Heimarbeit angewiesen. In England wurden aber bereits Textilien mit Maschinen schneller und billiger hergestellt. Als die Fabrikwaren den europäischen Markt überschwemmten, gerieten die Heimarbeiter ins Elend.

In Schlesien war die Not der Heimweber so groß, dass sie 1844 die Häuser der Reichen überfielen und plünderten. Das preußische Militär schlug den „Weberaufstand" mit Waffengewalt nieder.

Der Dichter Georg Weerth schilderte 1845 die Not der Armen in der Senne, einem verarmten Landstrich zwischen Bielefeld und Paderborn:

Q2 … Eine Wüste nannten wir jenen Landstrich und dennoch bevölkert. … Treten wir an die Tür desselben, da schlägt uns ein dichter Rauch entgegen, denn für einen Schornstein hat man nicht gesorgt. … Gehen wir vorüber, da laufen uns einige zerlumpte Kinder nach; sie halten die Hände gefaltet und murmeln eine Sprache, die niemand versteht. Aber in den kümmerlichen Blicken kann man lesen, was sie wollen, und gebt ihr einem kleinen Mädchen mit hellblonden Haaren eine Silbermünze, da ist es mehr, als sie je besaß, mehr als sie in mehreren Wochen durch Flachsspinnen gewinnen kann. … Der Vorrat von Kartoffeln geht bald zu Ende; durch die schlechte Witterung, welche die Lehmwände der Hütten nass und feucht macht, brechen Krankheiten ins Haus herein. …

3 *Beschreibt die Lebenssituation der Armen auf dem Land mithilfe von Q2. Entwickelt Vorschläge zur Überwindung der Armut damals.*

4 *Beschreibt Abbildung 2 in der Form einer Rundfunkreportage. Der Anfang könnte etwa so sein: „Wir befinden uns hier in der Hütte des …"*

Die Revolution von 1848

1 Revolutionen in Europa 1848/49.

März 1848:
Revolutionäre Aufstände in Europa. In Paris, Wien und Berlin treten die alten Regierungen zurück. Die Forderung nach Parlamenten, die eine Verfassung beraten sollen, wird erfüllt.

Paris gibt das Signal für Erhebungen in Europa: Das Volk verjagt die Könige

Im Februar 1848 kam es in Paris zu Massendemonstrationen gegen den König und seine Regierung. Die Menschen forderten ein neues Wahlrecht. Nur wer über ein hohes Einkommen verfügte, durfte zur Wahl gehen. Den aufgebrachten Bürgern rief ein Minister zu: „Werdet doch reiche Leute." Die Arbeiter, Tagelöhner und Handwerker fühlten sich hierdurch verhöhnt. Sie stürmten Ende Februar 1848 den Königspalast. Der König musste gehen, die Republik wurde ausgerufen. Dies war das Signal zu zahlreichen Revolutionen in ganz Europa.
In Deutschland gaben viele Fürsten den Forderungen der Aufständischen sofort nach. Sie versprachen, ▶Verfassungen ausarbeiten zu lassen und sich einzusetzen für die Einberufung eines Nationalparlaments.

Der Großherzog Leopold von Baden schrieb an den König von Preußen:

Q1 … Meine Zugeständnisse sind teils von zweckmäßiger Art, teils von untergeordneter, teils von keiner nachträglichen Bedeutung. Die erste Aufgabe war, das Land zu beruhigen und zusammenzuhalten. …

1 *Stellt mithilfe der Karte fest, in welchen Städten im Frühjahr 1848 Aufstände ausbrachen.*

2 *Überlegt mithilfe von Q1, wie ernst gemeint die Zugeständnisse des Großherzogs sind.*

Barrikadenkämpfe in Berlin – Höhepunkt der Märzrevolution

Die Nachrichten von der Revolution in Paris und den erfolgreichen Erhebungen in anderen deutschen Staaten führten in Berlin zu zahlreichen politischen Versammlungen. Auf ihnen forderten die Arbeiter von der Regierung Maßnahmen gegen die Arbeitslosigkeit. Bürger, Studenten und Arbeiter forderten zudem gemeinsam Presse- und Redefreiheit, Versammlungsfreiheit, Amnestie der politischen Gefangenen, eine freiheitliche Verfassung und eine allgemeine deutsche Volksvertretung.
Die Lage spitzte sich immer mehr zu. Der preußische König war zunächst nicht bereit, den Forderungen nachzugeben. Er wehrte sich gegen eine geschriebene Verfassung: „Zwischen mich und mein Volk soll sich kein Blatt Papier drängen." Um die politischen Versammlungen auseinander zu treiben,

Das Volk geht auf die Barrikaden

2 **Barrikadenkämpfe in Berlin, 18./19. März 1848.** Aus der Bleiverglasung von Fenstern werden Kugeln gegossen. Farblithographie von F. C. Nordmann, 1848.

ließ der König sogar Truppen in die Stadt einrücken. Aber die Protestierenden ließen sich nicht einschüchtern. Friedrich Wilhelm IV. gab schließlich nach und versprach, dem Land eine Verfassung zu geben.

Um ihrem König für die Zusage einer Verfassung zu danken, versammelten sich am 18. März 1848 etwa 10 000 Berliner vor dem Schloss. Plötzlich fielen – vermutlich aus Versehen – zwei Schüsse. Die Bürger fühlten sich betrogen. In aller Eile bauten sie Straßenbarrikaden. Auf den Barrikaden wehten schwarz-rot-goldene Fahnen. Mit den primitivsten Waffen wurden die gut ausgebildeten Armeeeinheiten abgewehrt. Schließlich wurde das Militär zurückgezogen.

Am folgenden Tag wurden von den Bürgern die Leichen von 150 Barrikadenkämpfern vor das königliche Schloss getragen. Der König wurde gezwungen, sich vor den Särgen der Gefallenen zu verneigen. Mit einer schwarz-rot-goldenen Binde am Arm musste er durch die Straßen reiten. Am Abend erließ er einen Aufruf:

Q2 … Ich habe heute die alten deutschen Farben angenommen und mich und mein Volk unter das ehrwürdige Banner des Deutschen Reiches gestellt. Preußen geht fortan in Deutschland auf. …

Die Revolution sollte den Berlinern große und kleine Freiheiten bescheren. Von nun an durfte auf der Straße geraucht werden, Presse- und Versammlungsfreiheit ließen ein lebhaftes öffentliches Leben zu. Berlin wurde mit Flugblättern, Maueranschlägen und Plakaten überschwemmt, politisch gleich Gesinnte schlossen sich in „Klubs" zusammen, den Vorläufern der politischen Parteien. Hatte die Revolution damit auch in Berlin endgültig gesiegt? Eine Antwort mussten die nächsten Monate geben.

3 *Sprecht darüber, was ihr von dem Aufruf des Königs (Q2) haltet.*

4 *Überlegt, was es bedeutet, wenn der König von Preußen die Farben Schwarz-Rot-Gold annimmt.*

Abreibungen von Grabplatten auf dem Friedhof der Märzgefallenen im Berliner Friedrichshain. Bei den Straßenkämpfen kamen etwa 200 Menschen ums Leben, meist Handwerker, Arbeiter und Studenten.

18./19. März 1848: *Die Berliner Bevölkerung erzwingt in Straßenkämpfen den Abzug des Militärs. Der preußische König bekennt sich zu demokratischen Reformen und der deutschen Einigung.*

Die erste deutsche Nationalversammlung

1 **Blick in die Frankfurter Nationalversammlung.** Da kein Saal der Stadt groß genug war, um die Abgeordneten aufzunehmen, wurde die Paulskirche zum Tagungsort gewählt. Auf der Rednertribüne steht der Parlamentspräsident Heinrich von Gagern. Zeitgenössischer kolorierter Stich.

18. Mai 1848: Die erste Sitzung der deutschen Nationalversammlung in der Paulskirche in Frankfurt am Main.

28. März 1849: Verabschiedung der Reichsverfassung durch die Nationalversammlung.

Die Abgeordneten in der Paulskirche

Noch im Frühjahr 1848 wurden überall in Deutschland die Regierungen zum Rücktritt gezwungen. Erstmalig fanden in ganz Deutschland allgemeine und gleiche Wahlen zu einer verfassunggebenden Versammlung statt. Frauen hatten allerdings kein Wahlrecht. Etwa zwei Drittel von den 600 Abgeordneten waren Akademiker, vor allem Professoren, Beamte, Juristen und Ärzte. Die übrigen Abgeordneten waren Vertreter der Wirtschaft, wie z. B. Gutsbesitzer, Kaufleute und Industrielle. Arbeiter fehlten in dem Parlament, das am 18. Mai 1848 in Frankfurt am Main zu seiner ersten Sitzung zusammentrat.

Ein Abgeordneter berichtete von der ersten Sitzung:

Q1 … Anfangs gab es in der Nationalversammlung noch keine Parteien. Jeder Abgeordnete sprach nur für sich selbst und stimmte auch so ab, wie er allein es für richtig hielt. So zogen sich die Verhandlungen in die Länge, da zu jedem Thema zahllose Abgeordnete sich zu Wort meldeten. Erst im Verlauf der Zeit lernten sich die Abgeordneten untereinander besser kennen und schlossen sich zu Gruppierungen zusammen. Nach den Sitzen, die sie einnahmen, unterschied man sie bald in rechte, linke und liberale Abgeordnete, je nach ihrem politischen Selbstverständnis. …

Als ihre wichtigste Aufgabe sah die Nationalversammlung die Ausarbeitung einer Reichsverfassung an, die dann am 28. März 1849 verabschiedet wurde. In der ►Verfassung wurden die Grundrechte festgelegt:

Q2 … § 137 Vor dem Gesetz gilt kein Unterschied der Stände. Der Adel als Stand ist aufgehoben. Alle Standesvorrechte sind abgeschafft.

§ 138 Die Freiheit der Person ist unverletzlich.

§ 139 Die Wohnung ist unverletzlich.

Ein König will kein Kaiser werden

2 Andere Zeiten – andere Sitten!
Karikatur, 1849.

§ 143 Jeder Deutsche hat das Recht, durch Wort, Schrift, Druck oder bildliche Darstellung seine Meinung frei zu äußern.
§ 161 Die Deutschen haben das Recht, sich friedlich und ohne Waffen zu versammeln; einer besonderen Erlaubnis bedarf es nicht. …

1 *Begründet, warum für die Frankfurter Nationalversammlung die Bezeichnung „Gelehrtenparlament" aufkam.*
2 *Erläutert, warum die Abgeordneten als Erstes die Grundrechte ausarbeiteten.*

Der Preußenkönig lehnt die Kaiserkrone ab

Die Nationalversammlung diskutierte lange Zeit die Frage, ob das Deutsche Reich eine Republik oder eine Monarchie sein sollte. Man entschied sich schließlich für die Wahl eines Kaisers, der gemeinsam mit dem Parlament die Gesetze erlassen sollte.
Doch wer sollte Kaiser werden? Zwei Möglichkeiten boten sich an: Die Schaffung eines großen Deutschen Reiches unter der Führung Österreichs oder die „kleindeutsche" Lösung ohne Österreich unter der Führung Preußens. Man einigte sich auf die kleindeutsche Lösung unter der Führung Preußens. „Kaiser der Deutschen" sollte Friedrich Wilhelm IV. von Preußen werden. Doch der preußische König lehnte ab. Selbstbewusst schrieb er im Februar 1849:

Q3 … Diese Krone ist nicht die tausendjährige Krone „deutscher Nation", sondern eine Geburt des scheuseligen Jahres 1848. … Untertanen können keine Krone vergeben. … Mit Gottes Hilfe werden wir „oben" wieder „oben" und „unten" wieder „unten" machen. Das ist es, was vor allem Not tut. …

Mit dieser Reaktion des preußischen Königs hatten die Abgeordneten nicht gerechnet. Die meisten Abgeordneten traten nun aus der Nationalversammlung aus, die über keinerlei Machtmittel verfügte, um ihre Beschlüsse durchzusetzen: Die Armee, Polizei und Beamtenschaft standen auf der Seite der Fürsten. Nur 100 Abgeordnete blieben zusammen und gründeten Anfang Mai in Stuttgart ein so genanntes Rumpfparlament*, das allerdings noch im Juli durch württembergische Truppen aufgelöst wurde.

3 *Warum boten die Frankfurter Abgeordneten dem preußischen König die Kaiserkrone an?*
4 *Nennt die Gründe für die Ablehnung der Kaiserkrone durch Friedrich Wilhelm IV. (Q3).*
5 *Erklärt, auf welche historischen Ereignisse die Karikatur (Abbildung 2) anspielt. Wie urteilt der Zeichner über den Verlauf der Revolution?*

April 1849:
Die Nationalversammlung wählt den preußischen König zum „Kaiser von Deutschland". Der König lehnt ab und die Nationalversammlung löst sich auf.

Rumpfparlament*:
„Rumpf" im Sinne von „Rest", daher: Restparlament.

Das Scheitern der Revolution

Der Freischärler **August von Willich** mit Kampfgefährte. Aquarell von Franz Artaria, 1849.

1 **Sensen der Freischaren mit schwarz-rot-goldenen Fahnen aus dem Jahr 1849.** Foto.

2 **Haubitze, Typ „C 42", Preußen, 1856.** Foto, 2000.

Revolution in der Pfalz und in Rheinhessen

Die Menschen waren empört über die Ablehnung der Reichsverfassung. Immer größer wurde die Bereitschaft, die Freiheit und Einheit des Vaterlandes mit Waffengewalt zu erreichen. Deshalb bildeten sich auch in Rheinhessen und der Rheinpfalz Volkswehren und Freischaren. Am 10. Mai 1849 verbuchten die Aufständischen ihren ersten Erfolg: Pfälzer Freischaren nahmen Ludwigshafen ein. Am 17. Mai errichteten die Aufständischen eine provisorische Regierung. Sie hatte ihren Sitz in der Fruchthalle in Kaiserslautern.

Die provisorische Regierung erkannte sofort die Reichsverfassung an. Daraufhin schickten die Fürsten des Deutschen Bundes preußische Truppen in die Pfalz. Diese sollten die Revolution mit Waffengewalt niederschlagen. Der provisorischen Regierung stand eine Volkswehr von etwa 13 000 Soldaten zur Verfügung, um sich gegen die preußischen Truppen zu verteidigen.

Die Ausrüstung der Volkswehr wird wie folgt beschrieben:

M Die Rekruten konnten nicht oder nur sehr mangelhaft ausgebildet werden. ... Noch bedenklicher war jedoch der ungeheure Mangel an Ausrüstungsgegenständen jeglicher Art. ... Es mangelte selbst an Uniformen und Schuhen. ... Noch größere Schwierigkeiten hatte die Revolutionsregierung bei der Beschaffung von Waffen. ... Vor allem war der Geschützmangel nicht zu beheben, denn die ... bestellten Kanonen wurden nicht geliefert. ... Insgesamt fast 1500 Soldaten wurden mit ... geradegebogenen Sensen ausgerüstet.

1 *Beschreibt die Abbildungen. Was erfahrt ihr in M über die Ausrüstung der Volkswehr?*
2 *Stellt Stärke, Ausbildung und Ausrüstung der revolutionären und der preußischen Truppen gegenüber.*

Die Niederschlagung des pfälzisch-badischen Aufstands

Preußen entsandte fast 20 000 Soldaten in die Pfalz. An der Spitze des Heeres stand Kronprinz Wilhelm, vom Volk als „Kartätschenprinz" beschimpft (Seite 27).

Sein Heer war gut ausgebildet und verfügte über einheitliche Uniformen, moderne Gewehre und Kanonen. Die preußischen Truppen eroberten nach und nach das Gebiet der provisorischen Regierung. Das bedeutendste Gefecht fand in Kirchheimbolanden statt. Am 14. Juni 1849 trafen hier 3000 preußische Soldaten auf etwa 400 rheinhessische Freischärler.

Friedrich Kolb, ein pfälzischer Revolutionär, berichtete darüber wie folgt:

Der pfälzisch-badische Aufstand im Jahr 1849

3 **Übergabe der badischen Festung Rastatt an die preußischen Belagerungstruppen.**
In der Bildmitte Prinz Wilhelm von Preußen. Ausschnitt aus dem Neuruppiner Bilderbogen, 1849.

Q Die Führer (der Freischärler) flohen eilig und riefen nicht einmal ihre im Kirchheimer Schlossgarten aufgestellte Vorhut ab. Bald war der ganze Bereich umzingelt, auf die etwa 30 Eingeschlossenen ward im Garten förmlich eine Hetzjagd organisiert. Die Sieger stellten diejenigen, welche hier nicht niedergemacht, sondern gefangen und entwaffnet worden waren, an die Mauer des Schlosses und erschossen alle kaltblütig. Es waren, wenn ich mich nicht irre, etwa 17 für Freiheit und Vaterland glühende Jünglinge.

3 *Beurteilt das Verhalten der preußischen Truppen gegenüber den Freischärlern aus heutiger Sicht (Q).*

Das Ende der Revolution

Die Preußen besiegten schließlich die pfälzischen Truppen. Am 18. Juni zog sich die pfälzische Restarmee bei Knielingen nach Baden zurück. Am selben Tag lösten württembergische Soldaten mit Gewalt das Rumpfparlament in Stuttgart auf. Der Traum von einem Parlament und einer demokratischen Verfassung war damit endgültig aus. Die letzte entscheidende Schlacht zwischen der Revolutionsarmee und den preußischen Truppen ereignete sich am 29./30. Juni in Rastatt. Am 23. Juli 1849 wurde die Festung Rastatt eingenommen, 6000 Revolutionäre ergaben sich (Abbildung 3). In Rastatt, Freiburg und Mannheim verhängten preußische Standgerichte insgesamt 23 Todesurteile.

4 **Erschießung Valentin Streubers am Mannheimer Hauptfriedhof am 11. Oktober 1849.** Gemälde.

Was ihr noch tun könnt:
Den Freischarenrundweg in Kirchheimbolanden besuchen. Informationen unter Telefon (0 63 52) 40 04 15.

Arbeitstechnik: Eine Karikatur deuten und einordnen

1 Europa 1849. Die Hauptpersonen sind: der preußische König Friedrich Wilhelm IV. von Preußen, der französische Präsident Louis Napoléon Bonaparte, der sich – nachdem er sich 1852 zum Kaiser hatte ausrufen lassen – Napoleon III. nannte, und der junge österreichische Kaiser Franz Josef I., der sich mithilfe des russischen Zaren Nikolaus I. durchzusetzen versucht. Zeitgenössische Karikatur.

Eine Karikatur: Europa 1849

Das Wort „Karikatur" kommt aus dem Italienischen und bedeutet soviel wie „übertragen" oder „überladen". Indem sie menschliche, gesellschaftliche, politische oder wirtschaftliche Handlungen oder Verhältnisse übertrieben darstellt, ist eine Karikatur als Spott- oder Zerrbild aufzufassen.
Die abgebildete Karikatur gibt Aufschluss über die Sicht des Zeichners auf die Situation in Mitteleuropa im Jahr 1849: Die Versuche, durch revolutionäre Umbrüche die Restauration zu überwinden, sind gescheitert, die Aufstände niedergeschlagen. Was nun – wie wird es weitergehen mit Europa?

Die folgenden Arbeitsschritte können euch helfen, diese Karikatur zu verstehen:

1. Den ersten Eindruck festhalten

Betrachtet die Karikatur und beschreibt, wie die verschiedenen Figurentypen dargestellt sind und vor welchem Hintergrund sie handeln. Äußert, welchen ersten Eindruck die Zeichnung auf euch macht.

2. Entschlüsseln

Beschreibt die dargestellten Figuren genau, achtet auch auf ihre Tätigkeiten: Was tun die „Hauptfiguren", was die „Nebenfiguren"? Macht euch Notizen über die Dinge, die ihr nicht einordnen könnt und über die ihr mehr herausfinden müsst.

3. Deuten

Welche Bedeutung haben die dargestellten Personen und ihre Handlungen: Wer ist wer? Achtet auf die Legende! Was wird über das Schicksal der Beteiligten gesagt? Worin deutet sich die mögliche weitere Entwicklung der Situation an?
Um zu einer Deutung zu kommen, müsst ihr vielleicht noch einmal zurückblättern und versuchen, einzelne Bildausschnitte in Beziehung zu den Themen vorangegangener Seiten herzustellen.

4. Einordnen

Überlegt, welche Absicht der Zeichner wohl mit seiner Karikatur verfolgte. Woran, meint ihr, wird seine Einstellung deutlich?

Zusammenfassung

Restauration und Streben nach Freiheit
Nachdem Napoleons Herrschaft beendet war, hofften die Menschen in den ehemals besetzten Gebieten auf umfassende politische Veränderungen. Aber die deutschen Fürsten beschlossen 1815 auf dem Wiener Kongress, die Aufteilung des alten Reiches in Fürstentümer beizubehalten und gründeten den „Deutschen Bund". Gegen die Beschlüsse der Fürsten lehnten sich besonders „liberal" gesinnte Studenten auf. Sie forderten die nationale Einheit und eine freiheitliche ▶Verfassung. Die deutschen Fürsten reagierten mit ▶Zensur und Verfolgungen. Obwohl sich viele Menschen angesichts der Repressalien in ihre Privatsphäre zurückzogen, konnte der Wunsch nach mehr Freiheit aber nicht mehr unterdrückt werden (Hambacher Fest, 1832).

Die Revolution von 1848
Viele Menschen lebten zu Beginn des 19. Jahrhunderts in großer Armut. Als infolge von Missernten Hungersnöte ausbrachen, kam es zu Aufständen. Ausgehend von Paris, wo im Februar 1848 eine Republik ausgerufen wurde, breitete sich eine revolutionäre Bewegung über ganz Europa aus, so auch in Österreich, Ungarn und Deutschland. Die deutschen Revolutionäre forderten die Abschaffung der Adelsvorrechte, politische Mitbestimmung und die Einheit Deutschlands.

Die Nationalversammlung
Aus allgemeinen und gleichen Wahlen ging schließlich eine Nationalversammlung hervor, die die erste Verfassung für ein geeintes Deutschland beschloss. Ferner beriet sie darüber, welche Staaten dieses geeinte Deutschland bilden sollten. Mit knapper Mehrheit entschied man sich für die so genannte „kleindeutsche" Lösung – also ein Deutsches Reich ohne Österreich. Dem preußischen König Friedrich Wilhelm IV. bot man 1849 die Kaiserkrone an. Er jedoch lehnte ab.

Das Scheitern der Revolution
Nach der Ablehnung der Kaiserkrone durch den preußischen König war die Arbeit der Nationalversammlung gescheitert. Mit Waffengewalt wurden die Abgeordneten auseinander gejagt, das Parlament war aufgelöst. Zwar kam es weiter zu regionalen Erhebungen gegen die Fürsten – wie etwa 1849 in der Pfalz –, doch wurden sie von gut ausgerüsteten Soldaten blutig niedergeschlagen. Die alten Kräfte hatten ihre Machtpositionen zurückerobert.

Seit 1817

Mit Gedenkfeiern und Protestmärschen wurde – wie hier auf dem Hambacher Fest 1832 – die Ablehnung der alten Ordnung zum Ausdruck gebracht.

März 1848

Die Revolution in Frankreich breitet sich über ganz Europa aus.

18. Mai 1848

Eröffnung der deutschen Nationalversammlung in der Frankfurter Paulskirche.

28. April 1849

Der preußische König lehnt die Wahl zum Kaiser ab.

3. Das Kaiserreich: Einheit ohne Freiheit?

Stiefelappell auf dem Kasernenhof. Jeder Soldat fürchtet diese Kontrolle durch die Vorgesetzten. „Nur nicht auffallen!“ heißt die Devise. Trotzdem wurde nach der Gründung des Deutschen Reiches – so lautete die amtliche Bezeichnung des deutschen Staates von 1871 bis 1918 – der Militärdienst zur „Schule der Nation“.

1 *Beschreibt die Fotos:*
- *Was geschieht gerade?*
- *Welche Funktion haben die Personen dabei?*
- *Welche Gefühle, welche Gedanken könnten sie gehabt haben?*

Schauplatz: Der Staat als Kasernenhof

1 **Die Festung Ehrenbreitstein bei Koblenz.** Foto.

2 **Abschiedsfoto, 1908.**

Brief eines Soldaten an seinen Bruder, 1910 (Abschrift).

Q1 Mein lieber Willi,
ich bin jetzt schon ein, zwei Monate bei den Pionieren in Koblenz, aber du musst mir glauben – es ist wirklich schwer. Wir bekommen 200 g Brot, Suppe und Rüben ... und immer exerzieren; wir Gemeinen werden von den Unteroffizieren nur angebrüllt und unser Leutnant von Wadersloh kann mich wohl ganz besonders wenig leiden. ... Deswegen musste ich gestern die Toiletten sauber machen. ... Ich habe solches Heimweh nach euch allen. ... Wäre doch meine Militärzeit schon um ...
dein Peter

Die Antwort, 1910 (Abschrift).

Q2 Lieber Bruder,
dein Brief hat uns alle traurig gestimmt. Du wirst doch sicher nicht der Einzige aus unserer Familie sein, der nicht gern das Ehrenkleid der Soldaten trägt. ... Bedenke, dass der Kaiser von Gottes Gnaden über uns herrscht. Und wir sind seine Untertanen und Soldaten. Da musst du an deiner Stelle deine Pflicht für das Vaterland tun. Nur so bleiben wir stark genug, die Feinde Deutschlands wie die Hasen zu jagen ...
Gehorche deinen Vorgesetzten gern, denn wer später befehlen will, muss erst gehorchen lernen.
Du wirst sehen: Bald ist deine Dienstzeit herum und du kehrst ehrenvoll zu den Deinen zurück.
Ich habe dir das Bild meiner alten Kompanie beigelegt. Sieh auf mein Beispiel und halte durch!
Vivat unserem Kaiser!
Grüße auch von den Eltern
dein Bruder Willi

1 *Wertet die Materialien dieser Seite aus und stellt heraus, was ihr über das Militär und die Einstellungen der beiden Brüder dazu erfahrt.*

Schauplatz: Der Staat als Kasernenhof

3 Drill auf dem Kasernenhof um 1880. Zeitgenössisches Aquarell.

▶ Militarismus*:
Eine militaristische Gesellschaft zeichnet sich dadurch aus, dass sie sich an militärischen Bräuchen und Ehrenvorstellungen orientiert und den Soldaten zum Rollenvorbild erhebt. Um dieser Orientierung einen Rahmen zu geben, werden militärische Rituale gepflegt, etwa indem Kinder bereits Uniformen tragen müssen. Eine militaristische Politik gibt dem Krieg in der Regel den Vorzug vor der diplomatischen Verhandlung.

Das Militär: die „Schule der Nation"?
Schon im preußischen Staat des 18. Jahrhunderts spielte das Militär eine große Rolle. Wie später auch im Kaiserreich galt des „Königs Rock", die Uniform, als Ehrenkleid. Und so war unter den jungen Männern aus den gehobenen Schichten, z. B. aus reichen Kaufmanns-, Gutsbesitzer- oder Industriellenfamilien, der militärische Rang des Reserveleutnants heiß begehrt. „Ungedienten Zivilisten" brachte man wenig Achtung entgegen. In vielen Betrieben wurden sie bei der Einstellung denen gegenüber benachteiligt, die „gedient" hatten. Wenn Eltern ihre Söhne zu unordentlich oder aufsässig fanden, drohten sie ihnen: „Du wirst noch Ordnung und Gehorsam kennen lernen, wenn du zum Militär kommst! Da machen sie einen richtigen Menschen aus dir!" Denn nicht nur die Uniform wurde bewundert. Auch soldatische Eigenschaften galten als außerordentlich wichtig: Gehorsam gegenüber Befehlen (ohne nach deren Sinn zu fragen), Vertrauen in die Lösung von Konflikten mit Waffen, Tapferkeit, Unempfindlichkeit gegen Schmerzen („Ein Junge weint nicht!"), Treue zum Kaiser, Liebe zum Vaterland gehörten dazu.

2 *Zählt menschliche Eigenschaften auf, die ihr wichtig findet, und vergleicht sie mit den „soldatischen Eigenschaften".*

3 *Versucht, das Wortspiel Gustav Heinemanns (Präsident der Bundesrepublik Deutschland 1969–1974) zu erklären: „Die Schule der Nation ist die Schule."*

Ein demokratischer Politiker schrieb 1893:

Q3 ... Am auffallendsten ist die Einwirkung, und zwar eine tief beklagenswerte Einwirkung des ▶Militarismus* in den Kreisen der „guten Gesellschaft", der besitzenden und gebildeten Klassen. Hier ist das Reserveleutnantswesen das große Mittel der Propaganda und leider oft genug der Korruption. Mit vollem Bewusstsein spreche ich hier nicht nur von Beeinflussung, sondern von Korruption ... Würden die Angehörigen unserer besser situierten Klassen ... nur dadurch, dass sie in das Heer eintreten und dort neue, ihnen bisher fremde Verhältnisse kennen lernen, für andere Anschauungen gewonnen, als sie von Hause mitgebracht haben, so könnte man von einem Einfluss sprechen, den der Militarismus auf sie ausübte. – So liegen die Dinge aber offenbar nicht: Es ist nicht ein weiterer Blick oder eine tiefere Erkenntnis der Bedürfnisse des öffentlichen Lebens, was in den meisten Fällen unsere Reserveoffiziere zu anderen Anschauungen bekehrt, sondern es ist überwiegend ... Eitelkeit und eine würdelose Aufnahme fremder Vorurteile.

4 *Erklärt, was der Politiker mit „Beeinflussung" bzw. „Korruption" meint und welche Zustände er kritisiert.*

Schauplatz: Der Staat als Kasernenhof

1 **„Guten Morgen, Majestät! Kompanie zur Stelle!"** Ausschnitt aus einer zeitgenössischen Postkarte.

3 **Geschwisterpaar als Offizier und Rot-Kreuz-Feldschwester.** Atelierfoto, 1915.

2 **Holzschulschiff „Iltis" im Berliner Grunewald, auf dem Jungen in Matrosenanzügen „üben".** Foto, 1910.

1 *Wertet das Foto der kaiserlichen Familie (Abbildung 1) aus. Überlegt und beschreibt:*
- *Was ist anders als in einer heutigen Familie?*
- *Welches könnte der Grund dafür sein, dass das Foto als Postkarte verbreitet wurde?*

2 *Überlegt, welche Gefahren durch die Gewöhnung an militärisches Denken entstehen können.*

Was ihr noch tun könnt:
- *Aktuelle Beispiele zusammenstellen, in denen auf Konflikte mit militärischen Mitteln reagiert wird.*
- *Überlegen, welche Möglichkeiten außer Einsatz von Waffen es gibt, um Konflikten zwischen Staaten zu begegnen.*
- *Informationen zu Wehrdienst und Zivildienst zusammenstellen.*

(Bundesministerium der Verteidigung, 53003 Bonn, Postfach 1328, http://www.bundeswehr.de; Bundesamt für Zivildienst, Sibille-Hartmann-Straße 2–8, 50969 Köln, http://www.zivildienst.de)

Heute spricht man vom Soldaten als „Bürger in Uniform". Erläutert, was die Umschreibung bedeutet und worin sich das Bild des heutigen Soldaten von dem des Soldaten im ausgehenden 19. Jahrhundert unterscheidet.

Arbeitstechnik: Fotos auswerten

Mit der Erfindung der Fotografie im frühen 19. Jahrhundert trat die Malerei als Mittel der Dokumentation von Ereignissen und Zuständen immer mehr in den Hintergrund. Denn weil in der Fotografie die persönliche „Handschrift" des Künstlers stark zurückgenommen ist, betrachtete man sie als besonders „wahre" Form der Darstellung: Ein Foto ist schließlich ein festgehaltener Lichtschimmer der flüchtigen Wirklichkeit.
Doch wenn ihr anhand eines Fotos Informationen über ein Geschehnis der Vergangenheit gewinnen wollt, solltet ihr bedenken, dass eine reale Situation niemals als Ganzes abgelichtet werden kann: Ein Foto zeigt immer nur einen Ausschnitt der Wirklichkeit und dieser Ausschnitt kann sehr bewusst gewählt worden sein. Auch macht es einen Unterschied, ob ein Foto eigens „gestellt" wurde oder ob ein Motiv ganz zufällig aufgenommen wurde. Daher ist es wichtig, zuerst möglichst genau zu untersuchen, wie ein Foto gestaltet wurde und welche Absichten mit seiner Veröffentlichung verbunden gewesen sein könnten. Dabei helfen euch folgende Schritte:

1. Beschreibung

- Was ist zu sehen (Motiv / Thema)?
- Handelt es sich um ein Farb- oder ein Schwarzweißfoto?
- Wie groß wurde das Foto ursprünglich verbreitet?
- Welches Format hat es?
- Gibt es eine Bildunterschrift?
- Gibt es Hinweise auf Ort und Zeit der Aufnahme und auf den Fotografen?

2. Untersuchung der Gestaltung

- Ist das Foto ein „Schnappschuss" oder ein gestelltes Bild?
- Aus welchem Blickwinkel zeigt der Fotograf das Motiv (Ausschnitt)?
- Wurde das Motiv bei natürlichem oder künstlichem Licht (Blitz) aufgenommen?
- Werden durch im Bild vorherrschende Linien oder durch die Verteilung von Licht und Schatten einzelne Motive besonders betont?

3. Deutung/Erklärung

- Ist der Auftraggeber des Bildes bekannt? (Wer wollte, dass das Foto gemacht wird?)
- Wie wurde das Bild verbreitet?
- Mit welcher Absicht wurde das Bild aufgenommen und verbreitet? (Was soll gezeigt werden, was nicht?)

4. Beurteilung

- Liefert das Foto Informationen, von denen ihr annehmt, dass sie nicht beabsichtigt waren?
- Was würdet ihr gern über den Hintergrund des Fotos erfahren?
- Gibt es etwas, das ihr besonders interessant / witzig / traurig findet? Begründet.

3 *Untersucht die Abbildungen 2 und 3 in Partnerarbeit nach den vorgegebenen Schritten.*

So geht es weiter ...

Kaiserreich und nationale Idee

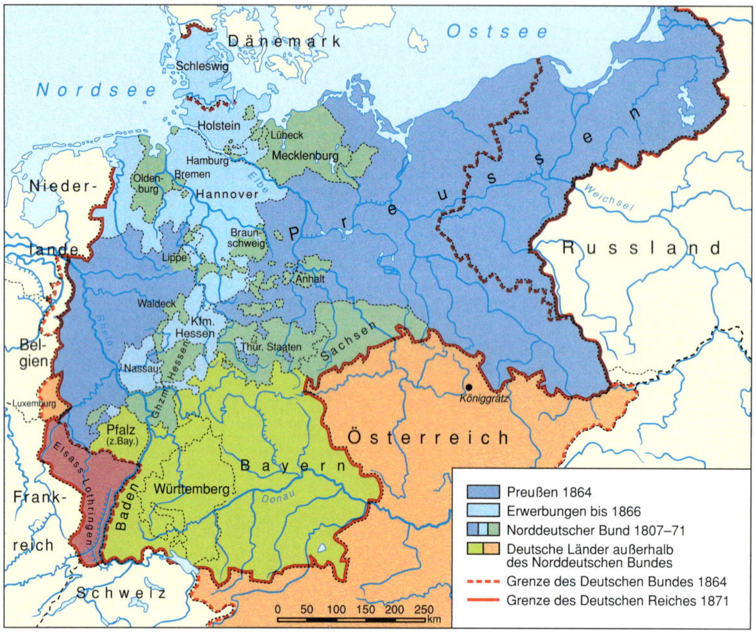

1 Die Länder des Deutschen Reiches.

1866:
Niederlage Österreichs gegen Preußen in der Schlacht bei Königgrätz.

Großdeutsche – kleindeutsche Lösung:
Im Bemühen um die Bildung eines einheitlichen deutschen Staates im 19. Jahrhundert ging es immer wieder um die Frage, ob Österreich Teil dieses Staates werden sollte (großdeutsche Lösung) oder nicht (kleindeutsche Lösung).

Preußen und Österreich als Rivalen

Im Jahre 1818 hatten sich 35 Fürstentümer und vier freie Reichsstädte zum „Deutschen Bund" zusammengeschlossen. In diesem Bund waren zwei große Einzelstaaten vertreten: Preußen und Österreich. Beide Staaten versuchten seitdem ständig, die alleinige Vorherrschaft im Deutschen Bund zu erreichen. Besonders Preußen drängte darauf, die Machtfrage endgültig zu entscheiden. Preußen war dabei vor allem daran interessiert, sich die Staaten in Norddeutschland einzuverleiben, die noch zu Österreich und Dänemark gehörten, um so ein zusammenhängendes Staatsgebiet zu erhalten.
Der Mann, der diese Bestrebungen besonders förderte, war der preußische Ministerpräsident Otto von Bismarck. Er war 1863 von König Wilhelm I. (1797–1888) zum preußischen Ministerpräsidenten ernannt worden. Schon ein Jahr zuvor hatte er als Abgeordneter in einer Rede vor dem Parlament deutlich gemacht, wie er den Konflikt zwischen Österreich und Preußen entscheiden wollte:

Q1 … Preußens Grenzen … sind für ein gesundes Staatsleben nicht günstig. Nicht durch Reden und Mehrheitsbeschlüsse werden die großen Fragen der Zeit entschieden – das ist der große Fehler von 1848 und 1849 –, sondern durch Eisen und Blut. …

Durch immer neue Forderungen brachte Bismarck Österreich dazu, im Jahre 1866 Preußen den Krieg zu erklären. Schon nach wenigen Wochen wurden die österreichischen Truppen in der Schlacht von Königgrätz vernichtend geschlagen. Österreich schied aus dem Deutschen Bund aus.

1 *Beschreibt Bismarcks Einstellung zum Parlament und zur Revolution von 1848/49.*

2 *Seht euch die Abbildung 1 an. Welche Vorteile brachte eine Gebietserweiterung für Preußen?*

Die „Anbahnung der deutschen Einheit"

2 **Karikatur auf Preußens Annexionen* und die Gründung des Norddeutschen Bundes.**

3 **Otto von Bismarck (1815–1898), preußischer Ministerpräsident.** Gemälde, um 1870.

Annexion:*
Gewaltsame Aneignung.

Preußen wird Führungsmacht

Bismarck hatte durch den Sieg bei Königgrätz den Machtkampf mit Österreich zugunsten Preußens entschieden. Während der preußische König die vollständige Niederwerfung Österreichs wünschte, drängte Bismarck auf einen maßvollen Frieden:

Q2 ... Österreich darf nicht gedemütigt werden. Man muss für die Zukunft seine Freundschaft gewinnen, sonst wird es der Bundesgenosse Frankreichs ... Wir wollen nicht Richter über Österreich spielen ..., sondern die Anbahnung der deutschen Einheit unter dem König von Preußen ins Auge fassen. ...

Die „Anbahnung der deutschen Einheit" begann nur ein Jahr später mit der Gründung des „Norddeutschen Bundes"; ihm gehörten alle Staaten nördlich des Mains an. An der Spitze des Bundes stand der preußische König, dem alle Truppen unterstellt wurden. Bundeskanzler wurde Bismarck. Sein Ziel war es, auch die vier süddeutschen Staaten, nämlich Bayern, Baden, Württemberg und Hessen in den Bund einzugliedern. Dagegen allerdings wehrte sich Frankreich ganz entschieden. Ein Deutsches Reich unter der Führung Preußens schien ihm eine zu große Gefahr zu sein. Bismarck schloss daher mit den süddeutschen Staaten zunächst nur geheime „Schutz- und Trutzbündnisse"; die süddeutschen Staaten verpflichteten sich darin, im Kriegsfall ihre Truppen dem Oberbefehl des preußischen Königs zu unterstellen. Die vollständige Einheit Deutschlands schien nur noch eine Frage der Zeit zu sein.

Voller Bewunderung schrieb ein Professor, der zunächst für die Machtpolitik Bismarcks nur Verachtung gezeigt hatte:

Q3 ... Ich beuge mich vor dem Genie eines Bismarck ... Was uns Uneingeweihten als Übermut erschien, es hat sich hinterher herausgestellt als unerlässliches Mittel zum Ziel (der deutschen Einheit). Ich gebe für einen solchen Mann der Tat 100 Männer ... der machtlosen Ehrlichkeit. ...

3 *Wie begründet der Professor in Q3 seinen Sinneswandel? Diskutiert über den Satz: „In der Politik heiligt der Erfolg die Mittel."*

4 *Vergleicht die Einschätzung der Außenpolitik Bismarcks in Q3 mit der Aussage der Karikatur (Abbildung 2).*

1867:
Gründung des Norddeutschen Bundes unter Führung Preußens.

Durch Krieg zum deutschen Nationalstaat

1 **„Unsere Fahne – trotz alledem".** Straßenszene in Straßburg von 1871. Gemälde von A. Lemercie.

1870/71: Deutsch-Französischer Krieg.

Ein „notwendiger Krieg" mit Frankreich?
Die Spannungen zwischen Preußen und dem um seine Sicherheit besorgten Frankreich nahmen immer mehr zu. Im Jahre 1868 meinte Bismarck in einem Gespräch:

Q1 ... Ich sehe einen baldigen Krieg mit Frankreich als eine unabweisliche Notwendigkeit an ... Mit Rücksicht auf die süddeutschen Staaten liegt es in unserem Interesse, nicht den Anlass zu einem Krieg zu geben. Aufgrund der mit ihnen geschlossenen Schutzverträge können wir mit voller Bestimmtheit auf ihre Hilfe rechnen, wenn der Krieg von Frankreich erklärt wird. ...

Zum äußeren Anlass für den Krieg wurde die Frage nach der Thronfolge in Spanien. Ein Verwandter des preußischen Königs bewarb sich, unterstützt von Bismarck, um die spanische Königskrone. Frankreich aber protestierte mit Nachdruck gegen diese „Einkreisung" durch die Hohenzollern. Zwar wurde daraufhin die Bewerbung zurückgezogen, doch genügte das der französischen Regierung nicht. In einem Schreiben an Wilhelm I. forderte sie einen Verzicht auf den spanischen Thron für alle Zeiten.
Wilhelm I. wies diese Forderung entschieden zurück. Am 19. Juli 1870 erklärte Frankreich daraufhin den Krieg. Die süddeutschen Staaten schlossen sich sofort dem Norddeutschen Bund an, eine Welle der Kriegsbegeisterung erfasste ganz Deutschland.
Wenige Wochen später musste die französische Armee am 2. September 1870 bei Sedan kapitulieren. Mit fast 100 000 Soldaten geriet auch der französische Kaiser Napoleon III. in Gefangenschaft, doch der Krieg ging weiter. Erst im Januar 1871 kapitulierte Frankreich. Im Friedensvertrag wurde es zu einer hohen Entschädigungssumme verurteilt; außerdem musste es das Elsass und Teile Lothringens abtreten. Viele Stimmen, auch Bismarck, warnten mit dem Hinweis, dass mit allzu harten Bedingungen schon der Grundstock zum nächsten Krieg gelegt würde. Doch dieses Mal konnte sich Bismarck gegen die Militärführung nicht durchsetzen. Eine tiefe Feindschaft trennte nun beide Völker.

1 *Gibt es eurer Meinung nach „notwendige" oder gerechtfertigte Kriege? Begründet eure Meinung.*
2 *Nennt Gefahren, die aus den harten Friedensbedingungen entstehen konnten.*
3 *Erklärt Titel und Motiv der Abbildung 1.*
4 *Berichtet, was ihr über das deutsch-französische Verhältnis heute wisst.*

Ein deutscher Kaiser wird gekrönt

2 **Die Proklamierung (Ausrufung) des Deutschen Kaiserreichs im Spiegelsaal des Schlosses Versailles am 18. Januar 1871.** Gemälde von Anton von Werner, 1885. Die Zeremonie hatte der Maler in mehreren Skizzen festgehalten und anschließend großformatige Gemälde in verschiedenen Fassungen erstellt.

Der preußische König wird Kaiser der Deutschen

Während des Krieges mit Frankreich notierte der preußische Kronprinz:

Q2 ... Wohl aber drängt die deutsche Geschichte jetzt auf eine baldige Wiederherstellung von Kaiser und Reich durch unser königliches Haus. Dieses Ereignis kann in keinem günstigeren Momente eintreten, als in jenem Augenblick, an dem unser König an der Spitze des deutschen Heeres als Sieger über Frankreich auf französischem Boden steht. ...

Mit dieser Einschätzung traf der Prinz die Stimmung im deutschen Volk. Viele hofften auf ein einheitliches deutsches Reich. Bismarck hatte schon vor Kriegsende Verhandlungen über die Verbindung des Norddeutschen Bundes mit den süddeutschen Staaten zu einem deutschen ▶Nationalstaat* geführt. Dabei stand fest: An der Spitze des neuen Deutschen Reiches sollte der preußische König stehen. Es wurde geklärt, welche Rechte er als deutscher Kaiser haben sollte und auf welche Rechte die Fürsten verzichten mussten. Nach Abschluss der Verhandlungen war es soweit: Am 18. Januar 1871 wurde der preußische König Wilhelm I. im Spiegelsaal des Schlosses in Versailles zum deutschen Kaiser ausgerufen. Über die Zeremonie schrieb der bayerische Prinz Otto am 2. Februar 1871 an seinen Bruder, König Ludwig II. von Bayern:

Q3 ... Ach Ludwig, ich kann dir gar nicht sagen, wie unendlich weh und schmerzlich es mir während jener Zeremonie zu Mute war, wie sich jede Faser in meinem Innern sträubte und empörte gegen all das, was ich mit ansah ... Welchen wehmütigen Eindruck machte es mir, unsere Bayern sich da vor dem Kaiser neigen zu sehen ... Alles so kalt, so stolz, so glänzend, so prunkend und großtuerisch und herzlos und leer. ... Mir war's so eng und schal in diesem Saale, erst draußen in der freien Luft atmete ich wieder auf. ...

5 *Betrachtet das Gemälde und identifiziert Kaiser Wilhelm I. und Bismarck.*

6 *Erarbeitet mithilfe der euch bekannten Schritte zum Umgang mit Bildern (Seite 207) eine Deutung des Bildes. Achtet dabei besonders darauf, welches Motiv der Maler durch Farbe und Kompositionslinien hervorgehoben hat. Berücksichtigt auch Q3.*

*▶**Nationalstaat*:** Ein Staat, dessen Bürger ganz oder überwiegend Angehörige einer ▶Nation sind. Innerhalb der Grenzen des Deutschen Reiches von 1871, das sich als Nationalstaat verstand, lebten etwa 42,5 Millionen Einwohner. Darunter waren 3 Millionen Polen und 0,2 Millionen Dänen. Durch die Vereinnahmung Elsass-Lothringens waren zudem etwa 1,5 Millionen Franzosen Bürger des Deutschen Reiches geworden.*

18. Januar 1871: *Gründung des Deutschen Reiches. Der preußische König **Wilhelm I.** (1797 bis 1888, Abbildung) wird deutscher Kaiser. Im Volksmund hieß er „Kartätschenprinz" (Seiten 27 und 40).*

Regierung und Verfassung des Reiches

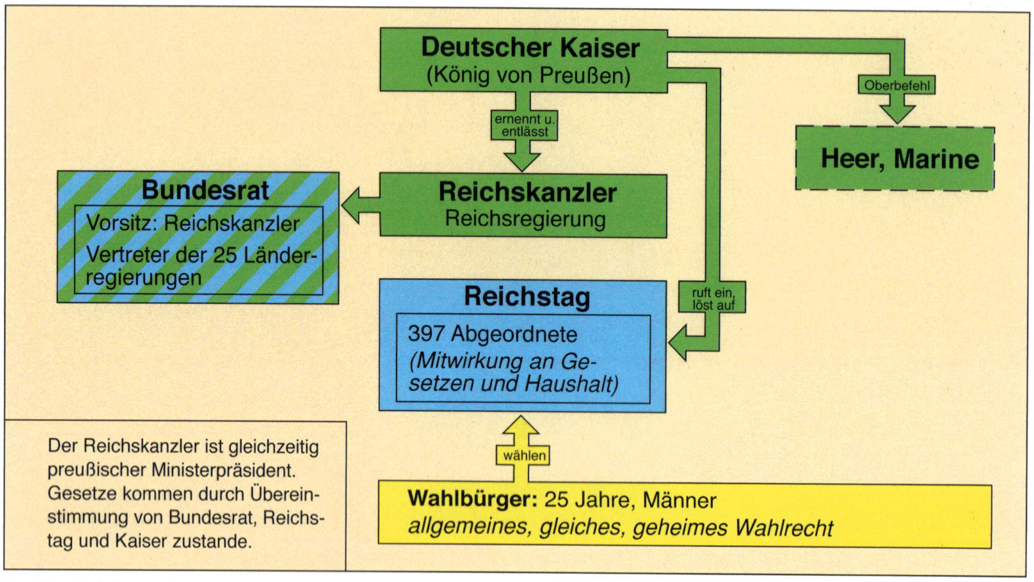

1 **Die Reichsverfassung von 1871.**

► Parlamentarische Monarchie*:
Unterform der konstitutionellen (= an eine Verfassung gebundene) Monarchie, in der das Parlament die Regierung ernennt und entlässt. Die Herrscher in parlamentarischen Monarchien sind Staatsoberhäupter mit vor allem repräsentativen Aufgaben.

Ein „starker" Kaiser – ein „schwaches" Volk?

Von den meisten Menschen in den deutschen Ländern wurde die Reichsgründung mit großer Freude aufgenommen. Unter der Leitung des preußischen Ministerpräsidenten Otto von Bismarck, der nun auch deutscher Reichskanzler wurde, war bereits vor der Kaiserproklamation in Versailles eine ►Verfassung ausgearbeitet worden (Abbildung 1). Von ihr waren aber vor allem jene Demokraten enttäuscht, die die Paulskirchenverfassung von 1849 unterstützt hatten (Seite 38 f.). Denn Bismarck und die deutschen Fürsten hatten andere Schwerpunkte gesetzt als das Parlament in der Frankfurter Paulskirche: Die Grundrechte, die 1849 zu den wichtigsten Bestandteilen der Verfassung gehört hatten, fehlten in der neuen Reichsverfassung. Auch behielten die Fürsten eine starke Machtstellung im Reich: Allen Gesetzen, die von den Abgeordneten des Volkes im Reichstag verabschiedet wurden, musste auch vom Bundesrat zugestimmt werden, der sich aus den Vertretern der Fürsten zusammensetzte. Als Oberbefehlshaber über Heer und Marine lag das alleinige Recht, über Krieg und Frieden zu entscheiden, beim Kaiser.

Der Reichstag, die Vertretung des Volkes

Der Reichstag wurde alle drei Jahre, seit 1893 alle fünf Jahre, neu gewählt. Laut Verfassung hatten die gewählten Vertreter des Volkes keine Mitwirkungsmöglichkeiten in militärpolitischen und außenpolitischen Fragen. Da die Regierung im Lauf der Jahre aber immer häufiger auf die Bewilligung neuer Ausgaben und Steuern für die Verwaltung und das Militär angewiesen war, wurde der politische Einfluss des Reichstags nach und nach etwas größer. Dennoch konnte sich eine ►parlamentarische Monarchie*, wie sie z. B. in Großbritannien bestand, nicht entwickeln. Dies verhinderte das politische Gewicht der Fürsten.

1 *Betrachtet das Verfassungsschaubild genau und erstellt eine Tabelle mit den Rechten des Kaisers, des Reichskanzlers, des Reichstages, des Bundesrates und der Bürger.*

2 *Überlegt, wie das Verhältnis des Reichskanzlers zu Kaiser und Reichstag beschaffen war: Welche Konsequenz hätte es für den Reichskanzler, wenn er nicht das Vertrauen a) des Kaisers oder b) des Reichstags verlieren würde?*

3 *Erkundigt euch, in welcher Beziehung der deutsche Bundeskanzler heute zum Bundestag steht.*

Regierung und Verfassung des Reiches

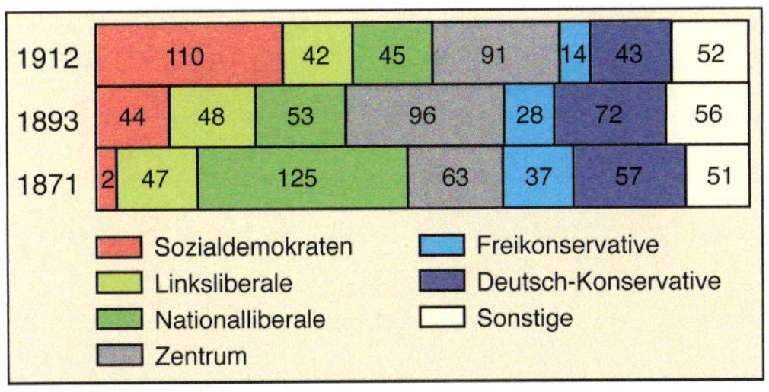

2 Sitzverteilung der bedeutendsten Parteien im Deutschen Reichstag 1871, 1893 und 1912. Vor 1876 setzte sich die hier als „Deutsch-Konservative" bezeichnete Partei aus verschiedenen konservativen* Gruppierungen zusammen.

Die Parteien im Reichstag

Während der Revolution von 1848/49 hatten sich die Abgeordneten des Frankfurter Parlaments in „Klubs" organisiert und so ähnliche Auffassungen einzelner Abgeordneter gebündelt. Aus diesen Klubs waren seit den 1860er-Jahren die politischen Parteien mit ihren festen Parteiprogrammen hervorgegangen. Zu den wichtigsten Parteien des Kaiserreiches gehörten die Nationalliberale Partei (gegründet 1866) und die Zentrumspartei (gegründet 1870).

Die Mitglieder der Zentrumspartei waren Katholiken aus allen Bevölkerungsschichten: Adlige Grundbesitzer gehörten ebenso dazu wie Arbeiter. Ihr Parteiprogramm nennt u. a. folgende Ziele:

Q1 ... 1. Unversehrte Aufrechterhaltung der Selbstständigkeit der Kirche ...
2. Abwehr ... aller gegen den konfessionellen Charakter des Volksunterrichts gerichteten Bestrebungen ...
3. Festhalten am christlichen Charakter der Ehe ...
7. Beseitigung der sozialen Missstände und Förderung aller Interessen des Arbeiterstandes ...

In der Nationalliberalen Partei hatten sich vor allem Fabrikanten, Kaufleute, Richter, Rechtsanwälte und Beamte zusammengefunden. In ihrem Parteiprogramm von 1866 heißt es:

Q2 ... Unser Wahlspruch: Der deutsche Staat und die deutsche Einheit müssen gleichzeitig errungen werden ... Als Ziel schwebt uns vor, dass die parlamentarischen Funktionen des Staates vollständig in den Reichstag verlegt werden ... Als unerlässliche Bedingung erachten wir ... eine den Gesetzen entsprechende, Recht und Freiheit achtende Verwaltung ...

Die 1876 gegründete Deutsch-Konservative Partei hatte viele Mitglieder aus der Landbevölkerung sowie Adlige. Im Programm der Partei heißt es:

Q3 ... Wir legen entscheidendes Gewicht auf die monarchischen Grundlagen unseres Staatslebens und wollen eine kräftige obrigkeitliche Gewalt ... Wir wollen in Provinz, Kreis und Gemeinde eine Selbstverwaltung, gegründet nicht auf das allgemeine Wahlrecht, sondern auf die natürlichen Gruppen und organischen Gliederungen des Volkes.

Ein Arbeiter schrieb 1903 in seinen Erinnerungen:

Q4 ... Als ich nach Osnabrück kam, da hatte ich noch keinen Verstand: weder von der Politik noch von den Parteien, denn ich hatte mich nie um dergleichen gekümmert und war auch kein Zeitungsleser. Da war ich nicht wenig verlegen, als 1871 die Reichstagswahl war, da bekamen wir am Wahltage schon mittags Feierabend, damit wir alle wählen konnten ... Drei Jahre später hatte ich mir schon ziemlich das Zeitungslesen angewöhnt ... und daraus gelernt, dass die eine Partei ultramontan* und die andere liberal hieß und jede Partei hatte eine Zeitung ...

4 *Lest in Gruppen die Ausschnitte aus den Parteiprogrammen und erklärt deren Bedeutung in eigenen Worten.*

5 *Erläutert vergleichend die Ansätze der Nationalliberalen und der Deutsch-Konservativen. Bedenkt dabei auch, wie sich die Parteien zusammensetzten.*

6 *Erklärt die „Verlegenheit" des Arbeiters in Q4.*

konservativ/ Konservative* *(lateinisch „conservare" = erhalten): im 19. Jahrhundert gegründete bürgerliche Partei, die es sich zum Ziel setzte, bestehende gesellschaftliche Zustände zu bewahren. Als konservativ bezeichnet man auch eine „bewahrende" Haltung.*

ultramontan*: *im ursprünglichen Sinn: papsttreu. Die so genannten Ultramontanen verlangten die Anerkennung des Papstes als höchste weltliche Autorität. Darüber hinaus traten sie für die Vorherrschaft der katholischen Habsburger-Monarchie in Deutschland ein, waren also antipreußisch eingestellt.*

„Gründerzeit"

1 **Ansicht der Badischen Anilin- und Sodafabrik (BASF) in Ludwigshafen, 1866.** Zeitgenössische Radierung.

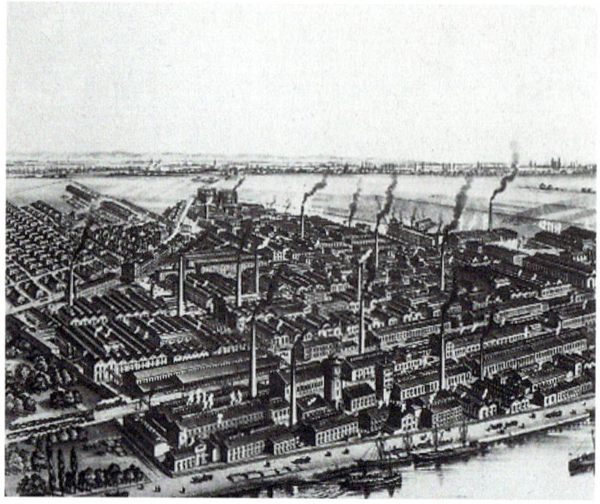

2 **Ansicht der BASF, 1901.** Zeitgenössische Radierung. Auf der Pariser Weltausstellung im Jahr 1900 präsentierte sich BASF als „größte chemische Fabrik der Welt".

Günstige Kredite ermöglichen Investitionen

Die Reichsgründung von 1871 wurde in Deutschland als bedeutender Erfolg empfunden. Nun knüpften sich große Hoffnungen an einen wirtschaftlichen Aufschwung. Die Kassen waren gut gefüllt, denn die unterlegenen Franzosen hatten die riesige Summe von 1,4 Milliarden Talern bzw. 5 Milliarden Francs als Kriegsentschädigung zahlen müssen. Geld konnte also billig geliehen werden und viele Unternehmer erweiterten ihre Werkstätten oder gründeten neue Betriebe. Deshalb werden die Jahre nach der Reichsgründung auch als „Gründerzeit" bezeichnet.

Die Entwicklung von Industrien hatte in Deutschland schon vor der Reichsgründung begonnen. Vor allem der Stahl- und Eisenindustrie kam eine entscheidende Bedeutung zu. In der zweiten Hälfte des 19. Jahrhunderts entwickelten sich neue Industrien, nachdem immer mehr Erkenntnisse aus den Naturwissenschaften für die Entwicklung neuer Produkte genutzt worden waren. Große Unternehmen begannen, Forschungslaboratorien einzurichten und Wert auf eine gute Ausbildung im technischen Bereich zu legen, die in eigens eingerichteten Lehrwerkstätten absolviert werden konnte. Vor allem an die Elektrotechnik, die Chemie und die Entwicklung von Verbrennungsmotoren knüpfte man große Hoffnungen. In der Tat brachte z. B. die Erfindung künstlicher Farbstoffe die deutsche chemische Industrie in eine führende Stellung auf dem internationalen Markt: Die Unternehmen BASF, Hoechst und Agfa teilten sich um 1900 etwa 90 Prozent des Weltmarktes.

Erfindungen und ihre Anwendungen

Bereits 1879 hatte Werner von Siemens eine Lokomotive mit Elektromotor entwickelt und der Amerikaner Thomas A. Edison die erste brauchbare Glühlampe. Nachdem es 1891 in Deutschland zum ersten Mal gelungen war, Strom über 175 km vom Wasserkraftwerk Lauffen am Neckar nach Frankfurt am Main zu übertragen, kam es zu einem Boom in der elektrotechnischen Industrie. Große Flüsse wurden nun für die Stromerzeugung genutzt, Maschinen konnten mit Elektromotoren angetrieben werden. Kräne, Transportbänder, Straßenbahnen und Eisenbahnen wurden neue Anwendungsbereiche für den neuen Antrieb. Als sauberer Antrieb nützlicher Geräte eroberten Elektromotoren schließlich auch die Privathaushalte.

1 *Listet auf, in welchen Lebensbereichen die Elektrizität das Leben der Menschen verändert hat.*

Erfindungen im 19. Jahrhundert:

- ***1837*** *Telegraf (Morse)*
- ***1838*** *Fotografie (Daguerre)*
- ***1861*** *Telefon (Reis)*
- ***1866*** *Dynamomaschine (Siemens)*
- ***1877*** *Verbrennungsmotor (Otto)*
- ***1879*** *Glühlampe (Edison)*
- ***1885*** *Durchleuchtungsgerät (Röntgen)*
- ***1885*** *Automobil (Daimler/Maybach/Benz)*
- ***1893*** *Dieselmotor (Diesel)*
- ***1984*** *Filmgerät/Kino (Edison)*
- ***1894*** *Fluggerät (Lilienthal)*

Das Motorrad Gottlieb Daimlers, 1885.
Zeitgenössischer Stich.

3 **Elektrische Straßenbeleuchtung in London mit Lampen von Siemens, 1881.** Das elektrische Licht löste das Gaslicht ab. Kurz zuvor hatte der Amerikaner Edison die erste brauchbare Glühlampe entwickelt.

4 **Arbeiterinnen in einer deutschen Zigarrenfabrik.** Foto, 1908.

Clara und Carl Benz *in ihrem Automobil, 1893. Foto.*
Der Antrieb mit Verbrennungsmotor setzte sich endgültig erst um die Jahrhundertwende durch. Bis dahin wurden viele Automobile mit dem bedienungsfreundlicheren Elektromotor betrieben.

Walter Rathenau, Vorstandsmitglied der Allgemeinen Elektrizitäts-Gesellschaft (AEG), sagte 1907 über die Elektroindustrie:

Q ... Die älteren Industrien befassten sich mit der Herstellung einzelner Produkte nach Maßgabe des Bedarfs, der vom Konsumenten geschaffen wurde ... Bei der Schaffung der angewandten Elektrotechnik handelte es sich um die Entstehung eines neuen Wirtschaftsgebietes und um eine Umgestaltung eines großen Teils aller modernen Lebensverhältnisse, die nicht vom Konsumenten ausging, sondern vom Produzenten organisiert und gewissermaßen aufgezwungen werden musste ... Die Elektrizität konnte sich daher nicht darauf beschränken, lediglich Produkte zu Markte zu tragen, sie musste ihre eigenen Bedürfnisse schaffen und ihre eigenen Anwendungen unter eigener Verantwortlichkeit, unter Schaffung und Kontrolle neuer Unternehmungen erweisen: Sie musste Zentralstationen bauen, sie musste Kraftübertragungsnetze ausbauen ...

2 *Erarbeitet, worin Rathenau das Besondere im wirtschaftlichen Verhalten der Elektroindustrie sieht. Erläutert die Aussage, man habe den Konsumenten die Umgestaltung der Lebensverhältnisse „gewissermaßen aufzwingen" müssen.*

3 *Diskutiert, ob die Ausführungen Rathenaus auch für heutige Konsumbedürfnisse gelten.*

Der Historiker Herrmann Glaser beschrieb 1994, wie die Einführung motorisierter Fahrzeuge die Städte veränderte:

M ... Die Veränderungen des Straßenbildes erfolgten zunächst in der Großstadt; zum Gewimmel der Kutschen, Fuhrwerke, Pferdeomnibusse kam als Erstes die elektrische Straßenbahn; bald tauchten Fahrräder auf und schließlich die ersten Autos ... Das Auto, soweit es nicht gewerblich genutzt wurde, gehörte zum Statussymbol der Oberklassen; doch leistete sich auch mancher Angehörige des Mittelstands ein Auto zum Privatvergnügen. Um 1914 gab es in Deutschland rund 55 000 Personenkraftwagen, 9 000 Lastkraftwagen und 20 600 Krafträder. Auf die einzelnen Städte und Gegenden verteilt, bedeuteten diese Zahlen freilich zunächst nur eine geringe Verkehrsdichte. 1907 zählte man z. B. in Karlsruhe 14 Motorräder, 50 Automobile und sechs Lastkraftwagen.

4 *Erläutert die Folgen der Motorisierung für Wirtschaft und Privatleben.*

Eine „altväterliche" Gesellschaft?

1 **Besuch im Eisenwalzwerk.**
Aquarell von Adolph von Menzel, 1900.

Vogt*:
hier: Gutsverwalter

aristokratisch*:
hochadelig

Standesunterschiede

Führte der wirtschaftliche Aufschwung im deutschen Kaiserreich, zu dem Wissenschaftler, Unternehmer und die breite Masse der Arbeiter entscheidend beitrugen, zu einem Zusammenwachsen der gesellschaftlichen Gruppen? Oder galt auch weiterhin – wie im absolutistischen Staat – ein junger Leutnant von Adel mehr als ein erfolgreicher Handwerksmeister, eine Lehrerin oder ein Arzt?

1 *Lest die folgenden Textquellen in Gruppen und macht euch Notizen über das Selbstverständnis der vorgestellten Gesellschaftsschichten, indem ihr passende Adjektive (z. B. „fordernd", ...) sucht. Tragt anschließend eure Ergebnisse an der Tafel zusammen.*

2 *Versucht, aus euren Aufzeichnungen die für das deutsche Kaiserreich gültigen Wertvorstellungen abzuleiten.*

3 *Überlegt gemeinsam, ob einige dieser Wertvorstellungen noch gültig sind bzw. welche in unserer Gesellschaft an ihre Stelle getreten sind.*

4 *Charakterisiert das Verhältnis von gehobenen und niedrigen Schichten, von Arm und Reich.*

Begegnung auf einem preußischen Gut

In dem 1911 erschienenen Buch „Das Leben eines Landarbeiters" schildert der Autor das Auftreten eines pommerschen Großgrundbesitzers, damals Junker genannt:

Q1 ... Etwa um 11 Uhr sahen wir einen Reiter vom Gut auf uns zukommen. Mit ungezwungener Eleganz saß er im Sattel, die rechte Hand auf die Lende gestemmt ... „De gnä' Herr!", murmelte es allgemein und fleißiger noch rührten sich die Hände. Jetzt setzte der Vogt* seine Kartoffelkiepe auf die Erde, wischte sich schnell die Hände an den Hosen ab und ging seinem Gebieter entgegen. Sechs Schritt vor ihm blieb er stehen, nahm kurz die Hacken zusammen und zog ehrerbietig an seiner Mütze. Wie das aussah! Dort der Herr, hoch zu Ross, jeder Zug aristokratische* Vornehmheit; hier der Vogt, barhäuptig in urpommerscher Hölzernheit – ein Bild disziplinierter Demut ...

Ein Dienstmädchen und ihre „Herrschaften"

Über die Lebensumstände eines Dienstmädchens in Berlin berichtet der folgende Text:

Q2 ... Ich musste früh um halb sechs aufstehen, im Sommer wie im Winter. Aber da musste man schon vollständig angekleidet sein und auch sein Bett gemacht haben. Das Ende der Arbeit war verschieden. Eine Dame war empört darüber, dass ich abends um 10 Uhr schlafen gehen wollte ... Oft habe ich bis spät in die Nacht gesessen, genäht, gestopft, gestrickt und so weiter. Aufbleiben musste man im Sommer oft, wenn die Herrschaften im Garten saßen bis spät in die Nacht, dann musste man noch Gläser, Flaschen, Decken und sonst was in die Wohnung tragen. Im Winter auch, z. B. wenn die Herrschaften im Theater waren, wurde erst spät Abendbrot gegessen und man musste noch das Geschirr waschen und was dazugehört. Auch bis nach Mitternacht hat man oft warten müssen, wenn die Herrschaften anderweitig eingeladen waren ...

Eine „altväterliche" Gesellschaft?

2 So könnte es gewesen sein: Bürger einer Kleinstadt erwarten auf ihrem Bahnhof den Besuch des Kaisers. Szenenfoto aus dem Spielfilm „Der Stolz der dritten Kompanie", 1931.

Städtisches Bürgertum

Über das Bürgertum der Universitätsstadt Marburg wurde 1910 berichtet:

Q3 ... Marburgs Bürgerschaft gliederte sich in zwei Kasten: in die Gesellschaft und in das, was nicht zur Gesellschaft gehörte ... Die Mitglieder des Vereins „Museum" bildeten die Gesellschaft; wer diesem Kreise nicht angehörte, war ein unqualifiziertes Lebewesen. Die Mitglieder der Behörden, der Universität, der städtischen Verwaltungskörperschaften, das Offizierskorps* des Jägerbataillons, ... sämtliche privaten Akademiker und die wohlhabenden Kaufleute gehörten dem Verein an. Die Studenten konnten um ein Geringes die außerordentliche Mitgliedschaft erwerben ...

Lily Braun – eine Abtrünnige?

Die Sozialdemokratin Lily Braun gibt in ihren Lebenserinnerungen 1911 einen Brief ihrer Mutter, der Freifrau von Kretschmann, wieder. Als Lily Braun der Sozialdemokratischen Partei beitreten wollte, die die Forderungen der Arbeiter vertrat, schrieb ihr die Mutter:

Q4 ... Deine große Verirrung, dein Unglaube, haben dich, wie es scheint, für alles, was Pflicht, Gehorsam, Liebe und Rücksicht heißt, blind und taub gemacht, sonst müsstest du wissen, dass du mit einem solchen Schritt deinem ganzen bisherigen Verhalten deinen Eltern, deiner Familie gegenüber die Krone aufsetztest. Dieser Partei, die alles besudelt und mit Füßen tritt, was uns heilig ist – Gott und Christentum, Familie, Ehe, Monarchie und Militär –, sollen wir unser Kind überlassen? Es wäre in diesem Augenblick für uns gestorben! ...

Frauen kämpfen um ihre Rechte

*▶ **proletarisch*/ Proletariat** (lateinisch „proles" = die Nachkommenschaft): Im Alten Rom bezeichnete der Begriff die Besitzlosen, die nichts außer ihrer Nachkommenschaft besaßen. Im 19. Jahrhundert wurde der Begriff auf die gesellschaftliche Gruppe der Industriearbeiter in den Städten angewendet, die nichts als ihre Arbeitskraft besaßen und diese verkaufen mussten, um zu überleben.*

1 Bei einer Arbeiterinnenversammlung treffen sich sozialdemokratische Frauen, um ihre Interessen zu diskutieren. Illustrierte Zeitung, Leipzig. Kolorierte Federzeichnung von Carl Koch, 1890.

„Frau und Arbeiter haben gemein, Unterdrückte zu sein"

Mit diesem Satz begann der Politiker August Bebel sein Buch „Die Frau und der Sozialismus", das 1879 veröffentlicht wurde. Bebel forderte darin die Frauen auf, die Gleichberechtigung im Berufsleben und in der Politik „Hand in Hand mit der ▶proletarischen* Männerwelt" durchzusetzen. Arbeiterinnen und Arbeiterfrauen sollten sich deshalb der Sozialdemokratie anschließen. Tatsächlich setzte sich die SPD als einzige Partei für das Frauenwahlrecht ein. Viele Frauen folgten daher dem Aufruf Bebels, wurden aber oft auch hier zunächst enttäuscht. So schrieb die Fabrikarbeiterin Adelheid Popp (1869 bis 1939), die der Partei 1885 beitrat:

Q1 … Nie hörte oder las ich von Frauen in Versammlungen und auch alle Aufforderungen meiner Parteizeitung waren immer nur an die Arbeiter, an die Männer gerichtet … Auch wurde in den Versammlungen nur für Männer gesprochen. Keiner der Redner wendete sich auch an die Frauen. Es schien alles nur Männerleid und Männerelend zu sein. …

__Clara Zetkin__ wurde 1857 in Wiederau bei Rochlitz geboren. Seit ihrer Ausbildung am Lehrerinneninstitut in Leipzig betätigte sie sich in der sozialistischen Bewegung. Sie leitete die Frauenzeitschrift „Die Gleichheit" und zählte zu den Führungsfiguren der proletarischen Frauenbewegung.

Die sozialdemokratische ▶Frauenbewegung engagierte sich für die Interessen der Arbeiterinnen, indem sie neben dem Frauenwahlrecht auch kürzere Arbeitszeiten und gleiche Löhne für Männer und Frauen forderte. Seit zirka 1890 nahmen die Frauen verstärkt an Arbeitskämpfen teil. In Berlin gab es den ersten großen Arbeitskampf im Februar 1896. Etwa 20 000 Beschäftigte der Konfektionsindustrie, unter ihnen eine große Anzahl von Frauen, streikten für höhere Löhne und für die Anerkennung von Lohntarifen. Der Streik griff auch auf andere Städte über – nach Cottbus, Dresden, Erfurt, Halle und Stettin. Die Arbeiterinnen und Arbeiter erreichten in Berlin eine Lohnerhöhung bis zu 30 Prozent und die proletarische Frauenbewegung erlebte durch diese Aktionen einen gewaltigen Aufschwung.

1 *Spielt ein Streitgespräch zwischen einem Arbeiter und einer Arbeiterin über die Forderung nach gleichem Lohn für Männer und Frauen.*

Dürfen Mädchen auf das Gymnasium?

Andere Ziele hatte der bürgerliche „Allgemeine Deutsche Frauenverein", der 1865 in Leipzig gegründet worden war. Seine zentralen Forderungen waren das Recht auf Arbeit und die Erweiterung der Erwerbstätigkeit für Frauen. So schrieb eine Frau, die aus einem begüterten Elternhaus kam, im Jahr 1863:

Q2 … Während man es für einen jungen Mann als eine Sache der Ehre ansieht, sich sein Brot zu erwerben, betrachtet man es als eine Art von Schande, die Töchter ein Gleiches tun zu lassen. Nimmt eine Kaufmannstochter, eine Professorentochter ei-

Frauen kämpfen um ihre Rechte

Gesetz-Sammlung für die Königlichen Preußischen Staaten – Nr. 20 –

Wir Friedrich Wilhelm, von Gottes Gnaden,
König von Preußen etc. ...
verordnen für den ganzen Umfang der Monarchie, ...
was folgt: ...

§ 8

Für Vereine, welche bezwecken, politische Gegenstände in Versammlungen zu erörtern, gelten außer vorstehenden Bestimmungen nachstehende Beschränkungen:

a) Sie dürfen keine Frauenspersonen, Schüler und Lehrlinge als Mitglieder aufnehmen.
Frauenspersonen, Schüler und Lehrlinge dürfen den Versammlungen und Sitzungen solcher politischen Vereine nicht beiwohnen. Werden dieselben auf die Aufforderung des anweisenden Abgeordneten der Obrigkeit nicht entfernt, so ist Grund zur Auflösung der Versammlung oder der Sitzung (§ 5. 6.) vorhanden.

2 **Auszug aus dem preußischen Vereinsgesetz von 1851.**

3 **Forderung für das Frauenstimmrecht.** Foto, um 1911.

ne Stelle als Lehrerin, als Gesellschafterin oder als Kindergärtnerin an, so wird dieses Ereignis irgendwie beschönigt. Es heißt, sie habe eine so große Vorliebe für den Verkehr mit Kindern. ...

Während die Frauen aus proletarischen Familien gezwungen waren, für den kargen Lebensunterhalt der Familie mitzuarbeiten, durften Frauen aus bürgerlichen Verhältnissen ohne die Zustimmung ihrer Ehemänner keinem Gewerbe nachgehen. Und bis zum Ende des 19. Jahrhunderts war es Mädchen und Frauen verboten, das Gymnasium zu besuchen oder zu studieren.

Viele Männer und Frauen teilten die Meinung, die Max Planck, Direktor eines Universitätsinstituts in Berlin, um das Jahr 1900 äußerte:

Q3 ... Man kann doch nicht stark genug betonen, dass die Natur selbst der Frau ihren Beruf als Mutter und Hausfrau vorgeschrieben hat und Naturgesetze unter keinen Umständen ohne schwere Schädigungen umgangen werden können. ...

2 *Bewertet die Argumente Plancks zur Ablehnung des Frauenstudiums (Q3).*
3 *Stellt mithilfe von Q2 die Berufe fest, in denen bürgerliche Frauen arbeiten konnten.*

Erfolge der Frauenbewegung

Die Möglichkeiten der Frauenbewegung, ihre Forderungen durchzusetzen, wurden durch die preußische Regierung stark eingeschränkt. Das Vereinsgesetz von 1851 (Abbildung 2) untersagte es den Frauen, sich in den Vereinen mit Politik zu beschäftigen. Doch die Frauen gründeten die von der Polizei verbotenen Vereine immer wieder neu. Allein der bürgerliche „Bund deutscher Frauenvereine" zählte um 1900 über 70 000 Mitglieder. Als das preußische Vereinsgesetz 1908 aufgehoben wurde, durften Frauen sich zwar versammeln und z. B. Mitglied in einer Partei werden, das Frauenwahlrecht wurde aber erst im Jahre 1918 eingeführt.

4 *Überlegt, wie die Frauen die Vereinsgesetze (Abbildung 2) umgehen konnten.*
5 *Erkundigt euch, wofür die Frauenbewegung heute eintritt.*

1918:
Einführung des Frauenwahlrechts in Deutschland.

Nirgendwo erreichte die Frauenbewegung ein vergleichbar großes Ausmaß wie in England. „Suffragetten" nannte man hier die Frauen, die in England für das Frauenwahlrecht kämpften.
Einige von ihnen bewiesen große Unerschrockenheit. Sie ließen sich an Palastgitter fesseln (siehe oben) oder traten in den Hungerstreik.

Wilhelm Voigt, der Hauptmann von Köpenick.

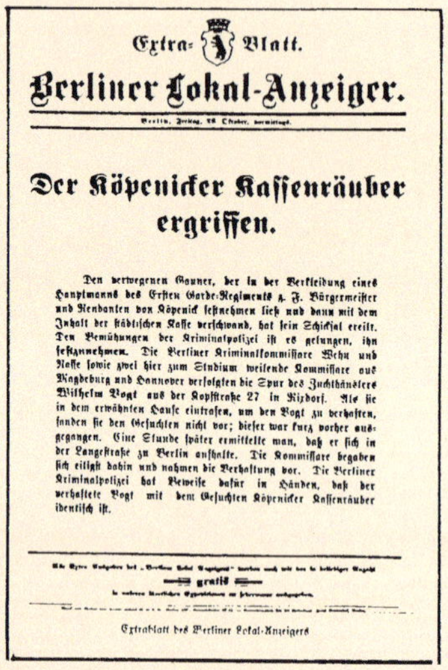

Extra-Blatt.

Berliner Lokal-Anzeiger.

Der Köpenicker Kassenräuber ergriffen.

Den verwegenen Gauner, der in der Verkleidung eines Hauptmanns des Ersten Garde-Regiments z. F. Bürgermeister und Rendanten von Köpenick festnehmen ließ und dann mit dem Inhalt der städtischen Kasse verschwand, hat sein Schicksal ereilt. Den Bemühungen der Kriminalpolizei ist es gelungen, ihn festzunehmen. Die Berliner Kriminalkommissare Wehn und Nasse sowie zwei hier zum Studium weilende Kommissare aus Magdeburg und Hannover verfolgten die Spur des Zuchthäuslers Wilhelm Vogt aus der Kopfstraße 27 in Rixdorf. Als sie in dem erwähnten Hause eintrafen, um den Vogt zu verhaften, fanden sie den Gesuchten nicht vor; dieser war kurz vorher ausgegangen. Eine Stunde später ermittelte man, daß er sich in der Langestraße zu Berlin aufhalte. Die Kommissare begaben sich eiligst dahin und nahmen die Verhaftung vor. Die Berliner Kriminalpolizei hat Beweise dafür in Händen, daß der verhaftete Vogt mit dem Gesuchten Köpenicker Kassenräuber identisch ist.

gratis

Extrablatt des Berliner Lokal-Anzeigers

Der Hauptmann von Köpenick.
Postkarte, 1906.

„Das macht uns so schnell keiner nach!"

Am 16. 10. 1906 geschieht in Berlin etwas, das weit über die Grenzen der damaligen Reichshauptstadt hinaus Aufsehen erregt. Der arme, mehrfach vorbestrafte Schuster Wilhelm Voigt besorgt sich in einem Trödlerladen die Uniform eines Hauptmanns, zieht sie an und bringt in dieser Verkleidung eine Gruppe von Soldaten unter seinen Befehl. Mit ihnen marschiert er zum Rathaus Berlin-Köpenick, verhaftet dort den Bürgermeister und lässt sich die Stadtkasse mit einem Betrag von 4000 Mark gegen Quittung aushändigen. Danach verschwindet Voigt mit dem Geld und erst zehn Tage später gelingt es, den falschen Hauptmann zu verhaften und der Tat zu überführen. Als Kaiser Wilhelm II. davon hörte, soll er ausgerufen haben: „Das macht uns so schnell keiner nach!"

1 *Erklärt den Kommentar des Kaisers.*

Der Hauptmann im Film und als Theaterstück

Wilhelm Voigt ist auch der Held in dem Theaterstück „Der Hauptmann von Köpenick", das Carl Zuckmayer 1931 verfasst hat. Das Theaterstück hat viel zum Nachruhm des falschen Hauptmanns beigetragen. Es wurde verfilmt und für das Fernsehen inszeniert. Auch im Deutschunterricht wird Zuckmayers Stück oft gelesen.

Mehr über den Streich des Hauptmanns und seine Folgen erfahrt ihr in dem Buch von Carl Zuckmayer: Der Hauptmann von Köpenick. S. Fischer Verlag, Frankfurt am Main.

Zusammenfassung

Mit Eisen und Blut

In Preußen war Otto von Bismarck seit 1862 Ministerpräsident. „Mit Eisen und Blut" müsse notfalls die Gründung eines deutschen ►Nationalstaates vollzogen werden, meinte er. 1866 kam es zum Krieg mit Österreich, aus dem Preußen als Sieger hervorging und nun unumstritten der mächtigste deutsche Staat war. Wenig später schlossen sich unter preußischer Führung 22 deutsche Staaten im „Norddeutschen Bund" zusammen. Um den Einfluss Preußens in Europa zurückzudrängen, erklärte Frankreich 1870 den Krieg. Doch nun schlossen sich die süddeutschen Staaten Preußen und dem Norddeutschen Bund an. Frankreich musste im Januar 1871 kapitulieren. Wenige Tage später wurde das Deutsche Reich gegründet und der preußische König Wilhelm I. zum deutschen Kaiser ausgerufen. Bismarcks Politik, die deutsche Einheit als Bündnis der Fürsten und ohne Beteiligung des Volkes zu vollziehen, war erfolgreich gewesen. Als Kanzler des Deutschen Reiches prägte er die folgenden zwanzig Jahre die Innen- und Außenpolitik.

Politische und gesellschaftliche Ordnung

In der Innenpolitik regierte Bismarck mit verschiedenen Gruppen, zum Teil spielte er sie gegeneinander aus. Der Reichstag und die in ihm vertretenen Parteien gewannen erst im Laufe der Zeit Einfluss auf die Politik der Regierung.

So blieb der Rüstungsetat außerhalb der Kontrolle des Parlaments. Ebenso hatte der Reichstag keinen Einfluss auf die Regierungsbildung, die Sache des Kaisers war.

Im Rückblick zeigt sich, dass die Wirtschaft im Kaiserreich stetig wuchs. Innerhalb weniger Jahre wurde Deutschland einer der modernsten und wirtschaftlich stärksten Staaten Europas.

Der Alltag im Kaiserreich war von ►Militarismus geprägt. Der Kaiser, der Adel und die hohen Militärs waren das Vorbild für das Bürgertum. Befehl und Gehorsam galten auch im Privatleben als hohe Tugenden.

Frauen organisieren sich

Die Frauen organisierten sich im Kaiserreich in zwei Bewegungen: der bürgerlichen und der proletarischen ►Frauenbewegung. Die bürgerlichen Frauen forderten eine bessere Bildung der Mädchen und Frauen. Die proletarischen Frauen setzten sich für die Verbesserung der sozialen Lage der Arbeiterinnen ein. Die Forderung nach einem Wahlrecht für Frauen blieb bis 1918 unerfüllt.

1862

Otto von Bismarck wird preußischer Ministerpräsident.

1871

Gründung des Deutschen Kaiserreiches.

Um 1880

Drill auf dem Kasernenhof

1890

Frauenversammlung

4. Die industrielle Revolution

Im 19. Jahrhundert wurden die rauchenden Schornsteine der Fabriken zum Symbol des Fortschritts. Durch die zunehmende Verbreitung der Industrie boten sich für viele Menschen völlig neue Arbeitsmöglichkeiten. Nun konnten Produkte in großen Mengen und zu niedrigen Preisen hergestellt werden. All diese Veränderungen hatten aber auch ihre Schattenseiten.

1 *Beschreibt die Stadtansicht.*
2 *Findet heraus, wo sich Wohn-, Erholungs-, Geschäfts- und Industriegebiete befinden.*

Schauplatz: Eine Stadt wächst

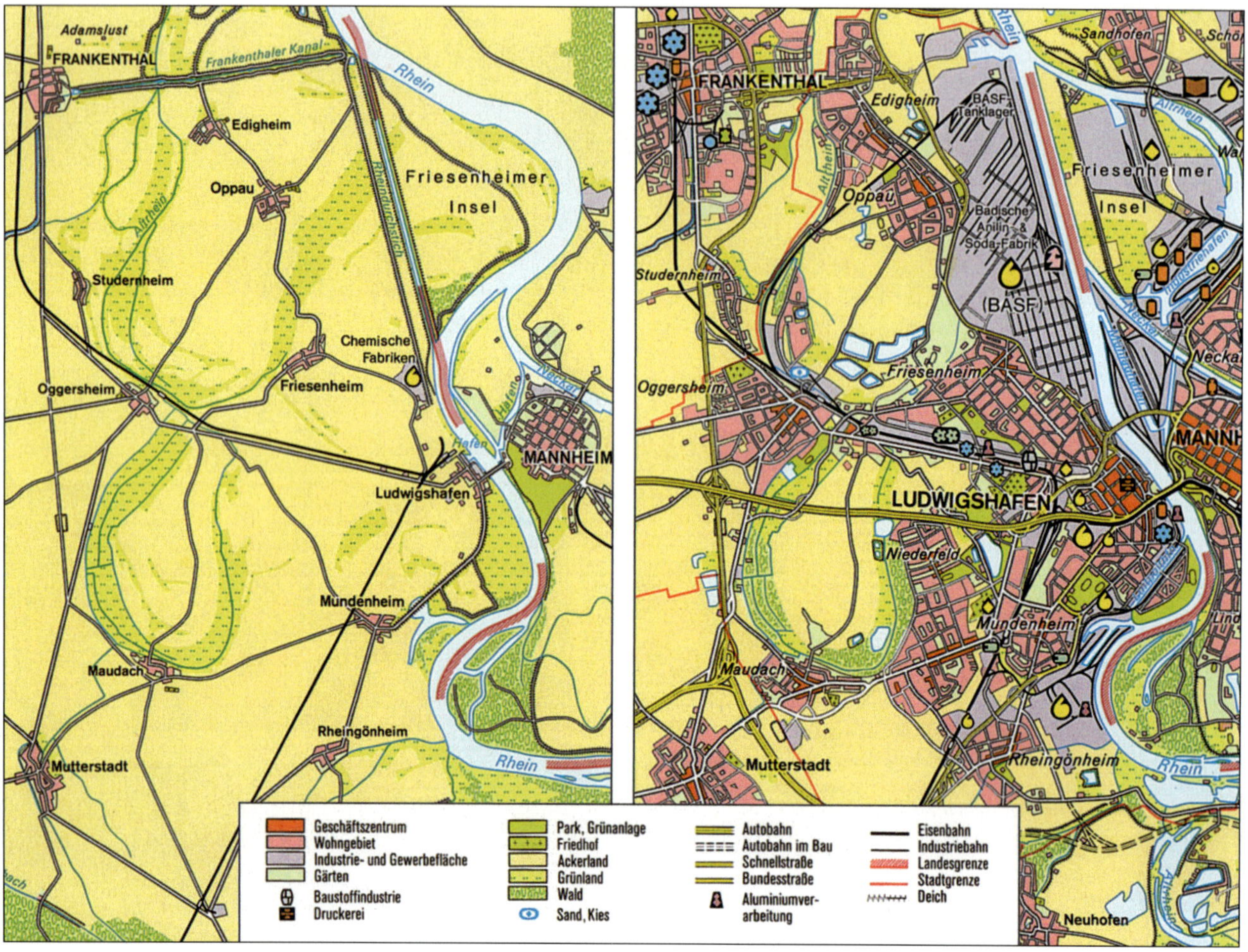

1 / 2 **Ludwigshafen 1865 und 1997.**

1 *Vergleicht die beiden Stadtgrundrisse. Achtet auf bebaute Flächen, Grünflächen, Straßen, Bahnlinien, Hafenanlagen.*
2 *Versucht, Industriegebiete und öffentliche Gebäude zu erkennen.*
3 *Stellt fest, welche Ortschaften aus Abbildung 1 im heutigen Stadtgebiet (Abbildung 2) enthalten sind.*
4 *Sucht aus Abbildung 3 die ungefähr zutreffenden Einwohnerzahlen für Abbildung 1 und 2 heraus.*

Jahr	1852	1875	1900	1950	2000
Einw.	1520	12093	61914	125000	165636

3 **Bevölkerungsentwicklung von Ludwigshafen.**

Was ihr noch tun könnt:

- Alte Stadtpläne von eurem Wohnort besorgen und diese mit heutigen vergleichen.
- Erkunden, wann welche Ortsteile bzw. Stadtviertel in eurem Wohn-/Schulort entstanden sind.
- Alte und neuere Ansichten eurer Stadt oder einer Stadt in eurer Nähe beschaffen und miteinander vergleichen.
- Eine Collage erstellen: alte Stadtansicht in die Mitte kleben – Stadtprospekte bei der Touristeninformation besorgen – einzelne Abbildungen moderner Gebäude ausschneiden und um die alte Stadtansicht herum anordnen – durch Fäden den Standort markieren.

Städte im Wandel
Weil die Verdienstmöglichkeiten in den städtischen Fabriken sehr viel besser wurden als auf dem Land, verließen im 19. Jahrhundert viele Menschen ihre Dörfer und zogen als Industriearbeiter in die Städte. Dort bildeten sie eine völlig neue Bevölkerungsgruppe. Obwohl emsig gebaut wurde und neue Viertel entstanden, herrschte in den Städten Wohnungsnot. Grundstücks- und Baupreise stiegen an, auch die Lebensmittelpreise waren in der Stadt viel höher als auf dem Land, wo manches selbst erzeugt werden konnte.
Mit dem Wachsen der Städte nahmen auch die Verwaltungsaufgaben zu: Neue Straßen mussten gepflastert, Abwasserkanäle angelegt werden. Hinzu kam, dass zunehmend öffentliche Gebäude gebraucht wurden: Bahnhöfe, Postämter, Gerichtsgebäude oder Museen wurden errichtet. Dem Zeitgeschmack entsprechend, wurden sie häufig aufwändig verziert, sodass sogar Schulen, Turnhallen oder Schwimmbäder Ähnlichkeit mit Palästen haben konnten. Die Bauherren wollten damit ihren Reichtum zur Schau stellen oder auf ihre Zuverlässigkeit hinweisen.
In den teuren Stadtzentren siedelten sich Banken, Warenhäuser und Verwaltungseinrichtungen an. Daneben gab es auch Kleinbetriebe und bürgerliche Wohnhäuser. Die Industrievororte mit Fabriken und Arbeiterwohnungen entwickelten sich meist an verkehrsgünstigen Lagen außerhalb der Zentren. Weiter draußen im Grünen entstanden die Villenviertel der Wohlhabenden.

5 *Beschreibt die abgebildeten Gebäude aus der so genannten Gründerzeit und vergleicht sie mit modernen öffentlichen Gebäuden.*

4 **Bau der Kanalisation in Ludwigshafen.** Foto, 1919.

5 **Straßenbahn am Fabriktor der BASF, Ludwigshafen.** Foto, 1910.

6 **Straßenbahndepot in Ludwigshafen.** Foto, um 1900.

7 **Gaswerk in Ludwigshafen.** Foto, um 1900.

Schauplatz: Eine Stadt wächst

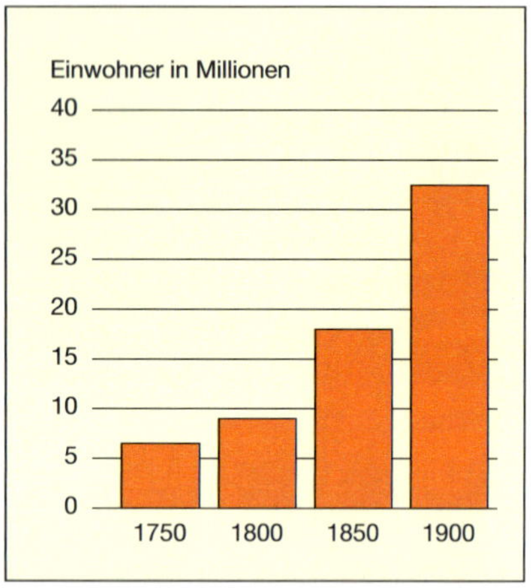

1 Bevölkerungswachstum in England und Wales, 1750–1900. Säulendiagramm.

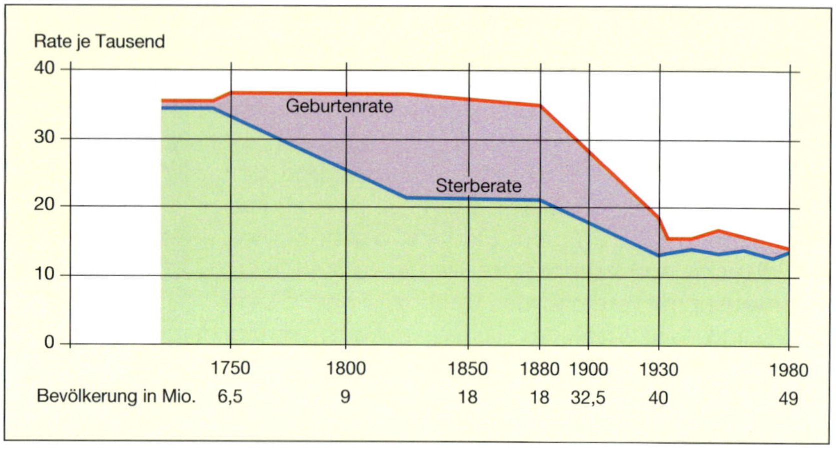

2 Geburten- und Sterberate in England und Wales, 1750–1900. Kurvendiagramm.

Bevölkerungswachstum – nicht nur in Ludwigshafen

Um 1750 lebten in ganz Europa etwa 140 Millionen Menschen; um 1900 waren es bereits 450 Millionen: In nur 150 Jahren hatte sich die Bevölkerung Europas mehr als verdreifacht. Ein so rasches, in der Geschichte völlig neues Bevölkerungswachstum wird als „Bevölkerungsexplosion" bezeichnet. Das erste Land, in dem sich dieser Wandel vollzog, war England (Grafik 1). Die beiden unmittelbaren Ursachen für diese Entwicklung sind in Grafik 2 dargestellt:

- Seit 1750 ging in England die Sterberate kontinuierlich zurück.
- Die Geburtenrate aber bleib weiterhin gleich hoch.

Vor welchem gesellschaftlichen Hintergrund sich dieser Wandel vollzog, erfahrt ihr auf den folgenden Seiten.

Die Bevölkerungsentwicklung in Deutschland

Seit etwa 1800 ging auch in Deutschland die Sterblichkeit zurück: Sie sank fast gleichmäßig von 28 pro 1000 Einwohner im Jahr 1800 auf 16 pro 1000 Einwohner im Jahr 1900. Die Geburtenrate sank von 40 auf 27 je Jahr und 1000 Einwohner. Die Bevölkerung wuchs zwischen 1750 und 1800 von 20 Millionen Einwohnern zunächst um 3 Millionen und in den nächsten fünfzig Jahren um weitere 12 Millionen Einwohner. Im Jahr 1900 lebten etwa 56 Millionen Menschen in Deutschland.

Die Bevölkerungsentwicklung lässt sich aufzeigen, indem man für jedes Jahr seit 1750 die Zahlenwerte von Geburten, Todesfällen und Gesamtbevölkerung aneinander reiht. Das wäre dann eine Statistik. Anschaulicher ist jedoch eine zeichnerische Darstellung, die Grafik. Die beiden folgenden Abbildungen zeigen zwei Beispiele für Grafiken:

- Das Säulendiagramm (Grafik 1) macht bestimmte Zustände vergleichbar. Es kann gleichzeitig vorherrschende Zustände aufzeigen (z. B. mit je einer Säule die Entwicklung der verschiedenen Gesellschaftsschichten in einem ausgewählten Jahr), aber auch zeitliche Entwicklungen anschaulich machen (z. B., wie in Grafik 1, mit je einer Säule die Gesamtbevölkerung in festgelegten Zeitabständen).
- Das Kurvendiagramm (Grafik 2) macht eine Entwicklung in Form einer Linie, die ansteigt und abfällt (Kurve), deutlich. Solch eine Kurve kann mit einer anderen in Beziehung gesetzt werden (z. B. die Entwicklung der Geburtenrate und die Entwicklung der Sterberate).

Arbeitstechnik: Umgang mit Statistiken und Grafiken

Mit Statistiken und Grafiken arbeiten

Insbesondere in der zweiten Hälfte des 19. Jahrhunderts begannen Betriebe und öffentliche Einrichtungen, Zahlen über die verschiedensten Lebensbereiche – wie Einkommen der Familien, Produktionsergebnisse oder Anteil der Frauenarbeit – zu sammeln.
Doch erst wenn es gelingt, die Zahlen miteinander zu vergleichen, können sie auch ausgewertet und gedeutet werden. Dabei helfen Diagramme, z. B. Säulen- oder Kurvendiagramme, die ihr bereits am Beispiel der Bevölkerungsentwicklung in England zwischen 1750 und 1900 kennen gelernt habt.
Auch die Informationen über die Bevölkerungsentwicklung in Deutschland im unteren Textabschnitt lassen sich mithilfe von Diagrammen veranschaulichen und auswerten.

Folgende Schritte helfen euch bei der Erstellung von Diagrammen:

1. Den inhaltlichen Bezug der Zahlen erfassen

- Prüft, worüber das gesammelte Zahlenmaterial Auskunft gibt und für welchen Zeitraum die Aussagen gelten.

2. Eine Statistik erstellen

- Fertigt eine Tabelle an, in der ihr die euch bekannten Zahlen einordnet. Achtet dabei besonders darauf, zutreffende Überschriften für die Spalten zu finden.

3. Ein Diagramm zeichnen

Entscheidet euch zuerst für die Art des Diagramms, in der ihr die Daten veranschaulichen wollt:

- Lässt sich die Entwicklung, die ihr darstellen wollt, anschaulicher mithilfe einer Kurve oder mithilfe von Säulen darstellen?

4. Das Diagramm beschreiben

- Versucht, die dargestellte Entwicklung in Worte zu fassen. Berücksichtigt dabei z. B.: Wie verhalten sich die Säulenhöhen zueinander? Ist ein Anstieg oder ein Abfall zu erkennen? Ist der Anstieg stark/schwach, gleichmäßig/sprunghaft? Bleibt der Abstand zwischen zwei Kurven gleich oder verändert er sich?

5. Die Aussage erfassen

- Überlegt, wie eure Beobachtungen zu werten sind: In welchem Zeitraum ergibt sich der größte Anstieg/Abfall? Lässt sich zwischen einigen der beobachteten Zustände ein unmittelbarer Zusammenhang erkennen?
- Versucht, die Beobachtung mit anderen euch bekannten Entwicklungen der untersuchten Zeit in Verbindung zu bringen. In diesem Fall wird euch das sicher nach der Bearbeitung der folgenden Seiten gelingen.

1 *Bearbeitet die im Text genannten Zahlen über die Bevölkerungsentwicklung in Deutschland nach den vorgegebenen Schritten.*
2 *Vergleicht eure Diagramme mit den Diagrammen 1 und 2. Erläutert die Unterschiede und versucht, eine Erklärung dafür zu finden.*

So geht es weiter ...

Anfänge der industriellen Produktion

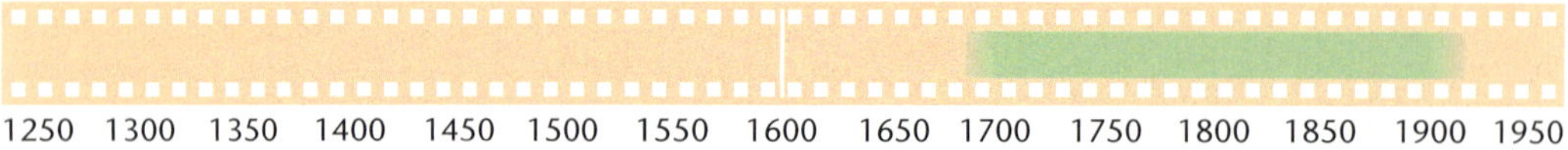

1 **Heimarbeiterinnen in England um 1770.** Wolle wird zu Garn verarbeitet. Die Fäden werden zunächst auf dem Spinnrad gesponnen und dann auf eine Garnwinde gewickelt. Rekonstruktionszeichnung.

Der Engländer ***Jethro Tull.***

Die Sämaschine, die der Engländer Jethro Tull im Jahr 1701 erfand.

Die Revolution beginnt in England

Im Jahre 1845 schrieb Friedrich Engels, ein deutscher Fabrikant und Politiker, in seinem Buch über „Die Lage der arbeitenden Klasse in England“:

Q … Vor 60/80 Jahren ein Land wie alle anderen, mit kleinen Städten, wenig und einfacher Industrie und einer verhältnismäßig großen Ackerbaubevölkerung. Und jetzt: Ein Land wie kein anderes, mit einer Hauptstadt von dreieinhalb Millionen Einwohnern, mit großen Fabrikstädten, mit einer Industrie, die die ganze Welt versorgt und die fast alles mit den kompliziertesten Maschinen macht, mit einer fleißigen, intelligenten Bevölkerung, von der zwei Drittel von der Industrie in Anspruch genommen werden, und die aus ganz anderen Klassen besteht, ja, die eine ganz andere Nation mit anderen Sitten und Bedürfnissen bildet als damals …

1 *Informiert euch in einem Lexikon über Friedrich Engels.*

2 *Überlegt, warum die beschriebenen Veränderungen als „Revolution“ bezeichnet werden.*

Voraussetzungen der industriellen Revolution

Wie hatte es zu diesen raschen Veränderungen kommen können und warum gerade in England? Auf diese Frage gibt es mehrere Antworten, nämlich:

- Eine wichtige Voraussetzung war die Steigerung der Ernteerträge durch bessere Anbaumethoden und neue Maschinen. So erfand z. B. der Engländer Jethro Tull im Jahre 1701 die Sämaschine, mit der das Saatgut gleichmäßig in der Erde verteilt werden konnte.
- Neue Früchte aus Amerika wie die Kartoffel, aber auch Tomaten und Erbsen ergänzten die Versorgungsmöglichkeiten

Anfänge der industriellen Produktion

2 **Die „Spinning Jenny", eine Erfindung von 1764.** Drehte man das Rad, zogen und drehten die Spindeln die Wolle automatisch zu Fäden. Ein Mensch konnte daran so viel Garn spinnen wie acht Leute mit herkömmlichen Spinnrädern. Rekonstruktionszeichnung.

und die bessere Lebensmittelversorgung führte zu einem wesentlichen Bevölkerungsanstieg: Zwischen 1700 und 1850 nahm in England die Bevölkerung um das Dreifache zu.

- Je mehr Menschen es gab, desto größer wurde der Bedarf an preisgünstigen Stoffen zur Herstellung von Kleidung aller Art. Die Garnproduktion der etwa 700 000 Heimarbeiterinnen (Abbildung 1) reichte jetzt nicht mehr aus.
- Wegen der großen Nachfrage nach preisgünstigen Stoffen suchten Großhändler und Unternehmer jetzt nach technischen Möglichkeiten, die Produktion zu erhöhen.
- Technische Erfindungen und die notwendigen Industriebauten kosteten viel Geld. Doch daran herrschte kein Mangel, denn Kaufleute und Adlige hatten im Übersee- und Sklavenhandel große Reichtümer erworben und konnten die Arbeiten von Technikern und Ingenieuren finanzieren.

Innerhalb nur einer Generation veränderte sich so in England die Arbeitswelt: Von der Heimarbeit, die auch nur in der „Freizeit" ausgeübt werden konnte, kam es jetzt zur Vollarbeitszeit in großen ▶Fabriken* mit oft mehreren hundert Arbeitern und Arbeiterinnen; eine ▶Massenproduktion von Verbrauchsgütern setzte ein.

3 *Erklärt in eigenen Worten, warum es zunächst in England zur industriellen Revolution kam. Berücksichtigt die Abbildungen.*

Die „Spinning Jenny"

Im Jahre 1761 schrieb die „Gesellschaft zur Förderung des Handwerks und der Manufakturen" einen Wettbewerb aus. Fünfzig Pfund Sterling sollte derjenige erhalten, dem die Erfindung einer Maschine gelänge, „die sechs Fäden Wolle, Flachs, Hanf oder Baumwolle gleichzeitig spinnt, sodass nur eine Person zur Bedienung nötig ist".
Den Preis gewann schließlich James Hargreaves (1740–1778). Im Jahre 1764 stellte er seine Maschine, die er nach seiner Tochter „Spinning Jenny" nannte, der Öffentlichkeit vor. Mit dem Preisgeld richtete er sich eine kleine Werkstatt ein, die von aufgebrachten Webern und Spinnern der Umgebung jedoch schon bald gewaltsam zerstört wurde.

4 *Die Weber und Spinner rotteten sich zusammen, um das Haus von Hargreaves zu überfallen. Überlegt, was sie ihm vorgeworfen haben könnten.*

▶ ***Fabrik**** *(lateinisch „fabrica" = Werkstätte): Großbetrieb mit oft mehreren hundert Arbeiterinnen und Arbeitern zur maschinellen Fertigung von Erzeugnissen. Der Aufstieg der Fabriken und der Niedergang des Heimgewerbes begann in England 1770 mit der Erfindung der „Spinning Jenny". Die Heimarbeiter mussten sich nun als Lohnarbeiter bei den Fabrikbesitzern andienen.*

„Mit Volldampf in die Zukunft"

1 **Die von James Watt konstruierte Dampfmaschine.** Rekonstruktionszeichnung.

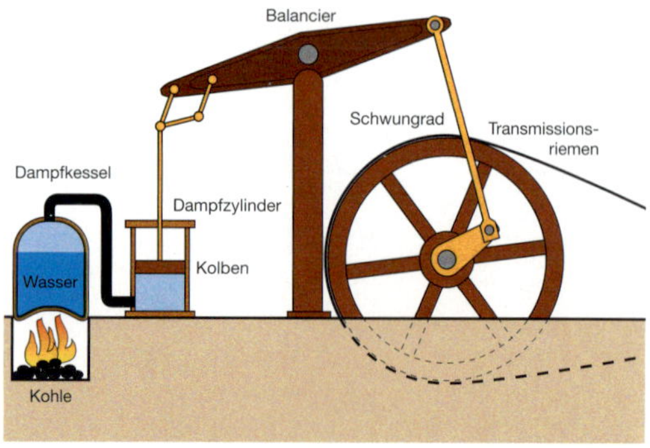

2 **Die Funktionsweise einer Dampfmaschine.** Die Bewegung des Kolbens in senkrechter Richtung wird in eine Drehbewegung umgewandelt.

James Watt (1736–1819) entwickelte 1769 die Dampfmaschine.

Abschied vom Webstuhl

Mit den neuen Spinnmaschinen, die zudem ständig verbessert wurden, gab es ausreichend Garn. Die Webereibesitzer verlangten daher nach leistungsfähigeren Webstühlen, um das Garn auch verarbeiten zu können. Edmund Cartwright (1743–1823), ein Landpfarrer, war es schließlich, der im Jahre 1785 die ersten mechanischen Webstühle konstruierte, die schon bald von Dampfmaschinen angetrieben wurden.
Dampfmaschinen gab es schon seit 1698, aber sie brachten nur geringe Leistung bei gleichzeitig sehr hohem Energieverbrauch. Den Durchbruch schaffte erst James Watt (1736–1819), der im Jahr 1769 eine Dampfmaschine entwickelte, die die zehnfache Leistung eines Pferdes erbrachte (10 PS = 10 Pferdestärken). 1810 gab es allein in England schon über 5000 Dampfmaschinen. In den Bergwerken wurden sie eingesetzt zur Förderung der Kohle, sie standen in Wasserwerken und trieben Mühlen an, und auf den Feldern zogen sie die schweren Stahlpflüge. Auch in den Spinnereien und Webereien fehlten sie nicht. Für die ländlichen Textilarbeiter und Textilarbeiterinnen entstand durch die Fabriken eine mächtige Konkurrenz. Wie der Konkurrenzkampf ausging, zeigt die folgende Tabelle:

	Kraftgetriebene Webstühle	Ländliche Weber
1810	–	250 000
1813	2 400	–
1820	14 150	250 000
1829	55 500	–
1833	100 000	–
1850	250 000	40 000
1860	–	3 000

(– keine Angaben vorhanden)

1 *Beschreibt die an der Tabelle deutlich werdende Entwicklung im Textilgewerbe. Stellt die Zahlenangaben zeichnerisch dar.*
2 *Sucht nach Gründen für diese Entwicklung.*

Dampf in Bewegung

Waren die ersten Dampfmaschinen noch so schwer, dass man sie nicht von der Stelle bewegen konnte, so baute bereits 1769 der Franzose Nicholas Cugnot einen Dampfwagen. Dessen Wasser- und Brennstoffvorräte reichten allerdings nur für eine Fahrt von 15 Minuten aus. Englische Techniker bauten schließlich leistungsfähigere Dampffahrzeuge, scheiterten aber an dem entschiedenen Widerstand von Fuhrunternehmern, Hufschmieden, Sattlern und Besitzern von Pferdestationen. Nachdem es darüber hinaus zu einigen Verkehrsunfällen

„Mit Volldampf in die Zukunft"

3 **Dampfgetriebene Pflüge konnten auf großen, ebenen Feldern am besten eingesetzt werden.** Rekonstruktionszeichnung.

gekommen war, erließ das englische Parlament 1836 das „Anti-Dampfwagen-Gesetz". Die „pferdelosen mechanischen Wagen" durften nicht schneller als vier englische Meilen in der Stunde fahren. Außerdem musste jedem Dampfwagen ein Mann 100 m vorausgehen und durch das Schwenken einer roten Fahne die Fußgänger und Pferdefuhrwerke vor der „Gefahr" warnen. Dieses Gesetz war bis 1895 in Kraft und verhinderte die Weiterentwicklung der Straßenfahrzeuge.

Umso erfolgreicher waren die Dampflokomotiven des englischen Konstrukteurs George Stephenson (1781–1848). Im Jahre 1825 wurde die erste Bahnlinie der Welt eröffnet zwischen den Bergwerken in Darlington und der Hafenstadt Stockton-on-Tees. Für die 15 Kilometer lange Strecke brauchte die Lokomotive mit 34 Wagen insgesamt 65 Minuten.

Wie keine andere Erfindung dieser Zeit hat die Dampflokomotive die Welt verändert. Menschen und ungeheure Warenmengen konnten jetzt in kurzer Zeit große Strecken überwinden, Rohstoffe konnten in die Industriezentren gebracht und die Bevölkerung in den Großstädten jederzeit mit ausreichenden Lebensmitteln versorgt werden. Der Dampfmaschine folgten im 19. Jahrhundert noch zahlreiche andere bedeutende Erfindungen und Entdeckungen:

Benz · Edison · Fulton · Daimler · Koch · Liebig · Otto · Pasteur · Siemens · Stephenson · Daguerre · Watt

Glühbirne · Cholerabekämpfung · Entdecker der Bakterien · erstes Automobil · Dynamo · Viertaktmotor · Kunstdünger · Benzinmotor · Dampfmaschine · Fotografie · Lokomotive · Dampfschiff

3 *Ordnet den Erfindern die jeweilige Erfindung zu. Nehmt ein Lexikon zu Hilfe.*

George Stephenson *baute seine erste Dampflokomotive 1814. Das Nachfolgemodell, die Rocket, war mit einer Höchstgeschwindigkeit von 47 km/h als erstes Fahrzeug schneller als ein Pferd.*

Industrielle Revolution in Deutschland

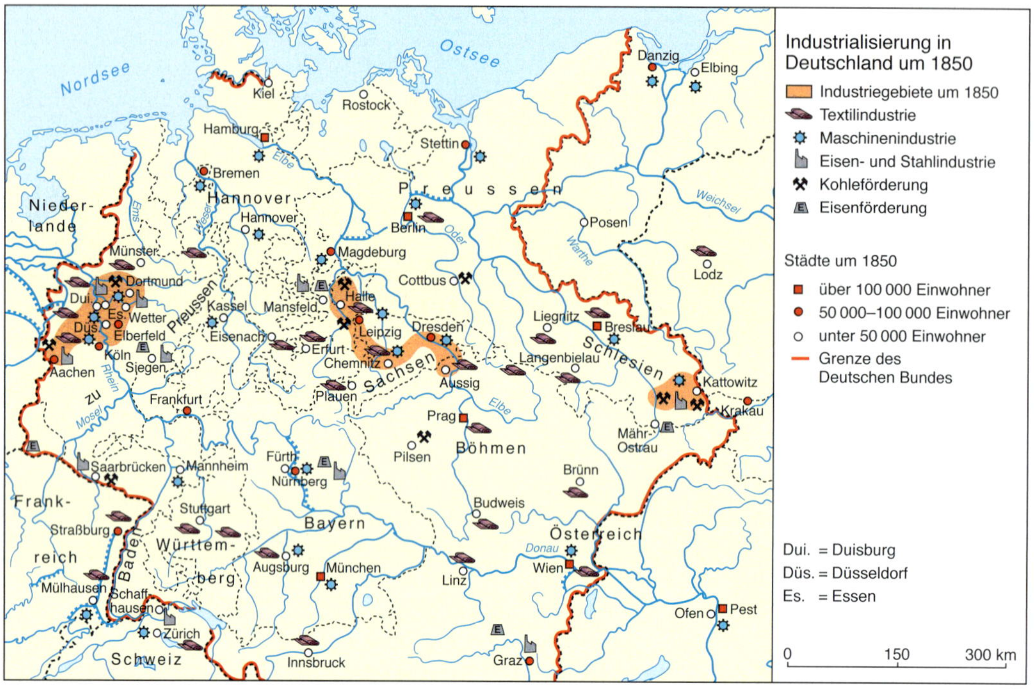

1 **Industrialisierung in Deutschland um 1850.**

Deutschland – ein rückständiges Land?

In Deutschland begann die industrielle Revolution erst spät. Deutschland besaß im Unterschied zu England keine Kolonien, die billig Rohstoffe liefern konnten. Es fehlten ihm damit auch lohnende Absatzmärkte. Auch innerhalb des Deutschen Reichs verhinderten die zahllosen Zölle, die unterschiedlichen Währungen und Gewichte in den Einzelstaaten einen großen einheitlichen Wirtschaftsraum.

1833/34: *Gründung des deutschen Zollvereins.*

Im Jahre 1819 klagte der Wirtschaftswissenschaftler Friedrich List:

Q1 … Um von Hamburg nach Österreich, von Berlin in die Schweiz zu handeln, hat man zehn Staaten zu durchschneiden, zehn Zollordnungen zu studieren, zehnmal Durchgangszoll zu bezahlen. Trostlos ist dieser Zustand für Männer, welche wirken und handeln möchten. …

Nur fünfzehn Jahre später waren diese Hindernisse beseitigt: In der Nacht zum 1. Januar 1834 fielen in fast allen deutschen Staaten die Zollschranken. Um Mitternacht setzten sich die wartenden Wagen der Kaufleute unter dem Jubel der Bevölkerung in Bewegung. Diesen Fortschritt für die Kaufleute und Reisenden hatte die Regierung von Preußen in langen Verhandlungen mit den anderen deutschen Staaten erreicht. Unter preußischer Führung schlossen sich in den Jahren 1833/34 fast alle deutschen Länder zu einem „Deutschen Zollverein" zusammen. Der Vertrag enthielt zwei weitere, wichtige Bestimmungen:

- Die Regierungen führten ein einheitliches Münz-, Maß- und Gewichtssystem in ihren Ländern ein.
- Jeder Einwohner des Gebietes des deutschen Zollvereins durfte sich in jedem deutschen Staat des Zollvereins Arbeit suchen.

1 *Erklärt den Satz: Die wirtschaftlichen Erfordernisse förderten die deutsche Einheit.*

Die Eisenbahn – Motor der Industrialisierung

Nur knapp zwei Jahre nach der Gründung des deutschen Zollvereins fuhr „Deutsch-

„Mit Volldampf hinterher"

2 **Feierliche Eröffnung des ältesten Bahnhofs im Saarland, in Bexbach am 25. August 1849.** Zeitgenössisches Gemälde.

lands erste Eisenbahn mit Dampf" am 7. Dezember 1835 die sechs Kilometer lange Strecke von Nürnberg nach Fürth. Drei Jahre später wurde die Linie Potsdam–Berlin in Betrieb genommen. Etwas unwillig meinte der preußische König Friedrich Wilhelm III. dazu:

Q2 … Die Ruhe und Gemütlichkeit leidet darunter. Kann mir keine große Seligkeit davon versprechen, ein paar Stunden früher von Berlin in Potsdam zu sein. Zeit wird's lehren. …

Im Jahre 1836 begann die „Leipzig-Dresdner Eisenbahn-Compagnie" mit dem Bau einer 115 Kilometer langen Fernstrecke zwischen Leipzig und Dresden. So wie hier wurde in vielen deutschen Staaten der Ausbau des Schienennetzes zügig vorangetrieben, von etwa 200 Kilometer im Jahr 1837 auf über 40 000 um 1880. Die Bahn diente zunächst hauptsächlich dem Personenverkehr und führte zu erheblich verkürzten Reisezeiten. Der erste Frachtbrief stammt aus dem Jahre 1836 für den Transport von zwei Bierfässern von Nürnberg nach Fürth. In den nächsten Jahren und Jahrzehnten gewann der Transport von Gütern jedoch immer größere Bedeutung. Vor allem die Kohle- und Erzvorkommen in Oberschlesien, im Ruhrgebiet oder Saarland konnten jetzt schnell zu den großen Industriestandorten befördert werden. Dies erst ermöglichte den raschen Ausbau des Kohlenbergbaus und der Eisen- und Stahlindustrie, die in Deutschland zu den wichtigsten Industriezweigen wurden. Durch den Ausbau ihres Schienennetzes wurde aber auch die Bahn selber zur vielleicht wichtigsten Triebkraft bei der Industrialisierung. In einer heutigen Darstellung heißt es:

M … Mit der Vielzahl seiner technischen Bereiche, wie Lokomotiven- und Wagenbau, Oberbau (Bettung und Gleis), Tunnel- und Brückenbau, Hochbau (Bahnhöfe, Lokomotiven- und Wagenhallen, Wasserstationen u. a.), Signalsicherungs- und Nachrichtenwesen, entwickelte sich der Eisenbahnbau innerhalb weniger Jahre zu einem führenden Wirtschaftszweig. …

Voller Bewunderung meinte Friedrich List: „Der Zollverein und das Eisenbahnsystem sind siamesische Zwillinge", denn beide strebten gemeinsam danach, die deutschen Stämme zu einer reichen und mächtigen Nation zu machen.

2 *Erklärt den Zusammenhang zwischen dem Eisenbahnbau und der Industrialisierung in Deutschland. Vergleicht mit der Entwicklung in England.*

3 *Findet mithilfe der Karte (Abbildung 1) heraus, wo Deutschlands wichtigste Industriegebiete lagen.*

Gedenktafel am heute unter Denkmalschutz stehenden Bahnhof in Bexbach.

Das Saarland – aufwärts mit Kohle und Stahl

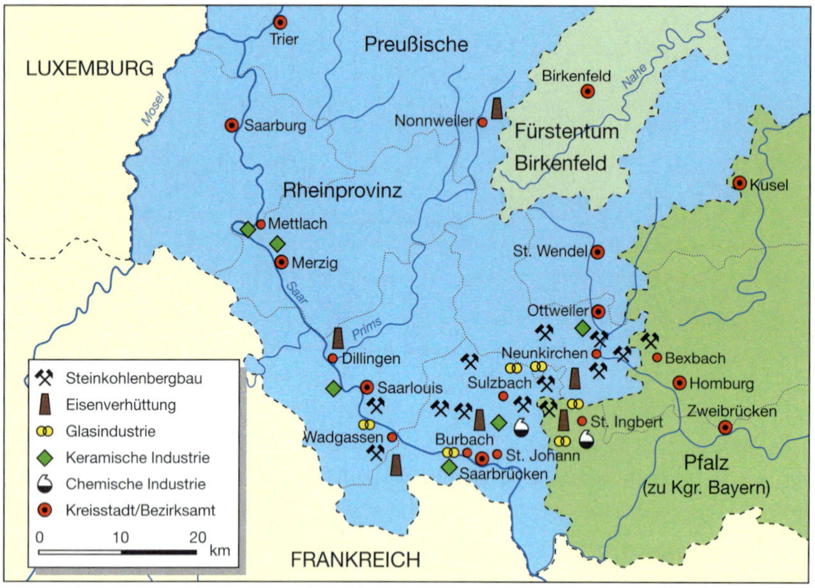

1 Das Saarrevier um 1870.

Ohne Kohle läuft nichts

Der Steinkohlebergbau bildete die Grundlage für die Industrialisierung im deutschen Westen, denn Kohle war als Brennstoff – für Dampfmaschinen und Hochöfen – unersetzlich. Im Saarland gab es reichhaltige Kohleflöze, die nah an der Erdoberfläche lagen, sodass der Abbau von Steinkohle zuerst leicht möglich war. Schon seit 1828 baute man Kohle dort aber auch unter Tage ab. Dazu wurden senkrechte Schächte angelegt, von denen aus seitwärts waagerechte Stollen in die Kohleflöze getrieben wurden. Je tiefer die Schächte ins Erdinnere reichten, umso häufiger kam es vor, dass sich Grundwasser darin sammelte. Erst mithilfe von Dampfmaschinen war es möglich geworden, das Wasser aus den Stollen abzupumpen.

Da Steinkohle sowohl für die Erzeugung von Eisen und Stahl, einem schmiedbaren Metall, das man aus Roheisen gewann, wie auch für den Antrieb von Lokomotiven benötigt wurde, stieg die Nachfrage beständig. Doch zunächst fehlten Verkehrswege, auf denen die geförderte Kohle transportiert werden konnte.

Neue Verkehrswege schaffen Wachstum

Um die Saar schiffbar zu machen, hatten schon 1772 Regulierungsarbeiten begonnen; 1866 wurde der Saarkanal eröffnet. Etwa um diese Zeit hatte das Saarland auch Anschluss an das Eisenbahnnetz gefunden: Eine Strecke verlief von Saarbrücken nach Ludwigshafen, eine weitere über Trier nach Koblenz und eine dritte nach Paris. Diese Bedingungen sorgten für einen starken Aufschwung der Steinkohleförderung an der Saar. Auch die Stahlerzeugung im Saarland profitierte von den günstigen Verkehrswegen: Saarländischer Stahl konnte nach Süd- und Ostdeutschland sowie in die Alpenländer transportiert werden. Große Aufträge kamen aus dem Eisenbahnbau, sodass das Saarland bereits 1870 auf der Grundlage von Kohle und Eisen zu einem der bedeutendsten preußischen Industriegebiete geworden war.

Trotz des Bevölkerungswachstums im Saarland reichten die einheimischen Arbeitskräfte bald nicht mehr aus: So bot die Industrie an der Saar bald auch vielen Menschen aus Eifel, Hunsrück und Pfalz Arbeit.

1 *Stellt mithilfe der Karte eine Übersicht über die wichtigsten Industriezweige und -orte des Saarlandes um 1870 zusammen.*

Das Saarland – aufwärts mit Kohle und Stahl

2 **Stahlwerk Burbacher Hütte, 1871.** Radierung.

	Förderung in tausend t	Belegschaft
1816	110	1100
1830	223	1755
1840	408	3200
1850	636	5622
1855	1550	11314
1860	2020	13420
1870	2786	17000
1875	4570	23414
1880	5298	23628
1890	6389	30324
1900	9970	42423

3 **Steinkohleförderung und Belegschaftsentwicklung an der Saar 1816–1900.**

2 *Wertet das Verhältnis von Steinkohleförderung und Belegschaftsentwicklung (Abbildung 3) mithilfe eines Diagramms aus.*

Über die Kanalisierung der Saar schrieb der Historiker Armin Heinen 1992:

M … Etwa Mitte des 18. Jahrhunderts änderten sich die Voraussetzungen für das Leben an der Saar. … Die Saar sollte Kohle transportieren, aber auch Salz, Ruß und Fensterglas. Besser als bis dahin möglich, wollte man die Wasserkraft für die Energiegewinnung nutzen. Und dann sollte die Saar Flächen freigeben, die sie vordem großzügig genutzt hatte. Die Menschen, deren Zahl stetig anstieg, verlangten mehr Raum zum Wohnen, aber auch für den Ackerbau. Die Industrie dehnte sich aus. … Aus dem Fluss Saar wurde eine Transportrinne, aus dem Lebensraum Aue wurden Aufschüttungsflächen, Industrie- und Gewerbegebiete, Verkehrstrassen. Durch wasserbauliche Maßnahmen beseitigte man die naturnahe Vegetation, veränderte und verlegte das Flussbett. … Die Bilanz der Saarkanalisierung erscheint überraschend zwiespältig. Im Interesse der Schifffahrt wurde der Grund ausgebaggert und damit von gefährlichen Schlämmen befreit, eine Maßnahme, die aus verkehrstechnischen Gründen in Zukunft fortgeführt werden muss. … Für das Freizeitangebot dürfte die Saar eher gewonnen als verloren haben, und sei es nur, weil sich auf ihr angenehm rudern lässt. Andererseits bedeutete der Kanalbau einen schwer wiegenden Eingriff in die Landschaft, ist die Saar doch zu einem gleichförmigen, unnatürlich wirkenden Gewässer geworden …

3 *Lest den Text M Abschnitt für Abschnitt durch und stellt die genannten Gründe für die Kanalisierung und ihre Folgen zusammen.*
4 *Stellt fest, welchen Standpunkt der Autor zur Saarkanalisierung einnimmt.*

Ökologische Folgen der Industrialisierung

1 **Bahntrassenbau bei Nürnberg.** Aquarell von Carl Herrle, 1853.

Die Ausbeutung von Landschaft und Natur

Der Bau von Kanälen und Fernstraßen, vor allem aber die Anlage von Trassen, Brücken und Tunnel für die Eisenbahnen brachten massive Eingriffe in die Landschaft mit sich. Sie wirkten nachhaltig und bedeuteten zugleich die Zerstörung von Lebensräumen. So sind etwa Flussbegradigungen für die Verbesserung von Transportwegen in den Gebieten von Rhein, Saar und Mosel bis heute mitverantwortlich für verheerende Überschwemmungen.

Auch führte der erhöhte Energiebedarf einerseits und die Weiterentwicklung der Abraumgeräte andererseits zu einer erheblichen Ausdehnung des Tagebaus – z. B. für Kohle, Sand, Kies und Bims – und hinterließ zerklüftete Landschaften. Erst in unserer Zeit versucht man, sie in so genannte Naherholungsgebiete zu verwandeln, etwa dadurch, dass Orte, an denen Braunkohletagebau betrieben wurde, zu Binnenseen umgestaltet werden.

Darüber hinaus wurde auch die Verschmutzung von Gewässern und Luft ein ernstes Problem: Industrieabwässer und Abwässer der Städte flossen bis ins 20. Jahrhundert oft ungeklärt in Bäche und Flüsse, und Verbrennungsprozesse, die den Einsatz der Dampfmaschinen ermöglichten, belasteten die Luft mit Kohlendioxid (CO_2).

Doch nicht nur in der Luft und in den Gewässern finden sich die Reststoffe der Industrialisierung. Reststoffe wurden auf Halden gelagert, sickerten in den Boden und vergiften bis heute das Grundwasser.

1 *Beschreibt Abbildung 1 und erläutert, wie der Trassenbau die Landschaft verändert.*

2 *Tragt euch bekannte Folgen von menschlichen Eingriffen in die Natur zusammen. Überlegt, ob ihr auch Beispiele aus jüngerer Zeit kennt. Holt euch gegebenenfalls weitere Informationen bei eurem Erdkundelehrer.*

3 *Überlegt und diskutiert, welcher Zusammenhang zwischen der Herstellung von preisgünstigen Massenartikeln und Umweltproblemen besteht.*

Den Prozess der Verschmutzung der Saar beschrieb der Historiker Armin Heinen 1992:

M … Glauben wir den Berichten der Industrialisierungsphase, … dann war die Saar ein außerordentlich fischreicher, biologisch interessanter Flusslauf. Dabei diente der

Ökologische Folgen der Industrialisierung

FARADAY GIVING HIS CARD TO FATHER THAMES;
And we hope the Dirty Fellow will consult the learned Professor.

2 **Karikatur zur Verschmutzung der Themse aus dem Jahr 1845.** Der feine Herr auf dem Schiff ist Professor Michael Faraday (1791–1867), ein in England wegen seiner zahlreichen Entdeckungen bekannter Physiker und Chemiker. Unter anderem entdeckte er das Benzol sowie einige Chlor-Kohlenwasserstoffe und fand Verfahren zur Verflüssigung von Gasen.

Fluss durchaus nicht als Trinkwasserreservoir. ... Dem Fluss kamen andere Aufgaben zu: Neben der ... Bedeutung für Verkehr und Energiegewinnung sorgte er für das Ableiten von Abfällen und diente zugleich als wichtiger Lebensmittellieferant: Von Fischen, Krebsen, Muscheln ... ist in den Quellen die Rede. ...
Wenn auch unbewusst, lebten die Menschen mit ihrem Fluss in einer produktiven Symbiose* ... Der Punkt, an dem der Fluss umkippte, wurde nicht erreicht. ... Erst die technisch-wissenschaftliche Revolution des ausgehenden 19. Jahrhunderts ... legte die Basis für eine geradezu unglaubliche Verschmutzung der Industrieflüsse. ... Die frühesten Berichte über eine ungebührliche Verunreinigung der Saar datieren aus der Jahrhundertwende. Eine amtliche Befahrung 1906 kam zu der Feststellung, dass der Scheidterbach der Saar „in reichlichen Mengen dunkles, fast schwarz gefärbtes Wasser" zuführe. Nicht besser sahen die Berichte über den Sulzbach und den Fischbach aus.
Städtische Abflusskanäle leiteten das Wasser ungeklärt in die Saar ein. Die Völklinger Hütte* besaß zwei Abflüsse, von denen der erste schmutziggelbes, der zweite schwarzes Wasser in die Saar einführte. ... Ihren Höhepunkt erreichte die Belastung der Saar in den 50er-Jahren (des 20. Jahrhunderts). Das saarländische Fischereiamt kam zu dem Schluss, dass von 77 km Flusslänge 35 km als biologisch tot gelten müssten, 35 km seien krank und nur 7 km könnten als gesund beurteilt werden. ...
Jüngste Berichte über die Saar deuten auf eine geringe Schmutzlast ... Vieles erleichterte der Niedergang der saarländischen Kohlen- und Stahlindustrie. ... Die Politik übernahm unmittelbare Verantwortung für das Schicksal des Flusses. Die Behörden erhielten zusätzliche Kompetenzen* ... Vor allem aber erwuchs eine kritische Öffentlichkeit, die kompetente Mitsprache verlangte. ...

4 *Gebt wieder, wie der Historiker den Verlauf der Saarverschmutzung beschreibt: Nennt Etappen und Ursachen.*
5 *Erläutert, wie es zur Verbesserung der Wasserqualität kam.*
6 *Überlegt, wie sich das Gespräch zwischen ihm und „Father Thames" entwickelt haben könnte.*

3 **Die Saar bei Völklingen.** Foto, 1994.

Symbiose*:
Zusammenwirken zu gegenseitigem Nutzen.

Völklinger Hütte*:
1873 gegründetes Hüttenwerk, das sich in wenigen Jahren zum größten deutschen Eisenträgerhersteller und zum größten Arbeitgeber des Saarlandes entwickelte.
1986 stillgelegt, wurde die Völklinger Hütte 1994 von der UNESCO zum Weltkulturerbe erklärt. Weitere Informationen über die Völklinger Hütte findet ihr im Internet unter http://www.voelklinger-huette.org

Kompetenzen*:
Zuständigkeiten, Befugnisse.

Die Gesellschaft verändert sich

1 **Ein Fabrikbesitzer besichtigt mit Gästen seinen Betrieb.** Foto, um 1900.

Fabrikbesitzer – die neuen Fürsten?
Innerhalb weniger Jahrzehnte veränderte die Industrialisierung die Machtverhältnisse in der Gesellschaft. In der Ständegesellschaft besaß der Adel durch sein Eigentum an Grund und Boden eine Führungsstellung. In der entstehenden Industriegesellschaft wurde der Besitz von ▶ Kapital* wichtiger.
Eine herausragende Rolle in dieser Gesellschaft nahmen daher jetzt vielfach erfolgreiche Unternehmer ein. Man bezeichnete sie oft als Industriefürsten und den Standort ihrer Fabrikanlagen als „Fürstentum“. Unternehmer mussten zu jener Zeit zugleich Kaufleute und Techniker sein. Nötig war zudem ein Gespür dafür, welche Artikel sich gut verkaufen ließen und Gewinn einbrachten. Die notwendigen Gelder für die Gründung und den Betrieb einer Fabrik oder Werkstätte hatten sie selbst aufzubringen. Der Jenaer Mechaniker Carl Zeiss beispielsweise lieh sich das Startkapital für die Gründung seines Unternehmens für optische Präzisionsgeräte bei Verwandten. Geachtet waren aber auch die Inhaber von Banken und Versicherungen sowie Großkaufleute.

1 *Erklärt die Bezeichnung von Unternehmern als Industriefürsten.*

▶ Kapital*:
Ein Vermögen, das im Wirtschaftsprozess eingesetzt wird und Gewinn erzielen soll. Unterschieden wird zwischen Geldkapital und Produktivkapital (Maschinen, Produktionsstätten). Eine Wirtschaftsform, in der Einzelne als Unternehmer Kapital einsetzen, um Gewinn zu erzielen, nennt man ▶ Kapitalismus.

Die Arbeiter – eine neue Klasse?
Die großen Fabriken zogen immer mehr Arbeitskräfte an. Zu Hunderttausenden verließen Landarbeiter und Bauern, die nicht genügend Land besaßen, mit ihren Familien die Dörfer. Sie zogen in die Städte in der Hoffnung, Arbeit zu finden. Schon 1882 stellten die über 10 Millionen Arbeiter die Hälfte der Erwerbstätigen in Deutschland. Die Arbeiter und Arbeiterinnen in der Industrie bildeten nach ihrer Herkunft und Ausbildung keine einheitliche Gruppe. Da gab es zunächst die gelernten Arbeiter. Sie hatten entweder ein Handwerk bei einem Handwerksmeister oder in der Fabrik einen Beruf wie Schlosser oder Dreher oder Stahlkocher gelernt. Die ungelernten Arbeiter besaßen keine Berufsausbildung. Oft hatten sie vorher als Tagelöhner in der Landwirtschaft gearbeitet. Neben den ungelernten und den gelernten Arbeitern entstand im Laufe der Industrialisierung die Gruppe der angelernten Arbeiter. Zu ihnen zählten die meist weiblichen Arbeitskräfte im Textilgewerbe, die besonders schlecht bezahlt wurden. Trotz dieser Unterschiede hatten alle Arbeiter eines gemeinsam: Sie besaßen zunächst nichts weiter als ihre Arbeitskraft, die sie gegen Lohn dem Fabrikherrn zur Ver-

Kapitalisten, Angestellte und Proletarier

2 **Arbeiter der AEG.** Foto, um 1900.

fügung stellten. „Proletarier*" wurde zur geläufigen Bezeichnung für diese Menschen. Auch die Arbeiter selbst entwickelten allmählich das Bewusstsein, aufgrund des gemeinsamen Schicksals als Klasse* zusammenzugehören.

2 *Tragt die Merkmale der verschiedenen Arbeitergruppen zusammen. Erkundet, ob es diese Unterscheidung auch heute noch gibt.*

Mit Anzug und weißem Hemd – die Angestellten

In jeder größeren Fabrik fiel Verwaltungsarbeit an, die von Buchhaltern, Schreibern und Kassierern erledigt wurde. Und für die Produktion brauchte man neben Arbeitern auch Ingenieure, Werkmeister und Zeichner. Sie alle wurden „Angestellte" genannt. Ihre hervorgehobene Stellung konnte man schon an ihrer Kleidung – Anzug und weißes Hemd – ablesen. Gegenüber den Arbeitern und Arbeiterinnen genossen die Angestellten Vergünstigungen, wie z. B. kürzere Arbeitszeiten, bezahlten Urlaub oder Gewinnbeteiligungen.

3 *Beschreibt mithilfe der Abbildungen 1–3 die Merkmale und die Unterschiede der neuen Schichten.*

3 **Angestellte.** Foto, um 1906.

Proletarier*:
Angehörige des ▶ Proletariats, jener gesellschaftlichen Gruppe, die nichts außer ihrer Arbeitskraft besaß.

Klasse*:
Bezeichnung für die Angehörigen einer Gruppe mit gleichen wirtschaftlichen Verhältnissen, insbesondere in Bezug auf den Besitz von Produktionsmitteln (Fabriken, Maschinen etc.).

Die Welt der Fabrik

1 Französische Karikatur über die Industriearbeit. Um 1910.

Der Fabrikant als Herr im Haus
Früher hatte ein Handwerker sein Produkt völlig selbstständig hergestellt. In der Fabrik hingegen mussten die Arbeiter bei der Herstellung eines Produktes ▶arbeitsteilig* zusammenwirken und oft nur wenige oder sogar nur einen einzigen Handgriff ausführen. Anders als z. B. in den kleinen Handwerksbetrieben bestimmten jetzt die Maschinen den Arbeitsablauf. Wurden sie frühmorgens angestellt, mussten alle Arbeiter an ihrem Arbeitsplatz sein. Kontrolliert wurde die Arbeitszeit beim Pförtner, bei dem alle Arbeiter eine Marke abzugeben hatten. Um die Arbeiter und Arbeiterinnen an die neuen Arbeitsbedingungen zu gewöhnen, erließen die Fabrikbesitzer strenge Fabrikordnungen, die z. T. drastische Strafen enthielten. Deshalb richteten sich vielerorts die ersten Aktionen der Industriearbeiter gegen die Einführung von Fabrikordnungen. Selbst Teile des Bürgertums fanden sie erniedrigend. Unter Androhung erheblicher Lohnkürzungen war z. B. „unnötiges Herumlaufen" verboten. Bei Widerspruch gegen die Anordnungen des Meisters drohte den Arbeitern die fristlose Entlassung.

1 *Beschreibt die Karikatur. Überlegt, was der Zeichner mit dieser Darstellung von industrieller Arbeit aussagen wollte.*

▶ arbeitsteilig*/ Arbeitsteilung:
Der Begriff meint hier das Zerlegen des Herstellungsprozesses in Teilschritte, die dann jeweils von einzelnen Arbeitern ausgeführt werden. So kann es zu einer Beschränkung auf bestimmte Handgriffe kommen. Da ein einzelner Arbeiter nicht mehr den ganzen Herstellungsprozess, sondern nur einen kleinen Ausschnitt kennen lernt, sehen Kritiker die arbeitsteilige Produktion als Ursache für die Entfremdung der Arbeiter von ihren Produkten.

„Knechte der Maschine"
„Hunderte von Essen tragenden Arbeiterfrauen und Kindern durcheilten täglich kurz vor zwölf die Straße Richtung Fabrik, um pünktlich bei dem harrenden hungrigen Gatten und Vater oder der Mutter zu sein", schrieb der Pastor Göhre in Erinnerung an seine Chemnitzer Fabrikzeit. Arbeiteten die Frauen selbst in der Fabrik, mussten belegte Brote das warme Essen ersetzen, das meist in der Fabrikhalle in den Pausen zwischendurch eingenommen wurde. Die Licht- und Luftverhältnisse in den schmutzigen und engen Fabrikhallen waren schlecht. Von allen Seiten dröhnte der Maschinenlärm und die Arbeiter konnten sich oft nur schreiend verständigen. Die Zahl der Unfälle in den Fabriken war hoch. Überall gab es offene Getriebe oder frei laufende Treibriemen, aber kaum eine der Maschinen hatte Schutzschilde oder Sicherheitsbremsen.
Einen eindrücklichen Bericht von den Arbeitsbedingungen gibt Ernst Abbe, der Mitinhaber der Zeiss-Werke in Jena. Er erzählt von seinem Vater aus der Zeit um 1850:

Q … Die Arbeitszeit währte 14 bis 16 Stunden. Mittagspause gab es nicht. An eine Maschine gelehnt oder auf eine Kiste gekauert, verzehrte mein Vater sein Mittag-

Die Welt der Fabrik

2 **Mittag bei der Firma Borsig.** Gemälde, um 1911.

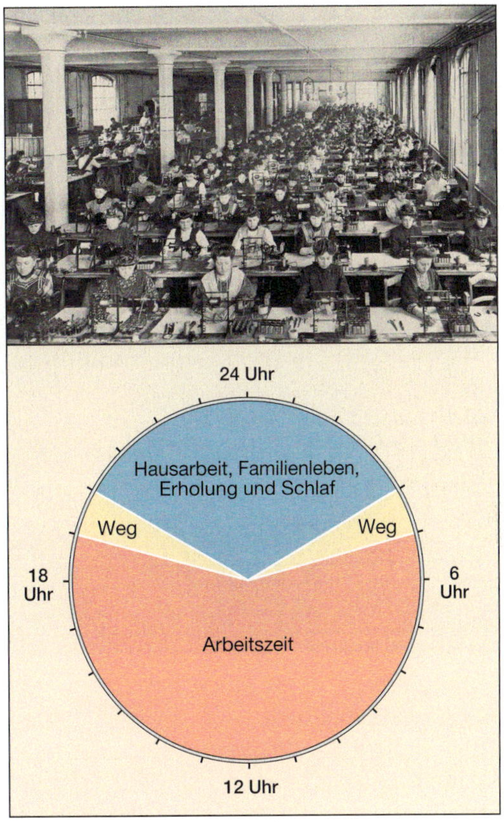

3 **Tagesablauf eines Arbeiters.**

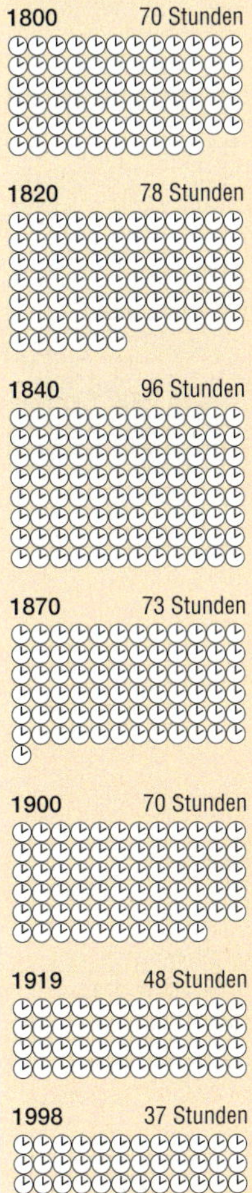

Entwicklung der durchschnittlichen Wochenarbeitszeit (ungefähr) in Deutschland.

essen aus dem Henkeltopf mit aller Hast, um mir dann den Topf geleert zurückzugeben und sofort wieder an die Arbeit zu gehen. Mein Vater war eine Hünengestalt von unerschöpflicher Robustheit, aber mit 48 Jahren in Haltung und Aussehen ein Greis, seine weniger starken Kollegen waren aber mit 38 Jahren Greise. …

Kein Auskommen mit dem Einkommen

Von den Fabrikherren wurden die Arbeiter wie Werkzeuge, menschliche Maschinen, behandelt: Sie waren dazu da, Gewinn zu erwirtschaften und das Kapital der Fabrikherren zu mehren. Entsprechend gering fiel der Lohn der Arbeiter aus: Trotz der langen Arbeitszeiten reichte er häufig kaum aus, um die Familien vor dem Verhungern zu bewahren. Denn da sehr viele Menschen Arbeit suchten, konnten es sich die Unternehmer leisten, sehr niedrige Löhne zu zahlen.

In einem Bericht aus unserer Zeit heißt es über die soziale Situation um 1850:

M … Die sozialen Gegensätze in der Stadt prägten sich immer krasser aus. Vor allem verschlechterte sich die Lebenslage der Arbeiter, die durch einen vierzehn- bis sechzehnstündigen Arbeitstag bei unzureichenden Löhnen charakterisiert war. Selbsthilfeorganisationen und Wohltätigkeitsvereine vermochten der Not breiter Bevölkerungsschichten nur partiell zu begegnen …

Frauen und Kinder mussten in den meisten Familien mitarbeiten, um die Existenz zu sichern.

2 *Seht euch die Abbildung 3 an. – Was hat sich im Vergleich dazu bis heute geändert? Zeichnet ein eigenes Schema mit euren Arbeits- und Freizeiten.*

Kinder arbeiten in der Fabrik und im Bergbau

***Kinderarbeit** in einer Baumwollspinnerei. Foto, 1910.*

1 **Kinderarbeit in einem Steinkohlenbergwerk.** Kinder wurden in den engen Bergwerksschächten eingesetzt, um die geförderte Kohle in Wagen zu den Schächten zu transportieren. Oft mussten sie diese schwere Tätigkeit sogar kriechend ausüben. Wegen des Kohlestaubs erlitten viele Kinder schwere Lungenkrankheiten. – In den Spinnereien wurden Kinder vor allem zum Flicken der gerissenen Fäden benötigt: Sie waren klein und wendig genug, um unter die Maschinen zu kriechen. Diese Arbeit war vor allem deshalb gefährlich, weil die schnell rotierenden Maschinen nicht gestoppt wurden. Lithografie aus England, 1884.

Billige Arbeitskräfte

Besonders in der Textilindustrie, aber auch im Bergbau arbeiteten Kinder, teilweise schon ab dem sechsten Lebensjahr. Für die Unternehmer waren Kinder und Jugendliche vor allem billige Arbeitskräfte. In einem Bericht über das Leben eines Fabrikkindes von 1853 heißt es:

Q1 … Jetzt (im Winter) kommt wieder die Zeit, wo jener arme Junge früh um 4, um 5 Uhr von dem Lager sich erheben und eine Stunde weit durch nasskaltes Gestöber in seine Fabrik eilen muss. Dort mit kurzer Rast für ein karges Mahl ist er beschäftigt den ganzen, ganzen langen Tag. Er arbeitet an einer Maschine, welche, Wellen von Staub aufjagend, mit rasenden Schlägen die Baumwolle zerklopft, auflockert. … Den ganzen langen, lieben Tag muss unser Junge in dieser mit dichtem Staub erfüllten Atmosphäre ausharren, sie einatmen, dieses bis in die Nacht hinein, bis 9–10 Uhr abends. Dann endlich heißt es „Stopp“ und er eilt seine Stunde Weges nach Hause …

1 *Lest Q1 und stellt fest, wie lange der Junge täglich von zu Hause weg ist.*

Aus einem Gedicht von Thomas Scherr über Kinderarbeit um 1850:

Noch zählte ich acht Sommer kaum,
Musst' ich verdienen gehn',
Musst' dort in dem Maschinenhaus
Stets auf die Spindeln sehn',
Stand da gebannet Jahr und Tag,
Und Tag und Nächte gleich:
Drum welkten mir die Lippen blau
Und meine Wangen bleich.

Die Kinderarbeit wird eingeschränkt

In der Textilproduktion war der Anteil der Kinder unter den Lohnarbeitern besonders hoch. So arbeiteten im Jahr 1840 z. B. in der Chemnitzer Textilindustrie 7213 Arbeitskräfte, darunter 1516 Kinder. Über die Folgen der damaligen Kinderarbeit heißt es in einer heutigen historischen Darstellung:

M … Eine Folge der Kinderarbeit zeigte sich bei den jährlichen Musterungen der Militärdienstpflichtigen. Während von den sächsischen männlichen Dorfbewohnern 19,28 % wegen „allgemeiner Schwächlichkeit“ nicht gezogen wurden, betraf das in Chemnitz 27,19 %. So waren es Militärärzte und Generäle, die auf ein Verbot der Kinderarbeit drängten. …

Gegen eine Einschränkung der Kinderarbeit wehrten sich hingegen die Fabrikanten. Nur durch die billige Arbeit der Kinder könnten sie mit ihren Waren auf dem Weltmarkt konkurrenzfähig bleiben. So dauerte es z. B. in Sachsen bis 1861, ehe die Regierung die Kinderarbeit gesetzlich einschränkte. Hinzu kam, dass durch die Vervollkommnung der Maschinen die Menge

Mutter – Hausfrau – Arbeiterin

2 **Arbeiterfamilie in ihrer Berliner Wohnung.** Der Mann und das älteste Mädchen (14 Jahre) fehlen auf dieser Aufnahme. Die Großmutter ist anwesend. Foto, 1907.

der einfachen Hilfsarbeiten in den Fabriken geringer wurde.

2 *Spielt ein Gespräch zwischen einem Fabrikanten und einem Regierungsvertreter über Pläne zur Einschränkung der Kinderarbeit.*

Die Doppelbelastung der Frauen

Nur wenige Arbeiterfrauen konnten sich ausschließlich dem Haushalt und ihren Kindern widmen. Durch das geringe Einkommen ihrer Männer wurden sie zur Heim- oder Fabrikarbeit gezwungen.

So heißt es in einem Bericht der Gewerbeaufsicht aus dem Jahr 1899 über den Tagesablauf einer verheirateten Fabrikarbeiterin:

Q2 ... Je nach der Entfernung der Wohnung von der Fabrik, nach dem Beginn der Fabrikarbeit und je nach dem Arbeitsbeginn des Mannes steht die Frau um 3 1/2, 4, 4 1/2 oder 5 Uhr auf ... Dann wird das Frühstück zubereitet ..., das abends schon vorbereitete und angekochte Essen aufs Feuer gebracht ... und in Blechtöpfe gefüllt ... Die Kinder werden dann angekleidet, zur Schule geschickt oder zur Hütefrau oder Kinderkrippe gebracht. Von da geht es zur Fabrik ... Es gibt viele Arbeiterinnen, die täglich zehn bis zwölf Kilometer zu Fuß zur Fabrik zurücklegen müssen. Ist die Entfernung zur Fabrik nicht so weit, eilt sie in der Mittagspause im Schnellschritt heim, macht Feuer, setzt die in Scheiben geschnittenen Kartoffeln auf, wärmt das vorher fertig gestellte Essen auf und isst mit den Angehörigen ... Abends dasselbe, Abendessen, Schularbeiten der Kinder, Flicken und Waschen der Kleider und Wäsche. Vorbereitung des Essens für den anderen Tag. Vor 9 Uhr abends endet der Arbeitstag nie, vor 10 Uhr selten und oft erst nach 11 Uhr ...

3 *Listet die Tätigkeiten der Fabrikarbeiterin in Q2 auf und nehmt zu ihrer Belastung Stellung.*

4 *Beschreibt die Küche auf der Abbildung 3. Vergleicht mit der Ausstattung heutiger Küchen.*

Gleicher Lohn für gleiche Arbeit?
Bei gleicher Arbeit erhielten die Fabrikarbeiterinnen einen geringeren Lohn als die Männer. In einer Baumwollspinnerei wurden z. B. 1888 folgende Schichtlöhne gezahlt:

gelernter Arbeiter 1,34 Mark

ungelernter Arbeiter 1,09 Mark

eine Arbeiterin 0,63 Mark

Die Industrialisierung schafft soziale Probleme

Über ein Elendsviertel im englischen Manchester schrieb der Ingenieur Max Eydt 1861:

... Nirgends in England habe ich bis jetzt eine so bleiche, kranke, von Elend und Unglück angefressene Bevölkerung gesehen, wie sie hier aus den niederen, rauchigen Häusern herausgrinst oder auf den engen, staubigen Gassen der ärmeren Viertel herumliegt ... ! Töricht wäre es trotzdem, der Industrie einen Vorwurf daraus zu machen. Sie ist und bleibt das einzige Mittel, die 500 000 Menschen hier ... auch nur auf dieser Stufe des Lebens zu erhalten. Nicht die Industrie hat das Hässliche geschaffen, das ihr anhaftet. ...

1 **Häuser mit separaten Kellerwohnungen in Merthyr Tydfil/Wales.** Zeitgenössische Zeichnung.

Wohnen

In den wachsenden Industriestädten fehlten Wohnungen für die vielen Menschen, die im Zuge der Landflucht in die Städte zogen. Überall herrschte große Wohnungsnot. Oft war die Wohnungsmiete für die geringen Arbeiterlöhne zu hoch. So drängten sich die Arbeiterfamilien in die kleinsten, billigsten und dazu noch schlecht gebauten Wohnungen. Eine Familie mit sieben bis neun Personen musste oft in zwei kleinen Zimmern leben.

Im Ruhrgebiet konnten die von den Zechengesellschaften gebauten, meist zweistöckigen Arbeiterwohnhäuser nicht alle Familien aufnehmen. Viele mussten in „Mietskasernen" wohnen. Die Wohnküche war häufig der einzige heizbare Raum.

Das Mobiliar einer Arbeiterwohnung bestand im Allgemeinen aus einem Herd, einfachem Geschirr, einem großen Tisch, vier Stühlen, einem Schrank und zwei bis drei Betten. Selten hatte ein Familienmitglied ein Bett für sich allein. Zwei oder drei Kinder mussten sich ein Bett teilen. Das jüngste Kind schlief bei den Eltern.

Wie die Wohnsituation war, beschreibt die Arbeiterin Adelheid Popp (1869–1939):

Q Auch mein jüngerer Bruder kam wieder zu uns und brachte einen Arbeitskollegen mit. Sein Bett teilte er mit ihm. So waren wir vier Personen in einem kleinen Raum, der nicht einmal ein Fenster hatte, sondern das Licht nur durch die Fensterscheiben erhielt, die sich in der Tür befanden. Als einmal ein bekanntes Dienstmädchen stellenlos wurde, kam es auch zu uns und schlief bei meiner Mutter im Bett. Ich musste zu ihren Füßen liegen und meine eigenen Füße auf einen angeschobenen Stuhl lehnen.

1 *Beschreibt die Wohnungsnot.*

2 *Vergleicht das Mobiliar mit heutigen Wohnungseinrichtungen.*

3 *Zeichnet einen Grundriss eurer Wohnung und vergleicht.*

4 *Nimm Stellung zu dem Bericht in der Randspalte links.*

Familienleben

Das Leben der Arbeiterfamilien litt besonders unter der Enge der Wohnungen. Die Familienmitglieder konnten kaum einmal

Die Industrialisierung schafft soziale Probleme

2 **Mietskasernen um 1900.** Foto.

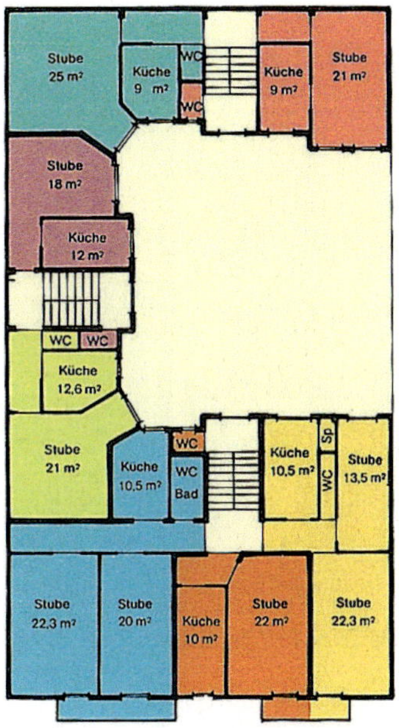

3 **Grundriss einer Berliner Mietskaserne, um 1905.**

einen Augenblick für sich sein. Um die Kosten für die Miete und die Nahrungsmittel aufzubringen, mussten alle mitarbeiten. Wenn die Kinder noch zu klein waren, konnte die Mutter nicht mitarbeiten. Dann fehlte das Geld für die Miete, denn an den Nahrungsmitteln konnte kaum noch eingespart werden.

In dieser Not vermietete die Familie ein Bett oder einen Teil des Bettes an einen allein stehenden jungen Mann, der sich keine eigene Wohnung leisten konnte oder wollte. Diese Personen wurden „Schlafgänger" genannt. In den Textilindustriezentren gab es auch weibliche Schlafgänger. In einem Zimmer wurden oft drei oder vier von ihnen untergebracht. Um 1900 hatte im Ruhrgebiet jeder zweite Haushalt mindestens einen Schlafgänger. Bis 1914 waren es etwa 80 000.

Die von den Zechen angebotenen Schlafhäuser waren bei den allein Stehenden nicht sehr beliebt. Sie wollten lieber einen „Familienanschluss". Das Zusammenleben so vieler Personen auf engstem Raum führte oft zu Streit. Wurde dann der Familienvater noch arbeitslos, war auch die Ernährung der Familie nicht mehr gesichert. Wenn Arbeitslose dann in Alkoholabhängigkeit gerieten, brachten sie ihre Familie in größte Not.

5 *Stellt die Vor- und Nachteile des Schlafgängerwesens für den Schlafgänger beziehungsweise für die aufnehmende Familie fest. Denkt auch an die Arbeit der Frau in der Familie.*

6 *Vergleicht das Familienleben um 1900 und heute.*

7 *Listet auf, welche notwendigen Ausgaben in der Tabelle nicht berücksichtigt worden sind.*

Regelmäßige wöchentliche Ausgaben einer allein stehenden Textilarbeiterin (1885)	
Miete für eine Schlafstelle in einem Dreibettzimmer	1,00 Mark
Frühstück und Abendessen von der Quartierfrau	2,25 Mark
Mittagstisch in der Volksküche	1,75 Mark
Krankenkasse	0,15 Mark
	5,15 Mark

Der Wochenlohn in der Spinnerei betrug 6 Mark. Als Spulerin hätte sie nur 3 Mark je Woche erhalten.

Wer löst die soziale Frage?

1 **Werkstatt des Rauhen Hauses, das 1823 gegründet wurde.** Zeitgenössische Darstellung, 1845.

Die Kirche greift ein

Angesichts der Armut, in der viele Arbeiterfamilien leben mussten, stellte sich die Frage: Was muss geschehen, um die menschenunwürdigen Lebensverhältnisse zu beseitigen? Auf diese Frage, die man als ▶soziale Frage* bezeichnete, fand man im 19. Jahrhundert ganz unterschiedliche Antworten.

Schon in der ersten Hälfte des Jahrhunderts setzten sich evangelische und katholische Geistliche mit diesem Problem auseinander. Der katholische Kaplan Adolf Kolping etwa gründete seit 1845 Gesellenvereine, die so genannten „Kolpinghäuser", in denen wandernde Handwerksgesellen Unterkunft und Verpflegung fanden. Und bereits 1833 hatte der Protestant Heinrich Wichern (1808 bis 1881) in Hamburg das „Rauhe Haus" eröffnet, in das er verwaiste und obdachlose Kinder aufnahm. Als 1848 der erste „Deutsche Evangelische Kirchentag" stattfand, sagte er in einer Ansprache:

Q1 ... Ihr Männer der Kirche, denkt auch an die Not der Menschen außerhalb der Kirchenmauern! Überall, wo die Armen vor Not keine Kraft mehr haben, die Botschaft Christi zu hören, da müsst ihr eingreifen. Alles Predigen wird nichts helfen, wenn nicht zugleich für das leibliche Wohl unserer Brüder gesorgt wird. ...

Der Katholik Wilhelm Emmanuel von Ketteler (1811–1877), seit 1850 Bischof von Mainz, vertrat in mehreren Schriften die Überzeugung, dass die Arbeiter das Recht hätten, sich ihren gerechten Lohn zu erkämpfen, wenn die Gesellschaft ihnen diese Voraussetzung für eine menschenwürdige Existenz nicht gewähre. Arbeiter und Unternehmer, so Ketterer, seien Teile einer gottgewollten Gesellschaft, deren Ordnung der Staat zu sichern habe.

Auch Papst Leo XIII. setzte sich für die Sache der Arbeiter ein, als er in einem 1891 veröffentlichten päpstlichen Rundschreiben, einer so genannten Enzyklika, formulierte:

Q2 ... Unehrenhaft und unmenschlich ist es, Menschen wie eine Ware nur zum eigenen Gewinn auszubeuten ... Zu den wichtigsten Pflichten der Arbeitsherren gehört es, jedem das Seine zu geben ... Dem Arbeiter den verdienten Lohn vorzuenthalten, ist ein großes Verbrechen, das um Rache zum Himmel ruft. ...

1 *Überlegt, wie Unternehmer und Arbeiter auf die Umschreibung „jedem das Seine" in dem päpstlichen Rundschreiben reagieren könnten.*

▶soziale Frage*: *Bezeichnung für die Notlage und die ungelösten sozialen Probleme der Arbeiter im 19. Jahrhundert, die mit der Industrialisierung entstanden waren. Dazu zählten z. B. das Wohnungselend, unzumutbare Arbeitsbedingungen, Verelendung aufgrund niedriger Löhne und hoher Arbeitslosigkeit.*

Lösungsversuche von Kirchen und Unternehmern

2 **Arbeiterwohnungen der Burbacher Hütte in Saarbrücken-Burbach.** Foto, 1905.

Sozialpolitik von Unternehmern
Der saarländische Großindustrielle Carl F. von Stumm (1836–1901) führte in seinen Eisen- und Stahlunternehmen soziale Verbesserungen ein, wie Schulen für jüngere Kinder, Betriebswohnungen mit niedrigen Mieten, ärztliche Betreuung und eine Kranken-, Alters- sowie Witwen- und Waisenversorgung. Sein Verhalten gegenüber seinen Beschäftigten war patriarchalisch*. Er nahm auf Heiratsabsichten und Schuldenaufnahme seiner Beschäftigten Einfluss und ließ das Privatleben der Arbeiter und ihrer Familien kontrollieren.
Seinen Arbeitern sagte er 1889:

Q3 … Es wird vielfach behauptet, eine Analogie* zwischen den Betrieben und der Armee bestehe nicht. Ich behaupte das Gegenteil. … In beiden Fällen ist, wenn Erfolge erzielt werden sollen, die Disziplin eine ganz unvermeidliche Voraussetzung. … Wenn ein Fabrikunternehmen gedeihen soll, so muss es militärisch, nicht parlamentarisch organisiert sein. … Wie der Soldatenstand alle Angehörigen des Heeres vom Feldmarschall bis zum jüngsten Rekruten umfasst und alle gemeinsam gegen den Feind ziehen, wenn ihr König ruft, so stehen die Angehörigen des Neunkircher Werkes wie ein Mann zusammen, wenn es gilt, die Konkurrenz sowohl wie die finsteren Mächte des Umsturzes [Stumm meint hier die Sozialdemokratie im Kaiserreich, Seite 92] zu bekämpfen. Bleiben wir siegreich, so ist dies zu unser aller Nutzen; unterliegen wir, so haben wir alle den Schaden davon, und ihr sicherlich weit mehr noch als ich …

Andere Unternehmer meinten, dass in einer nach Demokratie strebenden Gesellschaft dieser Standpunkt nicht mehr aufrechterhalten werden könne. Solche Unternehmer bildeten jedoch nur eine kleine Minderheit. Zu ihr gehörte der Mitbegründer der Jenaer Zeiss-Werke*, Ernst Abbe (1840–1905), Sohn eines Spinnereiarbeiters. Durch die Gründung der „Carl-Zeiss-Stiftung" (1891) konnte er seine sozialpolitischen Pläne verwirklichen. Zu ihnen gehörten:
- eine Gewinnbeteiligung für die Arbeiterschaft,
- bezahlter Urlaub und Weihnachtsgeld,
- umfassender Kündigungsschutz mit der Möglichkeit einer Einstellung auf Lebenszeit,
- Achtstundentag (ab 1900),
- Krankenversicherung in einer Betriebskrankenkasse und Anspruch auf Rente,
- keine Benachteiligung der Beschäftigten aus politischen oder religiösen Gründen.

2 *Findet Argumente für und gegen die Art, wie Stumm „seine" Arbeiter behandelte.*

patriarchalisch* *(= zum Patriarchen gehörig): Die Betroffenen müssen sich dem Patriarchen („Vater") unterordnen. Er fordert Gehorsam, übernimmt aber auch Schutz und Fürsorge (Patriarchat).*

Analogie*: *Entsprechung, Gleichsetzung.*

Zeiss-Werke*: *1846 von Carl Zeiss gegründete Werkstätte für optische Präzisionsgeräte, z. B. Mikroskope.*

Streik und sozialer Protest

1 **Arbeiter beim Fabrikanten.** Gemälde von Stanislaw Lenz, 1895.

Solidarität*: *Eintreten füreinander, Zusammenhalt.*

▶ Gewerkschaften*: *Nachdem Arbeiter in England bereits ab 1811 Fabriken gestürmt und Maschinen zerstört hatten, um die vermeintliche Ursache ihrer Notlage zu treffen, kam es Mitte des 19. Jahrhunderts zu Zusammenschlüssen von Arbeitern in Gewerkschaften. Sie forderten bessere Arbeitsbedingungen und höhere Löhne. Wichtigstes Druckmittel der Gewerkschaften war der Streik, d. h. die zeitweise Niederlegung der Arbeit. Die ersten Gewerkschaften in Deutschland waren die der Tabakarbeiter (1865) und die der Buchdrucker (1866).*

Alle Räder stehen still ...

1 *Beschreibt die Abbildungen 1 und 2. Achtet auf Bekleidung und Körperhaltung der Personen.*

2 *Vermutet, was die Arbeiter sagen könnten.*

3 *Diskutiert, welche Möglichkeiten die Arbeiter damals hatten, um ihre Forderungen gegenüber dem Fabrikanten durchzusetzen.*

Die Maßnahmen von Unternehmern und Kirchen reichten nicht aus, um die Notlage der Arbeiter entscheidend zu verbessern. Deshalb kam es immer wieder zu Streiks. Mit den Arbeitsniederlegungen versuchten die Arbeiter, ihre Forderungen gegenüber den Unternehmern durchzusetzen. Die Streiks richteten sich vor allem gegen zu lange Arbeitszeiten, zu starke Belastung durch die Maschinenarbeit, zu niedrige Löhne und zu strenge Befehlsgewalt durch die Fabrikherren. Die Streiks zeigten den Arbeitern, dass sie nur zusammen stark genug waren, um ihre Forderungen zu verwirklichen. Solidarität* war die Grundvoraussetzung für die Verbesserung ihrer Lebensbedingungen. Schon 1824 schlossen sich deshalb Arbeiter in England zu „Trade Unions", in Deutschland „▶ Gewerkschaften"* genannt, zusammen, um gemeinsam für bessere Arbeitsbedingungen zu kämpfen. Obwohl die Gewerkschaften schon 1825 in Großbritannien zugelassen wurden, mussten viele Gewerkschaftsführer um ihr Leben fürchten. Noch 1834 verbannte man acht Landarbeiter aus der englischen Grafschaft Dorset wegen Gewerkschaftsgründung nach Australien.

4 *Betrachtet die Abbildung 4. Erläutert, was mit dem Text gemeint ist.*

Die Gewerkschaften

Auch in Deutschland entstanden ab 1848 Gewerkschaften, in denen die Arbeiter Erfahrungen austauschten und gemeinsame Aktionen vorbereiteten. Sie forderten vor allem

- höhere Löhne,
- Beschränkung der täglichen Arbeitszeit auf zehn Stunden, bei Schwerarbeit auf acht Stunden,
- Schutz bei Krankheit, Unfall oder Arbeitslosigkeit.

Außerdem richteten die Gewerkschaften Streikkassen ein, aus denen Arbeiter und Familien bei längerfristigen Streiks unterstützt wurden. Derartige Zusammenschlüsse wurden in einzelnen deutschen Staaten erst ab 1861 zugelassen, in ganz Deutschland erst im Jahre 1872. Ein Arbeiter erinnerte sich an die Schwierigkeiten, die mit

Die Proletarier organisieren sich

2 Ein Streik bricht aus. Gemälde von Robert Köhler, 1886.

der Gründung seines Gewerkschaftsvereins verbunden waren:

Q … Mein Plan, einen Fachverein für meinen Beruf zu gründen, war schneller gedacht als ausgeführt. Die Polizei witterte hinter jeder Arbeitervereinigung revolutionäre Verbindungen. Auch war es nicht so einfach, meine Formerkollegen für den Plan zu begeistern; die Furcht vor Entlassung hielt viele zurück. Im Laufe der Jahre gelang es aber, eine Anzahl tüchtiger und treuer Kollegen zu gewinnen. … Um die Statuten unseres Vereins von der Polizei genehmigt zu erhalten, musste alles vermieden werden, was bei den Behörden Anstoß erregen konnte. Von Streik oder Lohnbewegung durfte im Statut nicht die Rede sein. Deshalb hieß es: „Der Zweck des Vereins ist, die Ehre und das Interesse der Former und verwandter Berufsgenossen zu wahren." …

3 Titelblatt aus der Maifestnummer des „Süddeutschen Postillons" aus dem Jahr 1894. Ursprünglich als einmaliger Kampftag für den Achtstundentag geplant, hatte sich seit 1890 der 1. Mai international als „Tag der Arbeit" durchgesetzt. Von den Gewerkschaften wird der 1. Mai als Kampftag gegen Missstände in der Arbeitswelt genutzt.

5 *Beschreibt die Schwierigkeiten der Arbeiter, die sich in Gewerkschaften organisierten.*

6 *Nennt die Ziele der Gewerkschaften damals.*

7 *Erkundigt euch, welche Gewerkschaften es heute gibt und wofür sie sich einsetzen.*

Mann der Arbeit, aufgewacht!
Und erkenne deine Macht!
Alle Räder stehen still,
Wenn dein starker Arm es will.

*Text auf einer **Postkarte** der Gewerkschaften. Um 1910.*

Zahl der Arbeitskämpfe im Deutschen Reich:

1848: *49 Arbeitskämpfe*

1869: *152 Arbeitskämpfe*

1871: *158 Arbeitskämpfe*

1872: *352 Arbeitskämpfe*

1881: *15 Arbeitskämpfe*

1884: *60 Arbeitskämpfe*

1890: *390 Arbeitskämpfe*

1891: *226 Arbeitskämpfe*

Auf dem Weg zur Arbeiterpartei

1 **Postkarte zum Wahlrecht.** Um 1912.

1875:
Gründung der „Sozialistischen Arbeiterpartei Deutschlands", die ab 1890 „Sozialdemokratische Partei Deutschlands" hieß.

Eine ähnliche Bewegung hatte in England eingesetzt, wo es im Jahr 1900 zur Gründung der „Labour Party" („Arbeiterpartei") kam.

Produktionsmittel*:
Güter, mit denen produziert werden kann (z. B. Maschinen).

Die Entstehung der SPD

Die Gewerkschaften wollten die Arbeitsbedingungen der Arbeiterschaft verbessern, höhere Löhne und kürzere Arbeitszeiten erreichen. Das war Ferdinand Lassalle (1825 bis 1864), einem Journalisten, zu wenig. Er gründete 1863 den Allgemeinen Deutschen Arbeiterverein (ADAV). Sein Ziel war das Wahlrecht für alle Arbeiter; diese sollten dann Abgeordnete wählen, die ihre Interessen im Parlament vertreten würden. Die Lösung der ▸sozialen Frage erwartete Lassalle also vom Staat. Außerdem forderte die Partei die Verwaltung der Fabriken durch die Arbeiter. Eine zweite Arbeiterpartei wurde 1869 in Eisenach von dem Drechslermeister August Bebel (1840–1913) und dem Zeitungsredakteur Wilhelm Liebknecht gegründet. Sie hofften zunächst auf eine Revolution. Im Jahre 1875 schlossen sich beide Parteien zur „Sozialistischen Arbeiterpartei Deutschlands" zusammen, die ab 1890 „Sozialdemokratische Partei Deutschlands" (SPD) hieß. Das Parteiprogramm der SPD enthielt unter anderem folgende Ziele:

- allgemeines Wahlrecht für alle Staatsangehörigen vom 20. Lebensjahr an,
- direkte Gesetzgebung durch das Volk,
- Verwandlung der Produktionsmittel* in gesellschaftliches Gemeingut,
- Abschaffung aller sozialen Ungleichheit,
- Verbot der Kinderarbeit und Schutzgesetze für das Leben und die Gesundheit der Arbeiter.

Die SPD wird stärkste Partei

Trotz des Verbots und der Verfolgung durch die kaiserliche Reichsregierung unter Bismarck wurde die SPD schnell zur stärksten Partei in Deutschland. Strittig blieb in der SPD jedoch bis ins 20. Jahrhundert die Frage, wie die im Parteiprogramm enthaltenen Ziele erreicht werden sollten. War es möglich, eine sozialistische Gesellschaft auf friedlichem Wege und durch Reformen durchzusetzen oder konnte dies nur durch einen revolutionären Umsturz gelingen?

1 *Nehmt aus der Sicht eines Unternehmers Stellung zu den Forderungen der SPD.*

Reform oder Revolution?

„Ein Gespenst geht um in Europa"
Im Jahr 1848 war eine Schrift mit dem Titel „Manifest der Kommunistischen Partei" erschienen. Sie begann mit den Worten:

Q1 ... Ein Gespenst geht um in Europa – das Gespenst des Kommunismus. ... Zweck der Kommunisten ist die Eroberung der politischen Macht durch das Proletariat... Die Kommunisten erklären es offen, dass ihre Zwecke nur erreicht werden können durch den gewaltsamen Umsturz aller bisherigen Gesellschaftsordnung. Mögen die herrschenden Klassen vor einer kommunistischen Revolution zittern. Die Proletarier haben nichts zu verlieren als ihre Ketten. Sie haben eine Welt zu gewinnen.
Proletarier aller Länder, vereinigt euch! ...

Verfasser des Manifestes waren Karl Marx und sein Freund Friedrich Engels (Seite 70). Sie zählten zu den schärfsten Kritikern der sozialen Missstände und hatten mit ihren Schriften großen Einfluss auf die politische Diskussion innerhalb der Arbeiterparteien. Die wirtschaftlichen und politischen Veränderungen ihrer Zeit erklärten sie 1848 wie folgt:

Q2 ... Die ganze Gesellschaft spaltet sich mehr und mehr in zwei große feindliche Lager, in zwei große einander direkt gegenüberstehende Klassen – ▶ Bourgeoisie* und Proletariat. Am Anfang kämpfen die einzelnen Arbeiter, dann die Arbeiter einer Fabrik gegen den einzelnen Bourgeois, der sie direkt ausbeutet. ... Mit der Vereinigung der Arbeiter sind der Untergang der Bourgeoisie und der Sieg des Proletariats unvermeidlich. ...

Mit dem Zusammenschluss der Arbeiterschaft zu einer machtvollen revolutionären Bewegung würde sich – so Marx – das Proletariat im ▶ Klassenkampf* von der Unterdrückung befreien, die politische Herrschaft an sich reißen und das Privateigentum an Produktionsmitteln abschaffen.

2 *Haltet fest, worin Marx und Engels die Lösung des Klassengegensatzes zwischen Bourgeoisie und Proletariat sahen.*

2 **Karl Marx (1818–1883).** Foto.

3 *Informiert euch in einem Lexikon über das Leben von Karl Marx.*

Kritik an den Lehren von Marx und Engels
Eduard Bernstein (1850–1932), führender Politiker der SPD, trat für eine Anpassung der Lehren von Marx und Engels an die veränderten Verhältnisse ein.
Im Jahre 1899 schrieb er, dass die Voraussagen von Marx und Engels nicht eingetroffen seien. Die Zahl der Besitzenden – so stellte er fest – sei nicht kleiner, sondern größer geworden. In den Industrieländern habe sich eine Entwicklung vollzogen, die so nicht voraussehbar gewesen sei:
- Es wurden Fabrikgesetze zum Schutz der Arbeiterinnen und Arbeiter erlassen,
- die Gewerkschaften könnten ungehindert für die Verwirklichung ihrer Ziele kämpfen,
- das Leben wurde allgemein eher demokratischer, d. h., auch die Arbeiter könnten in vielen Bereichen auf die politischen Entwicklungen Einfluss nehmen,
- die Bourgeoisie sei mit dieser Entwicklung weitgehend einverstanden und bekämpfte sie nicht.

Bernstein kam daher zu der Schlussfolgerung, dass die Notwendigkeit für einen großen Zusammenbruch der bisherigen Gesellschaftsordnung nicht mehr gegeben sei.

4 *Erläutert in eigenen Worten, warum Bernstein eine gewaltsame Lösung der sozialen Frage nicht mehr für notwendig hielt.*

1848:
Karl Marx und Friedrich Engels verfassen das „Manifest der Kommunistischen Partei".

▶ Bourgeoisie*
(französisch = Bürgertum): Bezeichnung für das Besitz- und Bildungsbürgertum, das im 19. Jahrhundert auch an politischem Einfluss gewann. Hierzu gehörten z. B. Unternehmer, Bankiers oder Professoren.

▶ Klassenkampf*:
Ein sich als Folge von gegensätzlichen Interessen entwickelnder Kampf der unterschiedlichen gesellschaftlichen Klassen, der Besitzlosen (Arbeiterklasse) gegen die Besitzenden (z. B. die Unternehmer, von Karl Marx als „▶ Bourgeoisie" bezeichnet). Karl Marx geht in seiner Theorie über die Entwicklung der Gesellschaften davon aus, dass der Klassenkampf unausweichlich ist und auf lange Sicht notwendig für das Erreichen einer klassenlosen Gesellschaft.

Bismarcks Politik gegen die Arbeiterbewegung

1 **„Keeping it down".** Karikatur aus der englischen Zeitschrift „Punch", 1878.

Parteistempel *während des Sozialistengesetzes, die vor allem für die Quittierung von Geldbeträgen benutzt wurden.*

1878: *Verabschiedung der Sozialistengesetze durch den Reichstag.*

Sozialisten als „vaterlandslose Gesellen"?

Bei den Reichstagswahlen stimmten immer mehr Arbeiter für die Sozialdemokratie, von der sie hofften, dass sie durch entsprechende Gesetze ihre Lage verbessern könnte. Bismarck verfolgte die Ausbreitung der Sozialisten mit wachsendem Unbehagen. Für ihn waren sie „vaterlandslose Gesellen" und Revolutionäre, die einen gewaltsamen Umsturz der Gesellschaft herbeiführen wollten. Bestätigt sah er sich durch einen Kongress der Sozialisten im Jahre 1875 in Gotha; hier forderten die Delegierten eine grundlegende Änderung der bestehenden Staats- und Gesellschaftsordnung.

Im Jahre 1878 wurden auf Kaiser Wilhelm I. zwei Attentate verübt. Bismarck beschuldigte fälschlicherweise die Sozialdemokraten, hieran beteiligt gewesen zu sein. Im Reichstag setzte er noch im gleichen Jahr das „Gesetz gegen die gemeingefährlichen Bestrebungen der Sozialdemokratie" durch. Zwar wurde die SPD als Partei nicht verboten, aber jegliche politische Betätigung wurde ihr untersagt; Veranstaltungen durften nicht mehr durchgeführt werden, Parteizeitungen nicht mehr erscheinen. Wer sich verdächtig machte, wurde innerhalb von 48 Stunden ausgewiesen.

In einem Bericht aus dem Jahre 1882 heißt es:

Q1 … Unser Genosse Julius Lewin, im Februar dieses Jahres aus Berlin ausgewiesen und erbarmungslos von Ort zu Ort gehetzt, hatte schließlich in Magdeburg Arbeit gefunden; aber auch dort wurde er von der Polizei mit raffinierter Bosheit aus der Arbeit getrieben, von Fabrik zu Fabrik gejagt, und so traf er dann endlich, nachdem er abermals dazu gezwungen war, den Wanderstab zu ergreifen, vor fünf Wochen mit siechem und gebrochenem Körper hier (in Bremen) ein. Es wurde ihm Arbeit verschafft, und obwohl er nur einen kargen Verdienst erzielte, sprach Lewin doch seine Befriedigung darüber aus, dass er jetzt doch wenigstens in der Lage sei, warme Speisen zu sich zu nehmen und sich satt essen zu können …

1 *Beschreibt die Abbildung 1. Wie sieht Bismarck nach Ansicht des Zeichners die Sozialisten?*

2 *Besprecht mithilfe des Berichts (Q1) die Folgen des Sozialistengesetzes. Überlegt, wie die Arbeiter auf die polizeilichen Maßnahmen reagiert haben könnten.*

Bismarcks Sozialgesetzgebung

Mit dem Sozialistengesetz war die Arbeiterbewegung nicht aufzuhalten. Im Untergrund organisierte sie sich weiter, oft unter großen Gefahren für ihre Mitglieder. Bismarck erkannte bald, dass er die Arbeiter nicht durch Verbote oder Polizeiaktionen für den Staat gewinnen konnte. Er entwickelte daher eine Sozialgesetzgebung, die den Arbeitern im Notfall etwas Sicherheit bieten sollte.

Über die Einführung der Rentenversicherung sagte Bismarck 1889 im Reichstag:

Q2 … Ferner erwarte ich durch das Gesetz noch eine nützliche Wirkung: Wenn wir 700 000 kleine Rentner haben, die vom Staat ihre Rente beziehen, dann werden sie

Bismarcks Politik gegen die Arbeiterbewegung

2 **Die deutsche Sozialversicherung.** Plakat, 1913.

Seit 1883:
Staatliche Sozialgesetzgebung im Deutschen Reich.

Interesse für den Staat haben. Die Leute sagen: Wenn der Staat zu Schaden geht, verliere ich meine Rente. Also werden sie den Staat als eine wichtige und wohltätige Einrichtung ansehen. …

Die Hoffnungen Bismarcks, die Arbeiter damit von ihren Forderungen nach besseren Arbeitsbedingungen, höheren Löhnen und der freien politischen Betätigung abzubringen, erfüllten sich nicht. Immer stärker forderten sie das Recht, sich in Arbeiterparteien und Vereinen zu organisieren. Im Jahre 1890 wurde das Sozialistengesetz aufgehoben.

3 *Stellt fest, warum die Sozialversicherung in Abbildung 2 als vorbildlich dargestellt wird. Vergleicht mit der Aussage der Karikatur (Abbildung 3).*

4 *Erklärt, warum sich Bismarck für die Sozialgesetze einsetzte (Q2).*

3 **Der prassende Altersrentner.** Farblithografie aus dem Wochenblatt „Der wahre Jakob". 1891.

Industrie im Museum

1 / 2 **Das Innere der Gebläsehalle der Völklinger Hütte mit den riesigen Antriebsrädern.** Fotos, 2000.

Ein Museumsbesuch

Ehemalige Fabrikgebäude aus dem 19. Jahrhundert werden immer häufiger in Industriemuseen verwandelt. Wenn ihr ein Industriemuseum besuchen wollt, solltet ihr euch vorbereiten:

- Eine Arbeitsgruppe in eurer Klasse kümmert sich um die Organisation: Wann hat das Museum geöffnet? Was kostet der Eintritt für Schulklassen? Gibt es einen Museumsplan? Müssen wir eine Führung vereinbaren? Was kostet die Führung? Gibt es Informationsmaterial? Wie kommen wir zum Museum?
- Ihr könnt in einem großen Museum nicht alles gründlich besichtigen, daher müsst ihr eine Themenauswahl treffen: Was wurde produziert? Womit wurde produziert (Maschinen, technische Einrichtungen, Erfindungen, Produkte)?
- Wenn ihr euch für ein bestimmtes Thema entschieden habt, solltet ihr für euren Besuch einen Fragebogen erarbeiten.

Wollt ihr z. B. ein ehemaliges Hüttenwerk besuchen, so könntet ihr fragen:

- Wie sah der technische Ablauf bei der Verhüttung aus?
- Wie viele Menschen haben hier gearbeitet und warum wurde die Hütte stillgelegt?
- Wie beeinflusste diese Industrieanlage das Leben der Menschen in Völklingen und Umgebung?
- Kam es während des Betriebs zu größeren Unfällen? Wenn ja, mit welchen Folgen?
- Wozu diente die Handwerkergasse? Wie wird sie heute genutzt?
- Teile des Museums werden heute auch anderweitig genutzt: Was findet hier statt? Nennt Beispiele.

Im Museum

In einem Industriemuseum mit einem Freigelände kann es manchmal problematisch sein, wenn ihr alleine durch das Gelände geht; versucht daher, am Eingang des Museums einen Gesamtüberblick zu gewinnen. Meist hängt dort auch ein Plan des Museums. Nach dem Gesamtüberblick geht es ins Detail. Versucht nicht nur, die Fragen auf eurem Erkundungsbogen zu beantworten, notiert auch unerwartete Informationen und Beobachtungen. Scheut euch nicht, Fragen zu stellen, wenn euch bei der Führung etwas unklar ist.

Die Auswertung

Zurück in der Schule, solltet ihr zunächst eure Ergebnisse zusammentragen:

- Habt ihr etwas Neues oder Spezielles über eure Heimat erfahren?
- Hat sich der Weg ins Museum eurer Meinung nach gelohnt?
- War die Vorbereitung ausreichend?
- Was würdet ihr beim nächsten Mal anders machen?

Mit den Ergebnissen könnt ihr eine Wandzeitung oder eine Fotoausstellung mit erklärenden Texten und Karten für die ganze Schule gestalten.

Zusammenfassung

Technische Neuerungen
Die Industrialisierung begann im 18. Jahrhundert in England. Technische Erfindungen wie z. B. Spinnmaschinen führten zu einem radikalen Wandel in der Textilindustrie: Wenige Menschen konnten mithilfe der neuen Maschinen jetzt schnell, preiswert und in großen Mengen Waren produzieren. Durch die Erfindung der Dampfmaschine und der Lokomotiven konnten die Waren in kurzer Zeit überallhin befördert werden. Die erste deutsche Eisenbahn fuhr 1835 von Nürnberg nach Fürth. Unter Führung Preußens hatten sich die deutschen Kleinstaaten schon ein Jahr zuvor zum Deutschen Zollverein zusammengeschlossen; d. h., es gab jetzt innerhalb des Deutschen Zollvereins keine Grenzen mehr, die den Warenverkehr behinderten.

Soziale Folgen der Industrialisierung
Mit der fortschreitenden Industrialisierung verlor die alte ständische Ordnung immer mehr an Bedeutung. An die Stelle des „Geburtsadels" trat der „Geldadel". Dazu gehörten vor allem die Unternehmer, die in ihren Fabriken oft mehrere tausend Menschen beschäftigten. Eine angesehene Stellung in der Gesellschaft besaßen auch die Angestellten, also Ingenieure, Buchhalter usw. Für die Arbeiter wurde die Bezeichnung „Proletarier" gebräuchlich. Ihre Arbeits- und Lebensbedingungen waren äußerst schlecht: Verelendung aufgrund niedriger Löhne und hoher Arbeitslosigkeit, unzumutbare Arbeitsbedingungen und menschenunwürdige Wohnverhältnisse zählten zu den ungelösten sozialen Problemen der Arbeiter.

Lösungsversuche zur ▸sozialen Frage
Angesichts des Elends, in dem Arbeiter, ihre Frauen und Kinder leben mussten, fühlten sich die Kirchen (Wichern, Kolping u. a.) und verantwortungsbewusste Unternehmer dazu aufgerufen, Verbesserungen durchzuführen.

Für eine revolutionäre Lösung der sozialen Frage setzten sich dagegen Karl Marx und Friedrich Engels ein, die 1848 das „Kommunistische Manifest" veröffentlichten. Mit der Durchführung von Streiks, der Gründung von ▸Gewerkschaften und schließlich von Arbeiterparteien durch Ferdinand Lassalle sowie August Bebel und Wilhelm Liebknecht konnten die Arbeiter ihre Situation schrittweise verbessern. Sie erreichten z. B., dass eine Rentenversicherung eingeführt wurde.

18. Jahrhundert

England wird zum Mutterland der industriellen Revolution.

Um 1830

Beginn der Industrialisierung in Mitteleuropa und Deutschland.

1848

Marx und Engels veröffentlichen das „Manifest der Kommunistischen Partei".

1875

Gründung der Sozialdemokratischen Partei Deutschlands in Gotha.

5. Der Imperialismus

1 *Versucht herauszufinden, was die Bilder mit den früheren „► Kolonien" zu tun haben könnten.*

2 *Sucht auf der Abbildung des modernen Supermarkts Produkte, die ursprünglich nicht bei uns vorkommen und aus südlichen Ländern eingeführt (importiert) werden müssen. Welche Produkte habt ihr schon probiert und wisst, wie sie schmecken?*

Schauplatz: Deutschland greift nach Kolonien

1 **„Landungsplatz einer deutschen Station am Viktoria-See.“** Kolorierter Holzstich, nach Zeichnung von Heinrich Leutemann, 1895.

Der deutsche Afrikaforscher Hans Meyer begründete um 1899, warum Deutschland Kolonien braucht:

Q1 „… eine Weltmacht [muss], wie der Name sagt, auch ein genügend großes Stück der Welt besitzen! ‚Alle unsere Kolonialartikel wie Kaffee, Tee, Tabak, Gewürze müssen wir nicht mehr von fremden Völkern kaufen‘ (Carl Peters). Erst wenn fröhliche … blonde Kinder unter Affenbrotbäumen Blindekuh spielen, während ihre Väter achtsam das Verladen von Elfenbein und Spezereien [= Gewürzwaren] durch zufrieden lachende Neger überwachen, hat unser deutscher Kolonialismus zu sich selbst gefunden. …“

1 Beschreibt die Abbildung 1 in allen Einzelheiten: Was fällt euch auf? Wie sind weiße und farbige Personen dargestellt? Welche Dinge werden beim Verladen ausgetauscht?

2 Wertet Q1 und Abbildung 2 aus und versucht, folgende Fragen zu beantworten:
- *Welche Waren oder Dinge tauchen in Texten und Bildern auf?*
- *Wie wird begründet, warum Kolonialwaren für Deutschland wichtig sind (Q1)?*
- *Vermutet, welche Wirkung die Bilder und Texte auf Kinder und Erwachsene hatten.*

3 Sucht im Atlas die genannten Gebiete. Wie heißt Deutsch-Südwestafrika heute?

▶ ***Kolonien:***
Auswärtige Besitzungen eines Staates in Übersee (z. B. von europäischen Staaten in Afrika). Aus den Kolonien werden Waren ins Mutterland geschafft, die in diesem nicht vorkommen (z. B. Öl, Kokosnüsse, Kaffee, Kakao).

▶ ***Imperialismus*** *(lateinisch „imperium“ = Befehl, Herrschaft; sinngemäß auch: Reich):*
Bezeichnung für das Streben von Großmächten nach wirtschaftlicher, politischer und militärischer Vorherrschaft und der Errichtung von Weltreichen. Darüber hinaus bezeichnet der Begriff als Epochenbegriff die Zeit zwischen 1880 und 1914.

2 **Deutsche Briefmarken um 1900.**

Entwicklungsländer mehren unseren Reichtum

Gegen Ende des 19. Jahrhunderts füllten sich die Kolonialwarenläden mit den duftenden, fremdartigen Erzeugnissen aus Übersee. Das Unbekannte, der neue Geschmack, die abenteuerliche Beschaffung – das alles schuf Interesse und zog die Käufer an. Für die Händler war damit ein gutes Geschäft zu machen.
An Kakao, Tee, Kaffee und Südfrüchte haben wir uns inzwischen gewöhnt. Was spielt also heute in den Handelsbeziehungen zu fernen Ländern eine Rolle? Womit ist heute ein gutes Geschäft zu machen?
Bis auf einige Rohstoffe sind es heute meist die billigen Löhne, zu denen Menschen in den Entwicklungsländern arbeiten können oder müssen. So liegen z. B. die Tageslöhne von Textilarbeiterinnen in Lateinamerika bei etwa 3,40 Euro. Das ist oft noch nicht einmal ein Prozent des späteren Verkaufspreises. Das reicht für die Arbeiterinnen kaum zum Leben, bringt in Europa aber erhebliche Gewinne.

4 *Erstellt eine Liste mit billig produzierten Produkten aus Entwicklungsländern und erklärt, welchen Vorteil wir heute aus der Arbeit in diesen Ländern ziehen. Vergleicht mit dem 19. Jahrhundert.*

3 **Kinder schälen Cashew-Nüsse in einer Fabrikhalle in Indien.** In Asien werden nach Angaben des Internationalen Arbeitsbüros 153 Millionen Kinder unter 14 Jahren als billige Arbeitskräfte ausgebeutet. Foto, 1999.

4 **Frauen in einer Textilfabrik in Thailand bei der Herstellung von T-Shirts.** Foto, 2002.

Arbeitsbedingungen in der Textilindustrie

Der Bericht eines Mädchens:

Q2 „Bei unserer Firma gibt es etwa hundert Minderjährige. … Wir werden gezwungen, fast jeden Tag von 8 Uhr morgens bis 9 Uhr abends zu arbeiten. Wir werden angebrüllt, geschubst und manchmal auch geschlagen. … Schwangere Frauen schicken sie in die Bügelabteilung, wo sie in fürchterlicher Hitze 13 Stunden im Stehen bügeln müssen. Wenn die Frauen es nicht mehr aushalten, müssen sie aufhören. Auf diese Weise braucht die Firma keinen Mutterschutz mehr zu zahlen. Wir haben Probleme mit den Augen, Rückenschmerzen sowie Brust- und Kopfschmerzen wegen des Textilstaubs." (Wendy Diaz, 15 Jahre)

5 *Wertet die beiden Beispiele (Abbildung 4, Q2) aus und überlegt, was wir gegen die aufgezeigten Probleme tun könnten.*

Was ihr noch tun könnt:
Informationen im Internet beschaffen:
www.fairtrade.de
www.terre-des-femmes.de
www.cleanclothes.org
www.misereor.de
www.umweltbundesamt.de

Schauplatz: Deutschland greift nach den Kolonien

Nachdem die Menschen über den eigenen Bedarf hinausgehend produzieren konnten, begannen diejenigen, die die Waren – seien es Lebensmittel, Luxusgüter, Reisen oder Veranstaltungen – verkaufen wollten, zu werben. Gegen Ende des 19. Jahrhunderts rückten einerseits die „Kolonialwaren" ins Blickfeld der Werbung, andererseits wurde Werbung für einheimische Produkte nun auch mit Eindrücken oder Bildern aus den neuen ▶Kolonien gemacht. Hier einige Beispiele:

3 **Klebemarke für ein Sammelalbum.** Firmenreklame, um 1920.

1 **Reklame für „Hildebrand's Deutsche Schokolade".** Gegen Ende des 19. Jahrhunderts verbreitetes Sammelbild.

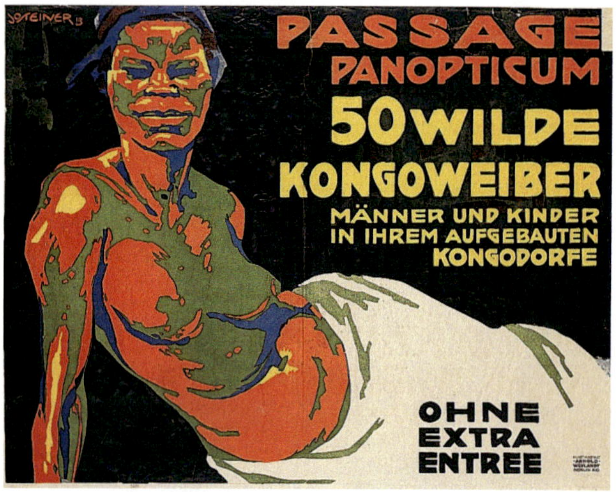

4 **Plakat zu einer der vielen so genannten „Völkerschauen" in der Passage Panopticum.** Berlin, 1913.

2 **Seifenreklame.** Zeitschriftenbild, 1885.

5 **Nähmaschinenwerbung der Firma Pfaff aus Kaiserslautern.** 1954 veröffentlichte Zeitungswerbung.

Arbeitstechnik: Werbebotschaften entschlüsseln

Werbung soll Dinge, Produkte, für mögliche Käuferinnen und Käufer begehrenswert erscheinen lassen. Das gelingt heute sicher mit anderen Inhalten als vor über hundert Jahren, nicht nur, weil sich die Produkte verändert haben und es damals noch keine Fernsehwerbung gab. Auch die Menschen haben sich verändert – in ihren Wünschen und Leitbildern, jenen Idealtypen also, an denen man sich misst und orientiert. Weil die Werbung mit Wünschen und Leitbildern der Menschen umgeht, sagt sie immer auch etwas aus über die Gesellschaft, in der sie wirken soll. Daher können aus Werbebotschaften nicht nur die vordergründig gemeinten Inhalte abgelesen werden, wie z. B.: „Kauft Schokolade!". Werbung gibt auch Auskunft über die Einstellungen der Menschen, auf die sie wirken soll. Um diese Einstellungen ermitteln zu können, helfen euch folgende Schritte:

1. Werbeträger, Produkt und Motiv beschreiben

- Klärt, welcher Art der Werbeträger ist: Wurde die Botschaft z. B. als Plakat, in der Zeitung, als Aufdruck auf Verpackungen, als Sammelbild verbreitet?
- Identifiziert das „Produkt": Wofür wird geworben?
- Beschreibt das Motiv: Was ist dargestellt?
- In welcher Technik wurde die Werbung ausgeführt: z. B. als Zeichnung oder als Foto, farbig oder schwarzweiß?

2. Auftraggeber und Botschaft ermitteln

- Findet den Auftraggeber heraus: Welche Firma, welcher Verein oder Veranstalter wirbt?
- Erläutert, welche Wünsche der Menschen durch die Werbung angesprochen werden sollen. Was wird in Bild und Text ausgesagt, unterstellt oder behauptet?

3. „Verdeckte" Botschaften und Einstellungen erkennen

- Mit welchen Mitteln und Methoden wurde gearbeitet, welche Leitbilder werden verwendet? Wird z. B. versucht, durch Text und Bild jemanden zu belehren, anzugreifen oder herabzusetzen? Wird jemand als besonders klug, sorgsam, verlässlich, gesund etc. dargestellt?

4. Die Botschaft bewerten

- Eine Bewertung sollte sich anhand der vorher bearbeiteten Schritte auf drei Gesichtspunkte beziehen:

a) Wirksamkeit:
Wie schätzt ihr die Wirksamkeit zur Zeit der Verbreitung/Veröffentlichung ein? Bezieht in eure Überlegungen auch ein, was ihr im Kapitel über die Gesellschaft des Kaiserreichs bereits über die gesellschaftlichen Werte im Deutschen erfahren habt. Überlegt, ob die Werbung heute noch wirksam sein könnte.

b) Geschmack:
Formuliert eure persönliche Meinung zu der Werbung.

c) Moral:
Was haltet ihr von der verdeckten Werbebotschaft? Formuliert eure Werturteile und diskutiert darüber in der Gruppe.

So geht es weiter ...

Die Großmächte – Konkurrenten in Europa

1 **„Humoristische Karte von Europa im Jahre 1870".** Karikatur von Arnold Neumann.

Verschärfung der Spannungen

In den letzten zwanzig Jahren des 19. Jahrhunderts verschärfte sich die Situation zwischen den europäischen Großmächten. Jede von ihnen strebte die Vorherrschaft in Europa an und versuchte, durch außenpolitisches Handeln der eigenen Bevölkerung ihre „Größe" zu demonstrieren.

1 *Bildet fünf Gruppen und lest jeweils einen Text über eine der Großmächte. Falls notwendig, klärt offene Fragen mithilfe eures Geschichtsbuches oder eines Lexikons. Erläutert schließlich den anderen Arbeitsgruppen die Position der Großmacht, über die ihr euch informiert habt.*

2 *Überlegt gemeinsam, zwischen welchen Staaten Bündnisse möglich gewesen wären.*

3 *Betrachtet Abbildung 1 und versucht, sie zu deuten. Die Arbeitsschritte zum Umgang mit Karikaturen (Seite 202) helfen dabei.*

Großbritannien

Großbritannien war das reichste Land Europas. Es verdankte seinen Reichtum der Industrie, dem Handel und den kolonialen Besitzungen. Überall in der Welt waren britische Unternehmen und Handelsgesellschaften vertreten. Gestützt auf seine Seeherrschaft, baute Großbritannien sein Imperium aus.

Im Innern entwickelte sich England zunehmend zu einer parlamentarischen ▶Monarchie. Besonders das vom Volk gewählte Unterhaus* war mächtig. Allerdings waren nur etwa 80 Prozent der Männer wahlberechtigt; Frauen waren vom Stimmrecht ausgeschlossen. Die Regierung wurde geführt von einem Premierminister, welcher von der bei den Wahlen siegreichen Partei gestellt wurde.

In der Außenpolitik war Großbritannien vor allem bestrebt, seine hervorragende Stel-

Unterhaus*:
Eine der beiden Kammern des britischen Parlaments, auch „House of Commons" genannt. Es setzt sich aus gewählten Volksvertretern zusammen. Die Vertreter der zweiten Kammer, des Oberhauses, werden ernannt und entstammten bis 1999 ausschließlich der Oberschicht.

lung abzusichern und wenn möglich, Konflikte zu vermeiden. Deshalb war es bereit, über Streitpunkte mit anderen Staaten – wie Frankreich oder Russland – Abkommen zu schließen. Dagegen war Großbritannien als führende Seemacht fest entschlossen, die Meere weiter zu beherrschen.

Frankreich

Frankreich fiel im Bereich der industriellen Produktion gegenüber Großbritannien und Deutschland eher zurück. Das Land blieb von seiner blühenden Landwirtschaft und der bäuerlichen Bevölkerung geprägt. Seit 1870 war Frankreich eine Republik. Einen Kaiser oder König gab es nicht mehr. Das Volk wählte ein Parlament, aus diesem ging die Regierung hervor.

Zur gleichen Zeit stieg Frankreich zur zweitgrößten Kolonialmacht in der Welt auf, mit Schwerpunkten in Indochina und Afrika. Im Sudan kam es zu einem Konflikt mit Großbritannien. Die meisten Franzosen fanden sich aber zudem nicht mit dem Verlust von Elsass-Lothringen an Deutschland (1871) ab und wollten es zurückgewinnen. Deshalb suchte Frankreich schließlich doch die Freundschaft Großbritanniens und Russlands.

Österreich-Ungarn

Das Kaiserreich Österreich-Ungarn bildete einen Vielvölkerstaat: Neben Österreichern und Ungarn lebten im Kaiserreich Tschechen, Slowaken, Kroaten, Slowenen, Serben, Polen und Rumänen. Unter diesen Völkern verbreitete sich immer mehr der Gedanke, nach dem Vorbild der Deutschen und der Italiener einen eigenen Nationalstaat zu gründen. Kaiser, Armee und Beamtenschaft blieben das einzige Gemeinsame in diesem „Staat auf dem absteigenden Ast“, dem die Auflösung drohte.

Als Hauptgegner sah Österreich-Ungarn Serbien und dessen Verbündeten Russland an. Russland unterstützte die Unabhängigkeitsbestrebungen der slawischen Völker und bedrohte somit die Einheit Österreich-Ungarns.

Russland

Wirtschaftliche und soziale Rückständigkeit charakterisierten Russland vor 1914. Die Industrialisierung begann erst gegen Ende des 19. Jahrhunderts, wobei die russischen Arbeiter unter menschenunwürdigen Bedingungen lebten und arbeiteten. Das Land gehörte zu zwei Dritteln den adligen Gutsbesitzern. Der Rest genügte nicht, um die wachsende Bauernbevölkerung zu ernähren.

Die Macht lag ganz beim Herrscher, dem Zaren, der allein regierte, gestützt auf Kirche, Armee und Polizei. Seit 1905 tagte zwar ein gewähltes Parlament, die Duma, doch hatte dieses keinen Einfluss auf die Macht des Zaren. Sowohl unter den Arbeitern als auch unter den Bauern wuchs die Unzufriedenheit. Um von den Problemen im eigenen Land abzulenken, strebte der Zar nach äußeren Erfolgen und versuchte, Russland in Südosteuropa und Asien weiter auszudehnen. Dort kam es zeitweise zu Konflikten mit Großbritannien, aber auch mit Japan.

Das Deutsche Reich

Deutschland befand sich in steilem wirtschaftlichen Aufschwung. Die industrielle Produktion erlangte das Übergewicht über die Landwirtschaft. Deutschland wurde immer mehr zu einem Handelsrivalen für Großbritannien.

1871 war nach dem Sieg über Frankreich feierlich in Versailles das Deutsche Kaiserreich proklamiert worden. Im Deutschen Reich wählte zwar auch das Volk ein Parlament, den Reichstag. Dieser hatte aber viel weniger Einfluss als das britische Unterhaus oder die französische „Assemblée nationale“. Die größte Macht lag beim Kaiser, der den Regierungschef – den Reichskanzler – einsetzte und dem dazu als Oberbefehlshaber Armee und Flotte direkt unterstellt waren.

Das gesellschaftliche Leben im deutschen Kaiserreich war geprägt von militärischer Disziplin und Ordnung. Militärische Führer genossen hohes Ansehen.

Wandel der deutschen Außenpolitik

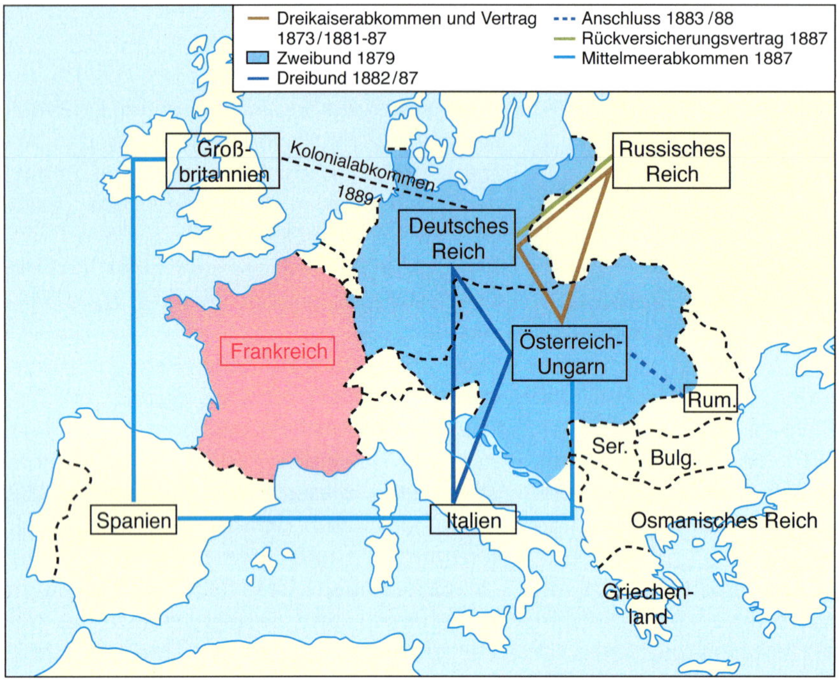

1 **Das europäische Bündnissystem zur Zeit Bismarcks.**

Bismarcks Außenpolitik

Nach der Gründung des Deutschen Reiches 1871 erklärte Reichskanzler Otto von Bismarck gegenüber allen Staaten Europas, dass Deutschland nun keine weiteren Gebietsansprüche habe und eine Politik des Friedens in Europa verfolgen wolle. Mit dem Krieg gegen Frankreich von 1871 sei die nationale Einigung Deutschlands abgeschlossen. Durch Verträge wollte er erreichen, dass der Frieden in Europa fortan erhalten bliebe. Gleichzeitig wollte er Frankreich in Europa isolieren, damit es Deutschland nicht mehr gefährlich werden könnte. Alle anderen europäischen Mächte wollte Bismarck in ein Bündnissystem mit Deutschland einbinden. Mögliche Konflikte sollten durch Verhandlungen gelöst werden. Bismarcks Politik hatte bis etwa 1890 Erfolg.

1 *Beschreibt mithilfe der Karte, mit welchen Staaten Deutschland Bündnisverträge hatte. Stellt eine Liste dieser Verträge zusammen.*

2 *Stellt Vermutungen an, mit welchen Staaten Frankreich gern Bündnisse eingegangen wäre. Schreibt eure Vermutungen auf.*

Bernhard von Bülow *(1849–1929) war von 1900 bis 1909 deutscher Reichskanzler und ein wichtiger Vertreter der deutschen Kolonialpolitik. Foto.*

Eine neue Politik unter Wilhelm II.

1888 wurde nach dem Tode seines Großvaters, Wilhelm I., und seines Vaters, Friedrich III., Wilhelm II. im Alter von 29 Jahren deutscher Kaiser. Seine innen- und außenpolitischen Vorstellungen unterschieden sich bald grundlegend von denen Bismarcks. 1890 entließ der Kaiser deshalb seinen Kanzler, um verstärkt selbst den politischen Kurs Deutschlands zu bestimmen. Mit Aufsehen erregenden Reden forderte Wilhelm II. für Deutschland ein stärkeres Mitspracherecht in der Weltpolitik. Nach dem Vorbild Englands und Frankreichs wollte nun auch das Deutsche Reich Weltmachtpolitik betreiben. Und der Staatssekretär im Auswärtigen Amt, Bernhard von Bülow, hielt 1897 eine Rede vor dem Deutschen Reichstag, die die Politiker in England und Frankreich sehr beunruhigte:

Q … Wir empfinden auch durchaus nicht das Bedürfnis, unsere Finger in jeden Topf zu stecken. Aber allerdings sind wir der Ansicht, dass es sich nicht empfiehlt, Deutschland in zukunftsreichen Ländern von vornherein auszuschließen vom Mitbewerb an-

Wandel der deutschen Außenpolitik

Kaiser Wilhelm II. *(1859–1941). Sohn Kaiser Friedrichs III., dessen Außenpolitik durch Kolonialinteressen geprägt war. Die von ihm angeordnete Aufrüstung der Flotte trug wesentlich zur Kriegsgefahr in Europa bei. Zudem gilt er als diplomatisch ungeschickter Politiker. Foto.*

2 **Kaiser Wilhelm II. im Flottenmanöver.** Wandgemälde von Willy Stöwer für eine Schule, 1912.

derer Völker. [Zuruf der Abgeordneten: Bravo!] Die Zeiten, wo der Deutsche dem einen seiner Nachbarn die Erde überließ, dem anderen das Meer und sich selbst den Himmel reservierte, ... diese Zeiten sind vorüber. Wir betrachten es als eine unserer vornehmsten Aufgaben, gerade in Ostasien die Interessen unserer Schifffahrt, unseres Handels und unserer Industrie zu fördern und zu pflegen ... Wir müssen verlangen, dass der deutsche Missionar und der deutsche Unternehmer, die deutschen Waren, die deutsche Flagge und das deutsche Schiff in China geradeso geachtet werden wie diejenigen anderer Mächte. [Lebhaftes Bravo!] Mit einem Worte: Wir wollen niemanden in den Schatten stellen, aber wir verlangen auch unseren Platz an der Sonne. [Bravo!] ...

3 *Erklärt, was der Staatssekretär von Bülow von den anderen europäischen Mächten verlangte.*
4 *Stellt Vermutungen darüber an, was er mit der Forderung nach einem „Platz an der Sonne" meinte.*

„Wettlauf um den Platz an der Sonne"

Seit etwa 1880 hatten die europäischen Mächte die Welt fast vollständig unter sich aufgeteilt. Um die verbliebenen Gebiete, die nunmehr nur als „Interessensphären" wahrgenommen wurden, entstand ein erbitterter Streit, denn alle europäischen Industriestaaten, aber auch Japan, die USA und Russland hatten die ▶imperialistische Ausdehnung zum Ziel ihrer Außenpolitik erhoben. Der „Wettlauf" um die Aufteilung der Welt und um den Einfluss in Afrika und Asien führte zu einer immer größeren Rivalität zwischen den Staaten Europas. Der Wandel der Beziehungen und die Bereitschaft, die jeweiligen „nationalen Interessen" auch mit Gewalt durchzusetzen, zeigten sich nun auch an den steigenden Ausgaben der Länder für ihre Rüstung.

5 *Beschreibt das Wandgemälde von 1912 (Abbildung 2) und sprecht über die politischen Ideen, die damit verbreitet wurden.*

Ein Kontinent wird erobert

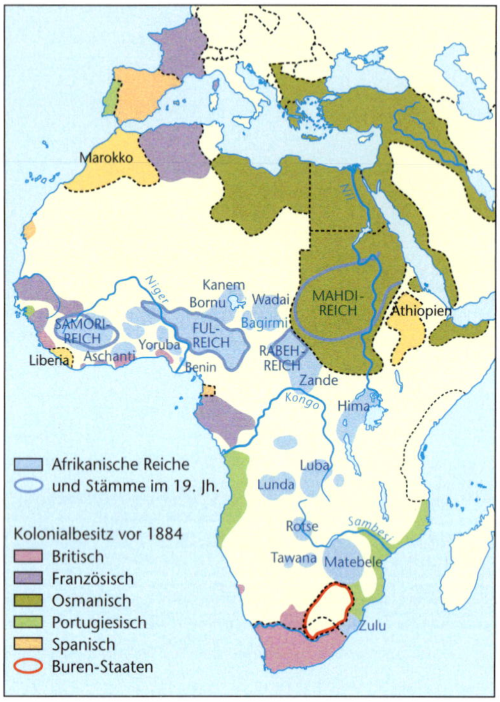

1 **Afrika um 1880.**

Deutsche Besitzergreifung im südlichen Afrika

Am 7. August 1884 verlas der Kapitän einer deutschen Korvette* am Strand von Angra Pequena an der Südwestküste Afrikas vor seiner angetretenen Mannschaft folgenden Befehl:

Q1 Seine Majestät der Kaiser haben mir befohlen, … das dem Herrn Adolf Lüderitz gehörige Territorium an der Westküste von Afrika unter den direkten Schutz seiner Majestät zu stellen. Indem ich diesen allerhöchsten Auftrag zur Ausführung bringe, hisse ich hiermit als äußeres Zeichen die kaiserliche deutsche Flagge, stelle somit das erwähnte Territorium unter den Schutz und die Oberherrlichkeit Seiner Majestät des Kaisers Wilhelm …

Mit dieser „Schutzerklärung" entstand die deutsche Kolonie Deutsch-Südwestafrika. Der Bremer Kaufmann Lüderitz hatte den dort lebenden Hereros durch einen Vertrag 1883 einen Teil ihres Gebiets abgekauft. Der Vertrag war in deutscher Sprache abgefasst, die die Eingeborenen nicht verstanden. Der Kaufpreis waren Geschenke, die in den Augen der Deutschen nicht viel wert waren: falsche Perlen und unechter Schmuck. Durch weitere private und staatliche Abkommen mit den dort lebenden Völkern wuchs die Kolonie zwischen 1883 und 1890 zu dem Gebiet des heutigen Namibia an.

1 *Beschreibt die Gründung der Kolonie und das Vorgehen der Kaufleute und des Deutschen Reiches.*

Antriebskräfte imperialistischer Herrschaft

Die Gründung Deutsch-Südwestafrikas ist ein Beispiel für das Vorgehen der imperialistischen Mächte. Die Ursachen für den Imperialismus der europäischen Staaten sind vielfältig. Die Geschichtsforschung hat verschiedene Antriebskräfte für die Ausbreitung der europäischen Herrschaft erarbeitet. Nicht alle dieser Kräfte wirkten gleichzeitig oder in jedem Fall, in der Regel war aber das Zusammenwirken der folgenden Faktoren entscheidend:

- Die Basis des Imperialismus war die Industrialisierung Europas. Durch sie wurden in Europa die technischen Möglichkeiten und die finanziellen Mittel bereitgestellt, die es ermöglichten, fast die ganze Welt in Besitz zu nehmen.
- Ein wesentliches Motiv waren ferner Machtinteressen und militärische Sicherheitsüberlegungen der einzelnen Imperialmächte, die im Wettstreit mit den anderen europäischen Staaten versuchten, möglichst große Gebiete in Afrika und Asien unter ihre Herrschaft zu bringen. Wo eine direkte europäische Herrschaft nicht durchzusetzen war, versuchte man, fremde Länder durch Verträge abhängig zu machen, um auf diese Weise indirekten Einfluss auszuüben.
- Die Industrie suchte unter dem Eindruck von Konjunkturschwankungen* nach neuen Absatzmärkten und Rohstoffen für ihre wachsende Produktion. Man erhoffte sich durch ▶Investitionen* in den

Korvette*: *kleineres Kriegsschiff*

Konjunkturschwankungen*: *Schwankungen der wirtschaftlichen Entwicklung.*

▶Investitionen*: *Bezeichnung für Geldsummen, die für Maschinen und andere Produktionsmittel ausgegeben werden, um damit Gewinne zu erwirtschaften.*

Ein Kontinent wird erobert

Kolonien hohe Gewinne. Von den jeweiligen Regierungen erwarteten Unternehmer und Kaufleute den militärischen Schutz und die politische Unterstützung ihrer Geschäfte.

- Der Imperialismus war auch der Versuch, innenpolitische Spannungen abzumildern. Durch die Verstärkung nationalistischer Gefühle, die Behauptung der Überlegenheit der westlichen Kultur und der europäischen politischen und religiösen Ansichten wurde ein Überlegenheitsgefühl bei den Menschen in Europa erzeugt, das von den schlechten sozialen Bedingungen für die Masse der Menschen in Europa ablenken sollte.
- Verstärkt wurde dieses Gefühl weiterhin durch die Behauptung der Überlegenheit der „weißen Rasse" über die „Farbigen". Diese Einstellung nennt man Rassismus*. Einen Beleg für diese These sah man auch in der militärischen Schwäche der Länder in Afrika und Asien.
- Die Eroberung der Kolonien sollte auch dazu dienen, Teile der schnell wachsenden Bevölkerung der Industrieländer aufzunehmen.

Der britische Politiker Cecil Rhodes, der 1890 Premierminister der Kapkolonie wurde, schrieb 1877, was viele Weiße, nicht nur in Großbritannien, als Rechtfertigung des Imperialismus dachten:

Q2 … Ich behaupte, dass wir die erste Rasse in der Welt sind und dass es für die Menschheit umso besser ist, je größere Teile der Welt wir bewohnen. Ich behaupte, dass jedes Stück Land, das unserem Gebiet hinzugefügt wird, die Geburt von mehr Angehörigen der englischen Rasse bedeutet, die sonst nicht ins Dasein gerufen worden wären. Darüber hinaus bedeutet es einfach das Ende aller Kriege, wenn der größere Teil der Welt in unserer Herrschaft aufgeht. … Da Gott sich die Englisch sprechende Rasse offensichtlich zu seinem auserwählten Werkzeug geformt hat, … muss es auch seinem Wunsch entsprechen, dass ich alles in meiner Macht Stehende tue, um jener Rasse so viel Spielraum und Macht wie möglich zu verschaffen …

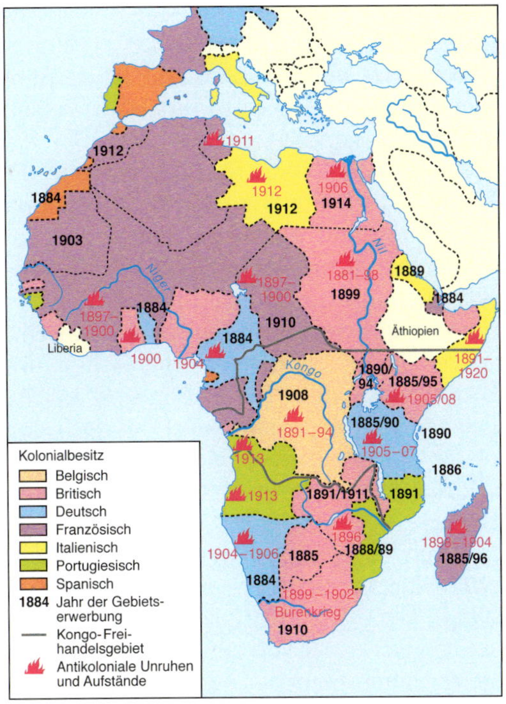

2 **Afrika vor 1914.**

2 *Erläutert die verschiedenen Antriebskräfte des Imperialismus mit euren Worten.*

3 *Lest Q2 und führt aus, wie der Imperialismus durch den britischen Politiker Rhodes gerechtfertigt wurde.*

4 *Beschreibt die Unterschiede zwischen den Karten 1 und 2 allgemein für Afrika und dann für Deutsch-Südwestafrika.*

5 *Erklärt die Veränderungen mithilfe des Textes.*

Rassismus*:
Die Einteilung von Angehörigen verschiedener Kulturkreise nach körperlichen Merkmalen in geistig und sittlich unterschiedlich wertvolle Menschenrassen. Der Rassismus geht von der Überlegenheit einer über andere Rassen aus und begründet damit die Forderung nach Herrschaft über angeblich minderwertige Völker oder die Unterdrückung von Minderheiten aus fremden Kulturkreisen innerhalb einer Gesellschaft.

Afrikaner und Europäer – damals wie heute?

Zwerg, Bronzefigur aus Benin. *Entstanden zwischen 1200 und 1450 n. Chr. vor Ankunft der ersten Europäer in Afrika.*

Nehmt auf euch des weißen Mannes Bürde
Schickt die Besten, die ihr erzieht, hinaus!
Lasst sie schwer bewaffnet wachen
Über eine Menge, wankelhaft und wild –
Eure frisch eingefangenen Völkerschaften,
die halb Kinder sind, halb Teufel …

(Aus einem Gedicht des englischen Schriftstellers Rudyard Kipling, der 1907 den Nobelpreis für Literatur erhielt.)

Afrikanische Kulturen – und die Sicht der Europäer

Afrikanische Völker lebten seit Jahrtausenden als Bauern, Fischer, Hirten, Handwerker, Jäger und Sammler. Einige betrieben Karawanenhandel, andere beherrschten die Fertigkeit, aus Erz Eisen zu gewinnen und Werkzeuge und Waffen zu schmieden. Im Königreich Benin, dem heutigen Nigeria, war die Kunst des Bronzegusses bereits vor der Ankunft der ersten Europäer hoch entwickelt. Auf arabischen und spanischen Afrikakarten aus dem Mittelalter sind etliche Reiche sowie viele Städte und Handelswege eingezeichnet. Lieder, Volksmärchen und Kunstgegenstände erzählen von den Kulturen.

Mit den europäischen waren die afrikanischen Reiche nicht zu vergleichen: Einige hatten keine festen Grenzen, keine Hauptstadt und keine Verwaltung im europäischen Sinn. Manchen Völkern stand ein Häuptling oder Sultan vor, andere lebten ohne Herrscher. Lag es an der Fremdheit dieser Kultur, dass viele Europäer Afrika als „primitiven" Kontinent betrachteten?

Der deutsche Afrikaforscher Peter Kolb berichtete bereits im Jahr 1705 über die Nama, die in einem Gebiet des späteren „Deutsch-Südwestafrika" von Viehzucht und verschiedenen Handwerken – wie Fell- und Lederverarbeitung, Töpferei und Eisenverarbeitung – lebten:

Q1 … Sie können die Schaf- und andere Felle wenigstens ebenso gut bereiten, sich diese so nett und zierlich zusammennähen und ihnen die richtige Form geben, wie es ein Kürschner in Deutschland oder anderswo in Europa machen kann. … Bei jedem Kral oder Dorf gibt es eine Herde von Großvieh wie Ochsen, Kühe, Kälber, die aber nicht einem allein gehört …, sondern jeder, der in dem Kral wohnt, hat seinen Anteil daran. …

Die europäischen Besatzer veränderten das Leben der afrikanischen Völker unumkehrbar. Die Einheimischen mussten, oft weit entfernt von ihren Großfamilien, auf Plantagen, im Straßen- oder Eisenbahnbau arbeiten. Nach und nach bedeutete dies die Zerstörung der Großfamilie als schützende Gruppe. Auch die traditionellen Religionen lösten die Europäer durch eine breite Missionsarbeit allmählich durch die christliche Religion ab: In ihren Augen hatten sie die Afrikaner der „Zivilisation" ein Stück näher gebracht.

1 *Sucht Gründe dafür, dass Europäer Gegenstände wie den in der Randspalte abgebildeten als „primitiv" bewerteten.*

2 *Sammelt Argumente gegen die Behauptung, Afrika sei kulturlos gewesen.*

3 *Schreibt aus dem Gedicht in der Randspalte die Begriffe heraus, die sich auf die Völker in den Kolonien beziehen, und erläutert die Haltung des Schriftstellers.*

1 **Herero.** Foto, um 1908.

2 **Manasse von Omaruru, ein Häuptling der Herero, mit seiner Familie.** Foto, 1904.

Afrikaner und Europäer – damals wie heute?

3 **Der Abenteurer und Gründer der Deutsch-Ostafrikanischen Gesellschaft Carl Peters bei einer Besichtigungsfahrt.** Foto, um 1890.

Weiß über Schwarz?

Von der Zeit des ▸Imperialismus bis heute ist unsere Vorstellung von Afrika vielfach geprägt von Überheblichkeit. Manche Vorurteile fallen uns gar nicht auf, weil sie zum Alltag gehören. Ein süßer kleiner Diener wurde zum Markenzeichen für braune Schokolade: der Sarotti-Mohr. Leckere Naschereien nennen wir Negerküsse und Mohrenköpfe. Stellen wir uns das Umgekehrte vor: „Weißenköpfe" in den Läden Afrikas ... Was hier noch harmlos erscheint, verwandelt sich bei anderen Gelegenheiten in völlige Ablehnung, ja Hass, wenn Farbige und Weiße bei uns in Kontakt kommen. In dem Artikel „Beschimpft, bespuckt, beleidigt" beschrieb ein Journalist 1993 die Erfahrungen afrikanischer Fußballspieler im Bundesliga-Alltag:

Q2 ... „Husch, husch, husch, Neger in den Busch", johlten die Fußballfans im Hamburger Volksparkstadion, als der Wattenscheider Souleyman Sane in ihre Nähe kam. Das flehentliche „Fair geht vor" von Tagesschausprecher und HSV-Ansager Jo Brauner half nichts – im Gegenteil. „Nigger raus", steigerten die Unverbesserlichen wütend ihren Rassenhass.
Jagdszenen aus einer deutschen Fußballarena, die kein Einzelfall sind. Opfer der Ausländerfeindlichkeit sind vor allem die schwarzen Stars, die wegen ihrer Hautfarbe böse Beschimpfungen in den auswärtigen Stadien ertragen müssen. „Diese Schreiereien sind wie Gewalttätigkeiten", meint der sensible Senegalese Sane. In Berlin bewarfen die rechtsextremen „Hertha-Frösche" den Ghanaer Tony Baffoe mit Bananen. Der Düsseldorfer Spaßvogel nahms gelassen. Seit Monaten versucht er, mit Witzeleien über die Beleidigungen hinwegzukommen. Baffoe zu einem Unparteiischen: „Wir Schwarzen müssen zusammenhalten." Aber die schimpansenartigen „Uhhh, Uhhh"-Rufe der Brüllaffen von den Tribünen treffen den in Deutschland Aufgewachsenen tief ins Herz. ...

4 *Diskutiert über das Verhalten der Zuschauer.*
- *Gibt es Gründe für dieses Verhalten?*
- *Erklärt, warum der Senegalese Sane diese Schreiereien als Gewalttätigkeiten empfindet?*

5 *Erkundigt euch nach regionalen Initiativen gegen Rassismus und berichtet darüber in der Klasse.*

4 **Schild am Geburtshaus von Carl Peters in Neuhaus an der Elbe.** Foto, 2003.

*„**Mohrenkopf**" aus einer Bäckerei. Trotz wiederholter Proteste verschiedener Organisationen sind die mit Schokolade überzogenen Naschereien immer noch als Mohrenkopf erhältlich. Foto, 1991.*

Die erste deutsche Kolonie

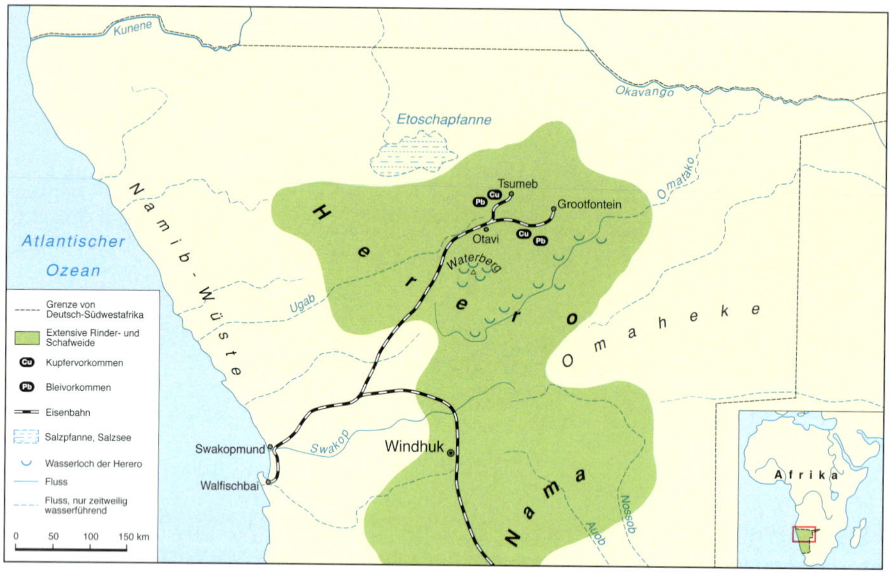

1 **Die Siedlungsgebiete der Hereros und Namas.**

Ab 1883:
Beginn deutscher Kolonialerwerbungen in Afrika.

„Deutsch-Südwestafrika"

Im Jahre 1883 hatte der Bremer Tabak- und Waffenhändler Lüderitz durch betrügerische Verträge mit afrikanischen Häuptlingen Gebiete des späteren Deutsch-Südwestafrika erworben. Nur ein Jahr später übernahm auf seinen Antrag das Deutsche Reich den Schutz über diese erste deutsche Kolonie. Zu den größeren Stämmen in diesem Gebiet gehörten die Hereros mit etwa 80 000 und die Namas mit etwa 20 000 Angehörigen. Es waren freiheitsliebende Stämme, deren Friedfertigkeit deutsche Missionare später besonders betonten. Hereros und Namas lebten vor allem von der Viehzucht. Ihr Leben veränderte sich jetzt fast schlagartig. Geldgierige Händler betrogen sie um Land und Vieh. Für kleinste Vergehen, z. B. „unverschämte Antworten", gab es die erniedrigende Prügelstrafe mit der Nilpferdpeitsche. Raub, Mord und Vergewaltigung durch die deutschen „Schutztruppen" waren an der Tagesordnung und wurden kaum bestraft. Völlig hoffnungslos wurde die Lage für die Hereros, als man mit dem Bau einer Eisenbahnlinie begann, die den Hafen Swakopmund mit den Kupfererzminen im Norden des Landes verbinden sollte. Wieder kam es zu großflächigen Enteignungen, die den Lebensraum der Hereros immer weiter einengten. Zudem wurden die Viehherden der Hereros durch die Eisenbahnlinie von den Wasserlöchern getrennt. In dieser verzweifelten Lage erklärten die Hereros und später auch die Namas den Deutschen im Jahr 1904 den Krieg. Männer, Frauen und Kinder der Hereros zogen mit all ihrer Habe von Kriegsschauplatz zu Kriegsschauplatz. „Wem gehörte Hereroland? Uns gehört Hereroland!", so riefen die Frauen, um ihre Männer im Kampf zu unterstützen. Über die Kriegsführung berichtete Daniel Kariko, ein Unterhäuptling:

Q1 ... Auf unseren geheimen Zusammenkünften beschlossen unsere Häuptlinge, das Leben aller deutschen Frauen und Kinder zu schonen. Auch die Missionare sollten geschont werden ... Nur deutsche Männer wurden als unsere Feinde betrachtet. ...

1 *Stellt mithilfe der Abbildung 1 fest, warum die Hereros über die Streckenführung der Eisenbahnlinie empört waren.*
2 *Spielt eine Versammlung, auf der Hererohäuptlinge ihr Vorgehen gegen die deutschen Schutztruppen beraten.*
3 *Informiert euch in einem Atlas, in welchem heutigen Staat die erste deutsche Kolonie lag.*

Der Völkermord an den Hereros

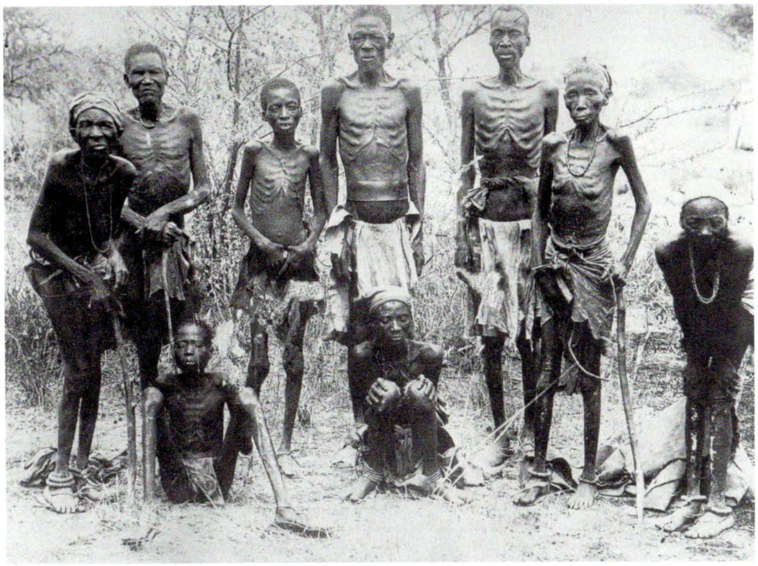

2 **Halb verhungerte Hereros, die vor den deutschen Truppen geflüchtet sind.** Foto, 1907.

Hereros und Namas wehren sich

Die Kolonialtruppen unter Führung des preußischen Generals Lothar von Trotha (1848 bis 1920) schlugen unbarmherzig zurück. Über die Kriegsführung Trothas heißt es in einem zeitgenössischen Bericht:

Q2 … Ich war dabei, als die Hereros bei Hamakiri, in der Nähe des Waterberges, in einer Schlacht besiegt wurden. Nach der Schlacht wurden alle Männer, Frauen und Kinder ohne Gnade getötet, die den Deutschen in die Hände fielen. Dann verfolgten die Deutschen die übrigen Hereros, und alle Nachzügler am Wegesrand und im Sandfeld wurden niedergeschossen oder mit dem Bajonett niedergemacht. Die große Masse der Hereromänner war unbewaffnet und konnte sich nicht wehren. Sie versuchten nur, mit ihrem Vieh davonzukommen. …

Die deutschen Truppen, die aus dem Deutschen Reich zahlreiche Verstärkungen erhielten, konnten den ungleichen Kampf schon nach wenigen Monaten siegreich beenden. Nach der Schlacht am Waterberg (Karte 1) im August 1904 wurden die Hereros in der wasserlosen Halbwüste Omaheke eingekesselt und ihrem Schicksal überlassen. Zehntausende verhungerten und verdursteten hier. Voller Stolz vermeldete der deutsche Generalstab:

Q3 … Diese kühne Unternehmung zeigt die rücksichtslose Energie der deutschen Führung bei der Verfolgung des geschlagenen Feindes in glänzendem Licht. Keine Mühen, keine Entbehrungen wurden gescheut, um dem Feinde den letzten Rest seiner Widerstandsfähigkeit zu rauben: Wie ein halb zu Tode gehetztes Wild war er von Wasserstelle zu Wasserstelle gescheucht, bis er schließlich willenlos ein Opfer der Natur seines eigenen Landes wurde. …

Von den etwa 80 000 Hereros lebten 1905 nur noch etwa 16 000. Die Überlebenden wurden in Reservate verbracht, wo sie unter erbärmlichen Bedingungen ihr Leben fristeten.

4 *August Bebel sagte am 30. Januar 1905 im Reichstag: „Das Recht zum Aufstand hat jedes Volk und jede Völkerschaft, die sich in ihren Menschenrechten aufs Alleräußerste bedrückt fühlt." Manche hielten ihn deshalb für einen Vaterlandsverräter. Was meint ihr dazu?*

5 *Vergleicht die Kriegsführung der Hereros mit jener der deutschen Truppen. Verfasst dazu einen kurzen Bericht und vergleicht ihn mit dem des deutschen Generalstabs.*

1904–1907: *Krieg zwischen Hereros, Namas und Deutschen.*

„The British Empire"

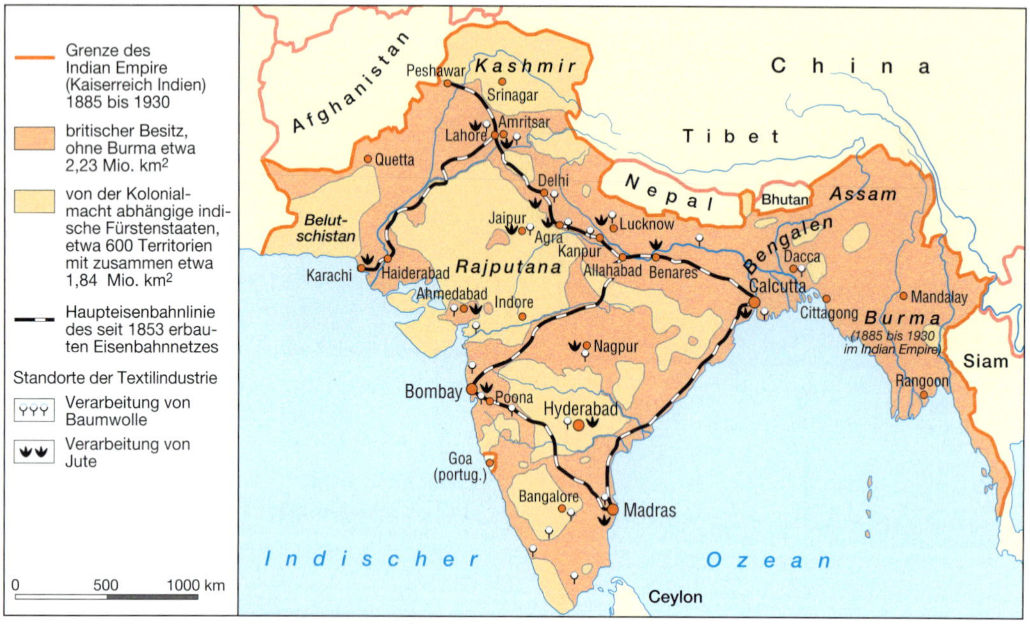

1 **Indien unter englischer Herrschaft.**

Indien – „der strahlendste Edelstein in der britischen Krone"

Zu Beginn des 20. Jahrhunderts umfasste das britische Kolonialreich fast 33 Millionen Quadratkilometer mit einer Bevölkerung von 450 Millionen Einwohnern. Als führende Kolonialmacht hatte England in allen Kontinenten einträgliche Gebiete für sich erobert und beherrschte fast ein Viertel der Erde. Die größte und Gewinn bringendste Kolonie aber war Indien. Nach Indien waren schon im 17. Jahrhundert die ersten englischen Händler gekommen. Durch Bestechung und Betrug gelang es ihnen, von indischen Fürsten ganze Landstriche zu erwerben. Nur ein Jahrhundert später war England alleinige Herrin des ganzen Landes. Über die Bedeutung der indischen Kolonie für England sagte Lord Curzon, indischer Vizekönig von 1898–1905:

Q1 … Zuerst lassen Sie mich Ihnen vor Augen führen, was Indien England und dem Reiche darbietet: Seine Volksmasse liefert uns die Arbeitskräfte, um unsere Länder, die wir überall auf der Erdkugel besitzen, auszubeuten … Unser Indien ist ein Hauptfeld für die Verwendung britischen Kapitals; denn es liefert uns im Überfluss das Rohmaterial für einen großen Teil unserer Industrie und bedeutende Mengen an Nahrungsmitteln … Seine Einfuhr nach dem United Kingdom in Weizen, Mais und Mehl übertrifft noch die Kanadas und ist doppelt so groß wie Amerika. Gleichzeitig ist Indien der beste Käufer für englische Erzeugnisse, insbesondere für Baumwollwaren …

Aufgrund seines Reichtums an Menschen und Waren galt Indien als der „strahlendste Edelstein in der englischen Krone". Um die enge Verbundenheit Indiens mit England noch weiter zu festigen, nahm die englische Königin Viktoria im Jahre 1877 den Titel einer „Kaiserin von Indien" an. Mehrere Aufstandsversuche der Inder wurden blutig niedergeschlagen.

1 *Stellt mithilfe der Quelle fest, welche Vorteile England aus seiner Herrschaft über Indien ziehen konnte.*

2 *Erarbeitet mithilfe der Karte 2, welche heutigen Länder ehemals zum „British Empire" gehörten. Beachtet die Hinweise auf Seite 204.*

Seit 1600:
Die Britisch-Ostindische Kompanie vertritt die britische Macht in Indien. 1857 wird die Verwaltung direkt an die britische Krone übertragen.

1877:
Die englische Königin Viktoria wird Kaiserin von Indien.

Reiche Briten – arme Inder

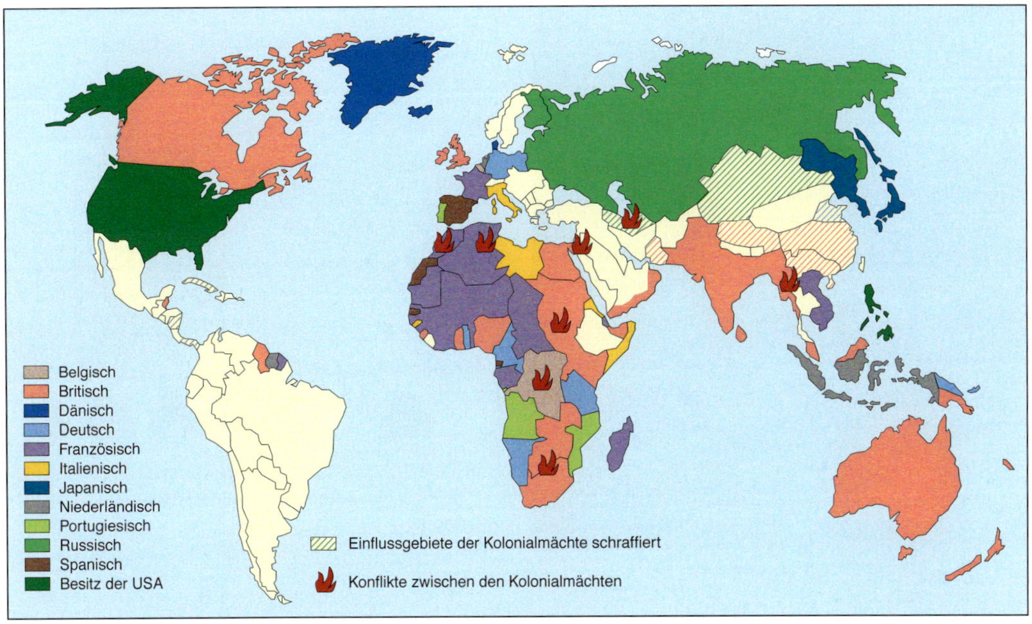

2 Kolonialreiche und koloniale Konflikte im 19. Jahrhundert.

Die wirtschaftliche Entwicklung Indiens

Wie sich die britische Herrschaft auf das indische Wirtschaftsleben auswirkte, beschrieb Jawaharlal Nehru, der erste Ministerpräsident Indiens nach der Befreiung von der britischen Kolonialherrschaft 1947, in einem Brief an einen Freund:

Q2 … Zuerst erreichten die ausländischen Waren die Hafenstädte und deren unmittelbare Umgebung. Mit dem Bau von Straßen und Eisenbahnen drangen die ausländischen Produkte immer weiter ins Land ein und vertrieben sogar das Handwerk aus dem Dorf. Der Bau des Suezkanals brachte England Indien näher und der Transport britischer Güter wurde billiger. Immer mehr Industrieprodukte kamen daher ins Land und gelangten in die entferntesten Dörfer. Was wurde aus den Millionen Handwerkern, die keine Arbeit mehr hatten? … Die meisten dieser Weber und Handwerker hatten in den Städten gelebt. Nachdem sie arbeitslos geworden waren, kehrten sie aufs Land und in die Dörfer zurück …

Diese Stadtflucht hielt während des ganzen 19. Jahrhunderts an und hat bis heute noch nicht aufgehört. Auf der ganzen Welt wirkten sich Technisierung und Industrialisierung dahingehend aus, dass die Menschen vom Dorf in die Stadt zogen. In Indien fand das Gegenteil statt … Anstatt sich vorwärts zu entwickeln, ging Indien infolge der britischen Politik zurück. Sogar seine Heimatindustrie hörte auf und es wurde mehr denn je zuvor zu einem Agrarland. …

Erst nach dem Zweiten Weltkrieg zogen sich die Briten im Jahre 1947 aus Indien zurück. Dabei wurde Indien aufgeteilt in drei selbstständige Staaten, nämlich das muslimische Westpakistan (heute Pakistan) und Ostpakistan (heute Bangladesh) und den Hindustaat Indien.

3 *Erklärt mit eigenen Worten den Zusammenhang zwischen Indiens Armut und dem Reichtum Großbritanniens.*

4 *Zeigt mithilfe eines Atlas, warum mit der Eröffnung des Suezkanals (erbaut 1859 bis 1869) England näher an Indien rückte.*

1947:
Indien befreit sich von der britischen Kolonialherrschaft.

Die Folgen der Kolonialpolitik

1 **Armut in Indien.** Foto, 1985.

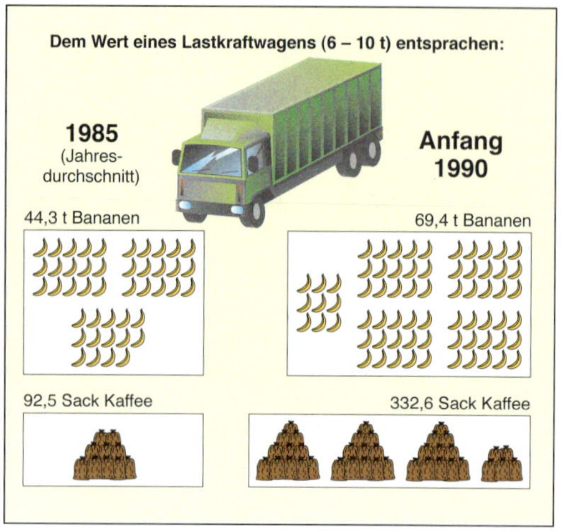

2 **Der Gegenwert eines Lastkraftwagens 1985 und 1990.**

Neue Staaten:
Die Grenzen der unabhängigen afrikanischen Staaten gehen größtenteils auf die Kolonialzeit zurück und werden, von einigen Ausnahmen abgesehen, weitestgehend respektiert. Mehrere Länder legten dagegen ihren von den Kolonialherren aufgezwungenen Namen ab. So benannte sich z. B. die Gold Coast (Goldküste) in Ghana um, Rhodesien heißt heute Zimbabwe, Belgisch-Kongo seit 1971 Zaire, seit 1999 wieder Kongo.

Die Kolonialzeit: Aufbau oder Zerstörung?

Zahlreiche Historiker und Politiker in den Industrienationen weisen heute darauf hin, dass die Kolonialpolitik im späten 19. Jahrhundert den Kolonialvölkern auch sehr viele Vorteile gebracht habe: Die kriegerischen Auseinandersetzungen zwischen den einzelnen Stämmen seien beendet, eine moderne Verwaltung aufgebaut, Straßen, Schulen und Krankenhäuser errichtet worden. Insgesamt habe also die Politik der Kolonialmächte zu einer Modernisierung in den Kolonialländern geführt.

Der afrokaribische Schriftsteller Aimé Césaire meint dazu:

Q ... Man erzählt mir von Fortschritt und geheilten Krankheiten. Ich aber spreche von zertretenen Kulturen, von beschlagnahmtem Land, von ermordeten Religionen, von vernichteter Kunst. Ich spreche von tausenden hingeopferten Menschen für den Bau der Eisenbahn. Ich spreche von Millionen Menschen, die man ihren Göttern, ihrer Erde, ihren Sitten, ihrer Weisheit entriss. Ich spreche von Millionen Menschen, denen man geschickt das Zittern, den Kniefall, die Verzweiflung eingeprägt hat. ...

Politiker der ehemaligen Kolonialländer weisen auf einen weiteren wichtigen Aspekt hin: Sie sehen die Ursache für die Armut in ihren Ländern in der Eroberung und Unterdrückung durch die Industrienationen im 19. Jahrhundert. Die einheimische Wirtschaft wurde zerschlagen, wie in Indien, der Anbau von Monokulturen wie Kaffee, Bananen, Kakao oder Zuckerrohr befohlen. Die Preise für diese Waren setzen auch heute noch die Industrienationen fest. Die derzeitige Weltwirtschaftsordnung sei von den Industrienationen geschaffen worden und diene allein deren Interessen. Die heutigen Spannungen zwischen reichen und armen Ländern haben also geschichtliche Gründe.

1 *Vergleicht die Meinung des Schriftstellers zum Kolonialismus mit der im Text genannten Position der Industrienationen.*

2 *Notiert in Stichworten die heutige wirtschaftliche Situation der ehemaligen Kolonien. Berücksichtigt hierzu auch die Abbildung 1 und 2.*

3 *Diskutiert folgende Meinungen:*
a) „Entwicklungshilfe ist kein Geschenk, sondern eine Wiedergutmachung für altes Unrecht."
b) „Würden die Rohstoffe anständig bezahlt, bräuchte man keine Entwicklungshilfe."

Zusammenfassung

Expansion – Kolonialismus und Imperialismus

Im 19. Jahrhundert versuchten vor allem die europäischen Industrienationen, die Welt unter sich aufzuteilen. Diese Politik, Weltreiche zu errichten, nennt man Imperialismus; die eroberten Länder bezeichnete man als Kolonien. Die größte Kolonialmacht war Großbritannien. Das „British Empire" erstreckte sich über die ganze Welt.

Der ►Imperialismus war der Versuch, die wirtschaftlichen Folgen der Industrialisierung zu bewältigen: Die stark beschleunigte Industrieproduktion verlangte nach mehr Rohstoffen und größeren Absatzmärkten. Hinzu kam außerdem noch die Überzeugung vieler Europäer, dass es nicht nur ihr Recht, sondern auch ihre Pflicht sei, die Welt zu regieren („Sendungsbewusstsein").

Die imperialistischen Mächte versuchten, ihre Eroberungspolitik mit der angeblichen Minderwertigkeit anderer menschlicher Rassen zu begründen. Man nennt diese Einstellung anderen Völkern und Menschen gegenüber Rassismus.

Der Rassismus kam nicht nur in den herabsetzenden Bezeichnungen für die einheimische Bevölkerung zum Ausdruck, sondern zeigte sich vor allem auch in der Behandlung der Eingeborenen. Man glaubte, über diese Menschen wie über Eigentum verfügen zu können, schätzte ihre Lebensformen gering ein und hielt sie allgemein für wenig lernfähig. Die kulturellen Leistungen der einheimischen Bevölkerung wurden nicht wahrgenommen. Die ungerechte, oft willkürliche Behandlung der Bevölkerung durch die Kolonialherren führte in vielen Kolonien zu Aufständen, die durch Truppen niedergeschlagen wurden, so auch in Deutsch-Südwestafrika, als deutsche Truppen gegen die aufständischen Hereros mit größter Brutalität vorgingen.

Unterentwicklung bis heute

Zwischen den Industrienationen und den so genannten Entwicklungsländern gibt es auch heute große wirtschaftliche und politische Spannungen. Die Vertreter der Entwicklungsländer sind der Ansicht, dass die heutige Armut in ihren Ländern durch die Vernichtung der eigenständigen Kultur, des Handwerks und durch die Ausrichtung der Landwirtschaft auf die Bedürfnisse Europas entstand.

Immer wieder fordern daher diese Länder eine wirksame Unterstützung ihrer Anstrengungen, um ihre wirtschaftliche Situation zu verbessern.

Seit 1870

Die zunehmende Rivalität zwischen den europäischen Mächten führte zum „Wettlauf" um die angeblich „freien Gebiete der Welt".

1884

Deutschland wird Kolonialmacht.

1904

Völkermord an den Hereros in Deutsch-Südwestafrika.

Beginn des 20. Jahrhunderts

Erst 1947 zogen die Briten sich aus Indien zurück.

6. Der Erste Weltkrieg

1 *Schaut die Bilder dieser Seite an und versucht, damit eine Geschichte zu erzählen:*
„Als der Neustädter Winzerssohn Walter Wirtz hörte, dass es zum Krieg gegen Frankreich kommen würde, dachte er …"
2 *Tauscht aus, was ihr über den Ersten Weltkrieg und die Schlacht von Verdun gehört habt.*

Schauplatz: Verdun

1 Übersichtskarte der Schlachtfelder von Verdun mit einigen Gedenkstätten.

① Nationalfriedhof von Verdun: 5500 Kreuze. Am Eingang deutsche Geschütze und Denkmal der Opfer. In der Mitte das Viereck der unbekannten Soldaten. Vor dem Zivilfriedhof das Fliegerdenkmal.

② Festung Vaux: Besuch des Inneren mit Führung und Kommentar. Durchgehende Lichtbildvorführung mit Bildern des Schlachtfeldes.

③ Löwendenkmal – Der äußerste Vorstoß der deutschen Truppen vor der Stadt Verdun am 23. Juni 1916 – errichtet anstelle der ehemaligen Kapelle „Sainte Fine“.

④ Memorial-Museum von Fleury. Dokumente geben Aufschluss über den Verlauf der Schlacht.

⑤ Festung Douaumont: Die am stärksten bewaffnete und imposanteste Festung der Region. Drei Etagengalerien und Kasematten (Schutzräume). Kapelle und zugemauerter Friedhof.

⑥ Gedächtniskapelle von Douaumont – dem vernichteten Dorf gewidmet.

⑦ Bajonettgraben – Zum Ruhme des französischen Infanterieregimentes Nr. 137.

⑧ Douaumont – Beinhaus, die Überreste von über 100 000 unbekannten Soldaten enthaltend. Kreuzgang Kapelle, Turm mit Museum und Übersicht. Nationalfriedhof: 15 000 Gräber von namentlich bekannten französischen Soldaten.

Verdun – Schauplatz der Unmenschlichkeit

Aus einem Feldpostbrief aus Verdun:

Q1 … Am meisten greift einem das Wimmern der Schwerverwundeten ans Herz, wenn man nicht helfen kann. Wieder war ich drei Tage in der schrecklichsten Blutschlacht der Weltgeschichte, in hastig … aufgeworfenen Gräben. Drei Tage Granate über Granate – ein Krachen, Pfeifen, Schreien, Stöhnen. Fluch denen, die den Krieg heraufbeschworen! …

Am 21. Februar 1916, an einem kalten Wintermorgen, befahl Kronprinz Wilhelm, Chef der 5. Armee, seinen Batterieführern, das Feuer auf die französischen Stellungen rund um die Kleinstadt Verdun zu eröffnen. Damit begann die „Hölle von Verdun“: Die Dörfer um Verdun, die Stadt selbst, deren Bevölkerung nicht mehr in Sicherheit gebracht werden konnte, lagen unter einem bis dahin unvorstellbar heftigem Beschuss. Nicht nur Soldaten, auch Zivilisten wurden von Granatsplittern zerfetzt. Bunker wurden eingestampft, Soldaten in ihren Unterständen lebendig begraben. Gegen 13:25 Uhr begannen die ersten Minenwerfer ihr vernichtendes Werk, und einige Stunden später setzte ein Trommelfeuer ein, dessen Dröhnen noch in 160 km Entfernung zu hören war. Gegen 17:00 Uhr stürmten die deutschen Bataillone aus ihren Schützengräben, um das Dorf Douaumont zu stürmen.
Seit Beginn des Krieges, eineinhalb Jahre zuvor, waren die Kämpfe an der Westfront in einem „Stellungskrieg“ festgefahren. Nach Auffassung des deutschen Generals Erich von Falkenhayn sollten bei Verdun nun die „Kräfte Frankreichs verbluten“, um nach dem „sicheren Sieg“ den Gegner an den Verhandlungstisch zwingen zu können. Etwa 1300 Geschütze und zwei-

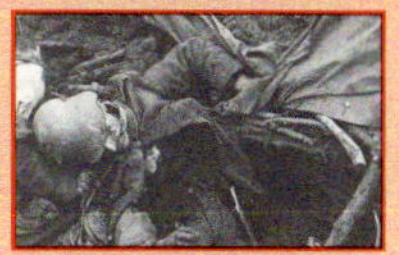

2 **Französischer Soldatenfriedhof und Beinhaus in Douaumont.** Foto.

3 **Der französische Staatspräsident Mitterrand und der deutsche Bundeskanzler Kohl auf dem Soldatenfriedhof Verdun.** Auf dem Soldatenfriedhof befinden sich die Gräber von 15 000 namentlich bekannten Soldaten; im dahinter liegenden Beinhaus sind die Knochen von 130 000 unbekannten Toten gesammelt. Foto, 1984.

einhalb Millionen Geschosse sollten als „Blutpumpe das französische Heer zermalmen". Die deutschen Soldaten sollten mit kleineren Vorstößen nach und nach den Feind „in den Rachen des Fleischwolfes zwingen" – so Falkenhayns Worte. Nach zweitägigem, pausenlosem Beschuss würden deutsche Soldaten dann die Überlebenden mit Flammenwerfern aus den verbliebenen Löchern vertreiben.

1 *Nehmt Stellung zum Plan Falkenhayns und zu seiner hier zitierten Wortwahl.*

Umsonst gestorben?

Die Pläne des deutschen Generalstabschefs gingen nicht auf. Die französische Armee konnte nur kurz überrascht werden, dann schlug sie mit schweren Geschützen zurück. Frische Mannschaften wurden herangeführt. Es kam zu einem erbitterten Stellungskrieg um jeden Meter Boden. Am Ende, im Juli 1916, musste das deutsche Heer die Schlacht verloren geben. Falkenhayn wurde abgelöst. Bis dahin unbekannt war die Bilanz des Schreckens. Heute wissen wir: Allein bei Verdun starben schätzungsweise 338 000 deutsche und 364 000 französische Soldaten. 770 000 Verwundete sahen verkrüppelt und behindert einer ungewissen Zukunft entgegen. „Es war die grausamste und längste Schlacht des Ersten Weltkriegs – ein Blutzoll, der umsonst gezahlt wurde", so der Historiker Guido Knopp.

Was die unglücklichen Kämpfer vor Verdun noch nicht wussten: Am Ende des Krieges würden ca. 8 Millionen Menschen tot sein!

Gemeinsame Erklärung von Mitterrand und Kohl vom 22. September 1984 (Auszug):

Q2 Mit der gemeinsamen Ehrung der Toten vergangener Kämpfe setzen [wir] an historischer Stätte ein Zeichen dafür, dass beide Völker unwiderruflich den Weg des Friedens, der Vernunft und freundschaftlichen Zusammenarbeit eingeschlagen haben. Die Einigung Europas ist unser gemeinsames Ziel – dafür arbeiten wir – im Geist der Brüderlichkeit. …

2 *Versucht, eure Gefühle und Ansichten zu dem Ergebnis der Kämpfe von Verdun auszutauschen.*

3 *Entnehmt aus der Abbildung 3 und Q2, welche Schlüsse von den Politikern gezogen wurden (zur Erinnerung: im Zweiten Weltkrieg [1939–1945] kämpften Deutsche und Franzosen erneut gegeneinander – wieder mit furchtbaren Verlusten und Zerstörungen).*

Arbeitstechnik: Denkmäler untersuchen

1 **Denkmal in Nieder-Olm bei Mainz.** Foto, 1994.

Kriegerdenkmäler

An vielen Orten in Rheinland-Pfalz wurden nach den Weltkriegen offizielle Denkmäler für die Getöteten errichtet. Die Deutsche Stiftung Denkmalschutz erklärt die Bedeutung von Kriegerehrenmalen folgendermaßen:

M „... Kriegerehrenmale sind Zeugnisse im Sinne von Mahn- und Verehrungsstätten. Sie geben Kunde von Zeiten kriegerischer Auseinandersetzung in Verbindung mit der Trauer für die Gefallenen. Häufig sind Ehrenmale mit Sinn- und Losungssprüchen versehen, die Ausdruck der jeweiligen Zeit sind und Rückschlüsse auf Nationalbewusstsein, politisches Verhalten oder Geschichtsbewusstsein allgemein zulassen. So können die Losungen der kaiserlichen Zeit für uns heute mahnende Hinweise sein, weil daraus klar wird, welchen zum Teil falschen Idealen junge Menschen zum Opfer gefallen sind. ...“

1 *Überlegt, welche Unterschiede zwischen einem privaten Grabmal und einem offiziellen Kriegerdenkmal bestehen.*

2 **Denkmal in Oppenheim.** Foto, 1994.

Arbeitstechnik: Denkmäler untersuchen

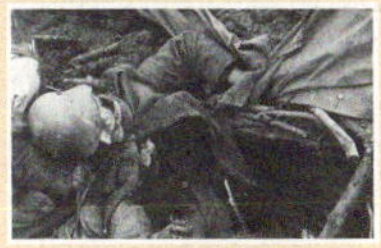

Stichworte zum besseren Verständnis von Kriegerdenkmälern

Art des Denkmals

Handelt es sich um Grabmäler auf einem Schlachtfeld oder um Gedächtnismale oder Ehrentafeln in ehemaligen Heimatorten der Toten?

Mögliche Ziele der Errichtung

Soll das Denkmal das Andenken an die Toten erhalten und Hinterbliebene trösten?
Soll das Denkmal dem Soldatentod nachträglich Sinn verleihen?

- Z. B. indem die Soldaten, denen es gewidmet ist, als Helden verehrt werden: Stellt das Denkmal ihren Opfermut heraus?
- Oder indem der Soldatentod mit abschreckender Bedeutung verknüpft wird: Ein Denkmal kann als Mahnung, Krieg nicht zu wiederholen, gedacht sein.

Gestaltungsmerkmale

Die Ausrichtung eines Denkmals lässt sich an den eingesetzten Gestaltungsmitteln erkennen:

- Welche Werkstoffe wurden verwendet? Schwere Werkstoffe sind dauerhaft und lassen an „Ewigkeit“ und „Kraft“ denken.
- Ist die Form des Denkmals eher blockhaft und geschlossen oder eher durchbrochen und offen? Wie wirkt die Form, z. B. massig, aufrecht, trotzig, trauernd, bewegt, verletzlich, standhaft?
- Sind dem Denkmal Symbole beigegeben, z. B. Adler, Stahlhelm, Waffen oder Inschriften?
- Wie ist die Umgebung des Denkmals gestaltet? Z. B. mit Blumen oder Mauern?

Bei der Untersuchung eines ausgewählten Denkmals, z. B. in eurer Umgebung, hilft es euch zudem, wenn ihr nach den folgenden Schritten vorgeht:

1. Bestandsaufnahme

- Formuliert zuerst, welchen Eindruck das Denkmal spontan auf euch macht.
- Betrachtet es anschließend genauer mithilfe der nebenstehenden Hinweise. (Was ist dargestellt und wie ist es dargestellt?)
- Dokumentiert das Denkmal mit Fotos und/oder Zeichnungen.
- Findet heraus, wann und von wem es errichtet wurde.
- Überlegt, welche Botschaft es der Nachwelt vermitteln sollte.

2. Auskünfte einholen

- Erkundet, aus welchem Anlass das Denkmal errichtet wurde. (Auskünfte erhaltet ihr z. B. im Gemeindebüro.)
- Wer ist heute verantwortlich für das Denkmal? Wer pflegt es?
- Werden Gedenkfeiern organisiert, bei denen es eine Rolle spielt? Wenn ja: Von wem?
- Gibt es z. B. einen Kriegerverein, dessen Meinung zu dem Denkmal eingeholt werden könnte?

3. Bewerten

- Was habt ihr über die bei der Errichtung oder in der Gegenwart wichtigen Motive und Gefühle, für die das Denkmal steht, herausgefunden?
- Hat sich die öffentliche Einstellung verändert?
- Wie denkt ihr über die Aussage des Denkmals?

So geht es weiter …

Wettrüsten und Krisen in Europa

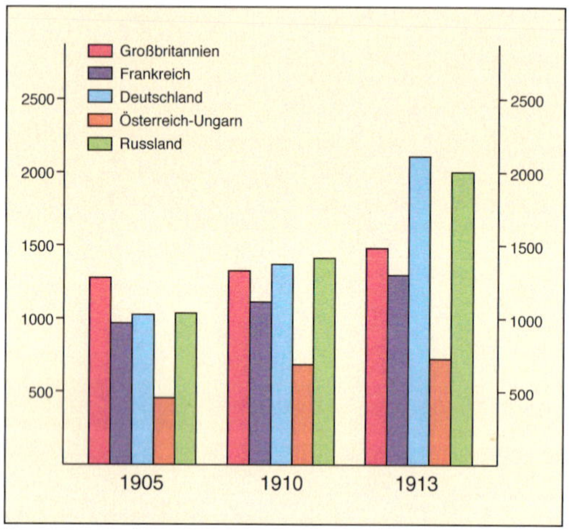

1 **Rüstungsausgaben 1905–1913 (in Millionen Mark).**

2 **„Wie sollen wir uns da die Hand geben?“.** Karikatur aus dem Simplicissimus, 1912.

Prestigedenken*: *Entscheidungen, die nicht nach dem wahren Nutzen schauen, sondern das eigene Ansehen heben und das des Gegenübers senken sollen.*

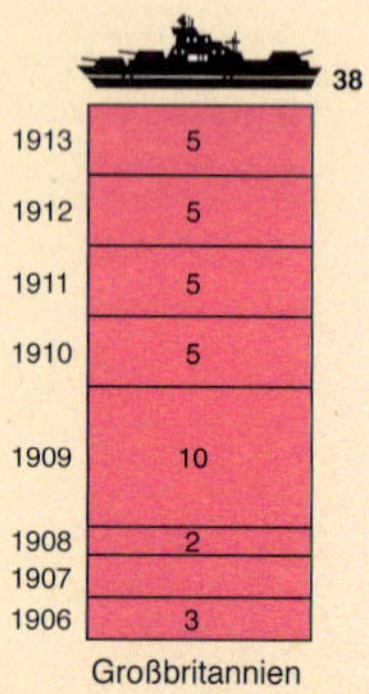

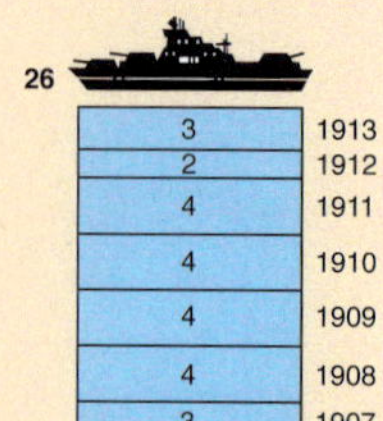

Bau von Kampfschiffen 1906–1913.

Rüstungs- und Flottenpolitik

Die Rivalität und das Prestigedenken* beim Erwerb von Kolonien hatten dazu geführt, dass die europäischen Mächte untereinander verfeindet waren und sich misstrauisch beobachteten. Versuche, die eigene Machtstellung weiter auszubauen, konnten in dieser Situation als Bedrohung empfunden werden und einen Krieg auslösen. Die deutsche Politik unter Kaiser Wilhelm II. nahm darauf allerdings keine Rücksicht. So forderte Admiral Tirpitz im Jahre 1900 eine starke deutsche Flotte zum Schutz des Handels und der Kolonien.

Während der Debatte im Reichstag über den Flottenbau meinte der Abgeordnete Oertel:

Q1 … Meine Herren, das kann nicht in Abrede gestellt werden, dass wir mit dieser Flottenverstärkung wieder ein Stück weiter hinausfahren in das Meer der Weltpolitik. Davor scheuen wir nicht zurück; unsere Stellung gebietet uns das. Wir müssen teilnehmen an der Weltpolitik, wenn wir unseren geschichtlichen Beruf erfüllen wollen. …

Ganz anderer Ansicht war Wilhelm Liebknecht (1828–1900), Abgeordneter der Sozialdemokratischen Partei:

Q2 … Wir wissen gar wohl, welche Ziele die Flottenvorlage hat: die Stärkung des Militarismus und des Kapitalismus. Wir hatten gestern eine denkwürdige (Reichstags-) Sitzung und es wird wohl mancher sich tief geschämt haben, als wir jene entsetzlichen Schilderungen der Hospitalzustände in Berlin, der Hauptstadt des Reiches, anhörten, als wir erfuhren, wie es hier in einem Hospital aussieht und hergeht. So ist es nicht bloß hier, sondern überall, und vielfach noch schlimmer. Und woran fehlt es? Was antwortet man den Leuten, wenn sie sich erkundigen? „Wir haben kein Geld.“ 5000 Millionen werfen wir ins Wasser für die Flotte, nach diesem Gespenst der Weltmarktspolitik und der Weltherrschaft, aber für das Elend vor unseren Türen haben wir kein Geld. …

Durch die Flottenpolitik des Deutschen Reiches fühlte sich vor allem Großbritannien bedroht. In Europa begann ein allgemeines

Wettrüsten und Krisen in Europa

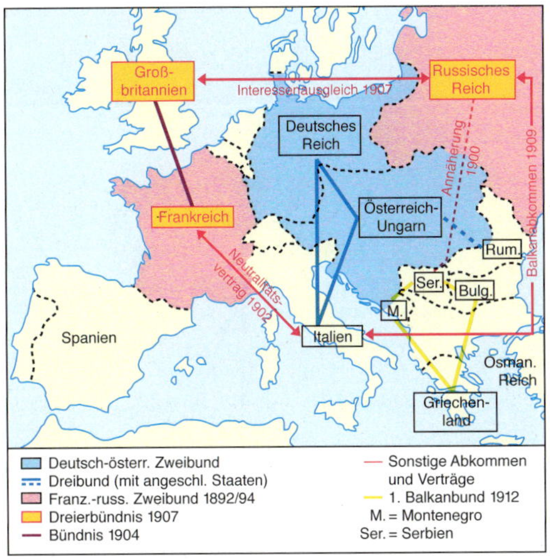

3 **Das Europäische Bündnissystem vor dem Ersten Weltkrieg.**

Wettrüsten, das auch die Kriegsgefahr steigen ließ.

1 *Nennt die Argumente, die in Q1 und Q2 für und gegen die deutsche Flottenrüstung vorgebracht werden.*

Auf der Suche nach Verbündeten

Die Großmachtpolitik des Deutschen Reiches löste in England Angst aus. Mehrmals versuchten englische Politiker, mit Deutschland zu einer Verständigung zu kommen. Der Kaiser und seine Berater widersetzten sich jedoch allen Bemühungen. Daraufhin näherte sich Großbritannien zunächst seinem „Erbfeind" Frankreich an. Im Jahre 1904 verständigten sich diese beiden Mächte über ihre Interessengebiete in Afrika. Nur drei Jahre später wurde auch mit Russland ein Vertrag abgeschlossen. Damit war in Europa ein neues Bündnissystem entstanden.

2 *Vergleicht die Karte (Abbildung 3) mit der Karte auf Seite 106. Wie hat sich die Lage Frankreichs nach 1890 verändert?*

3 *Überlegt mithilfe der Karte (Abbildung 3), in welcher Lage sich das Deutsche Reich im Falle eines Krieges befunden hätte.*

Krise auf dem Balkan

Im Lauf des 19. Jahrhunderts hatten sich die auf dem Balkan lebenden Völker von der Herrschaft der Osmanen befreit. Griechenland, Bulgarien und Serbien waren selbstständige Staaten geworden. Doch auch die Großmächte Österreich-Ungarn und Russland wollten Einfluss auf den Balkan nehmen: Österreich-Ungarn besetzte 1908 Bosnien, das bis dahin zum Osmanischen Reich gehörte. Dagegen protestierte das mit Serbien verbündete Russland, denn Serbien wollte über Bosnien einen eigenen Zugang zum Meer zu gewinnen.

In den Jahren 1912/13 wurden zwei Kriege um die Frage der staatlichen Neuordnung auf dem Balkan geführt. Ihr Ergebnis war, dass Griechenland, Bulgarien und Serbien ihr Staatsgebiet vergrößerten und Albanien ein selbstständiger Staat wurde. Deutschland und Großbritannien konnten verhindern, dass sich Österreich-Ungarn und Russland direkt an den Balkankriegen beteiligten. So wurde der Ausbruch eines großen europäischen Krieges zunächst vermieden.

4 *Beschreibt mithilfe der Karte und des Textes Veränderungen auf dem Balkan.*

4 **Staaten auf dem Balkan 1913.**

1912/13:
Balkankriege. Sie waren ein Vorspiel des Ersten Weltkrieges. Zum Krisenherd wurde der Balkan nach dem Zusammenbruch der türkischen Herrschaft.

Ist der Frieden noch zu retten?

1 **Friedenskundgebung der SPD.** Foto, 1911.

Bertha von Suttner
(1843–1914).
Die Baronin aus Österreich gehörte zu den führenden Köpfen der Friedensbewegung. Ihr Buch „Die Waffen nieder!" wurde in über 40 Auflagen gedruckt und in zahlreiche Sprachen übersetzt.

Alfred Nobel und Bertha von Suttner

Alfred Nobel (1833–1896), einer der reichsten Männer Europas, schrieb im Jahre 1893 an die österreichische Baronin Bertha von Suttner, dass er einen großen Teil seines Vermögens für die Stiftung eines Preises einsetzen wolle. „Dieser Preis soll demjenigen oder derjenigen zuerkannt werden, der oder die Europa am weitesten vorangebracht hat auf dem Wege zur Befriedung der Welt."
Nobel verdankte seinen Reichtum vor allem seinen Geschäften mit „Dynamit oder Nobels Sicherheitspulver", für das er 1866 in Schweden das Patent erhalten hatte. Abschreckung durch Aufrüstung – dies schien ihm die einzig mögliche Garantie für einen dauerhaften Frieden zu sein. „Ich möchte" – so äußerte er 1876 – „einen Sprengstoff oder eine Maschine schaffen können von so fürchterlicher, massenhaft verheerender Wirkung, dass Kriege dadurch überhaupt unmöglich werden." Ganz anderer Ansicht war die Baronin: Frieden schaffen ohne Waffen – das war ihr Ziel. Im Jahre 1889 erscheint ihr Buch „Die Waffen nieder"; es wird in fast alle Weltsprachen übersetzt. Als Präsidentin der österreichischen Friedensgesellschaft schreibt sie an Nobel: „Es wäre schön, wenn der Erfinder des Kriegssprengstoffes einer der Förderer der Friedensbewegung wäre." Nobel antwortet ihr: „Die Abrüstung fordern bedeutet so viel wie sich lächerlich machen, ohne jemandem zu nützen", und ferner: „Meine Fabriken werden dem Krieg vielleicht noch früher ein Ende machen als Ihre Kongresse"; gleichzeitig überweist er allerdings eine Spende für die Friedensbewegung. Bertha von Suttner lässt sich von solchen Hinweisen nicht entmutigen. Unermüdlich hält sie Vorträge, schreibt an die europäischen Regierungen, um vor einem kommenden Krieg zu warnen.
Ebenfalls für Abrüstung und Frieden kämpften die Sozialdemokraten in ganz Europa. Der Krieg könne nur verhindert werden, so meinten die Sozialdemokraten, wenn sich in allen Staaten die Arbeiterinnen und Arbeiter dagegen wehren würden. In großen Demonstrationen versuchten sie, ihren Forderungen öffentlich Nachdruck zu verleihen.
Doch keiner der führenden Poliker noch die Militärs wollten diesen Krieg ernsthaft verhindern, denn jeder glaubte an einen schnellen Sieg seines Landes. Sie waren davon überzeugt, dass schon die nächste Krise nicht mehr friedlich ausgehen könne und ein Krieg in Europa auf Dauer unvermeidlich sei.

1 *Diskutiert über die Positionen von Alfred Nobel und Bertha von Suttner. Begründet eure Meinungen.*

Von der Juli-Krise zum Ausbruch des Krieges

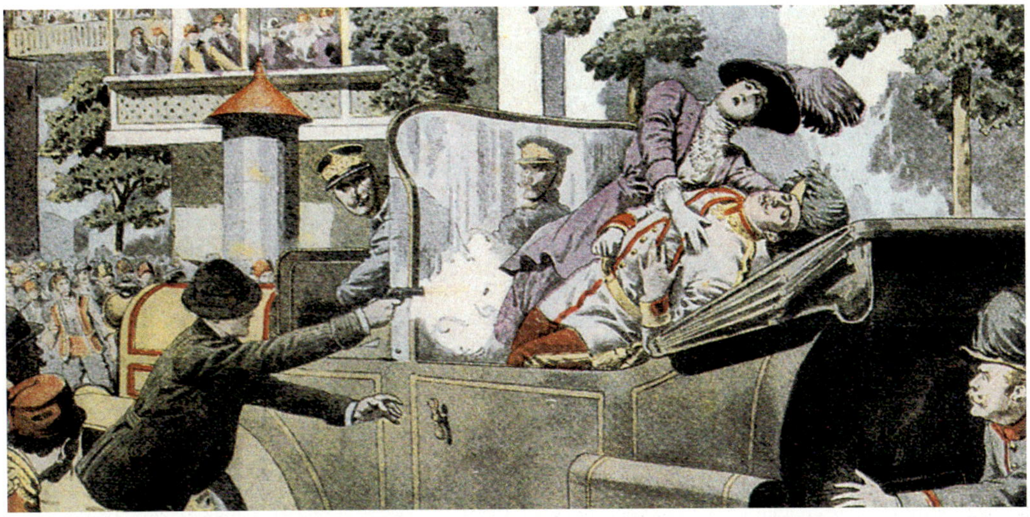

2 **Das Attentat auf den österreichischen Erzherzog Franz Ferdinand und seine Ehefrau.** Farblithografie, Juni 1914.

Das Attentat von Sarajevo

Anlass des Krieges war die Ermordung des österreichischen Thronfolgers Franz Ferdinand und seiner Frau Sophie durch serbische Nationalisten in Sarajevo. Diese hatten es sich zum Ziel gesetzt, die Vereinigung aller Serben mit allen Mitteln herbeizuführen. Nachdem Serbien sich weigerte, österreichische Beamte an dem Ermittlungsverfahren zu beteiligen, erklärte Österreich-Ungarn – von seinem Bündnispartner Deutschland bedingungslos unterstützt – Serbien am 28. Juli 1914 den Krieg. Dass Russland im Falle eines militärischen Vorgehens Österreichs gegen Serbien nicht tatenlos zusehen würde, war zu erwarten. Noch am gleichen Tag erfolgte in Russland die Teilmobilmachung*. Und nun gab es kein Halten mehr: Am 1. August erklärte Deutschland Russland den Krieg, am 3. August Frankreich. Aus dem begrenzten Krieg war ein europäischer Krieg geworden. Als am 3. August deutsche Truppen durch das bis dahin neutrale Belgien marschierten, erklärte die Londoner Regierung Deutschland den Krieg.

2 *Erklärt mit euren Worten, warum es zum Ausbruch des Krieges kam. Unterscheidet dabei zwischen Anlass und Ursache des Kriegsausbruchs.*

28. 6.	Ermordung des österreichisch-ungarischen Thronfolgers Franz Ferdinand in Sarajevo.
6. 7.	Berlin sichert Wien die volle Unterstützung zu (Blankoscheck).
23. 7.	Österreichs ▶ Ultimatum* an Serbien, absichtlich unannehmbar formuliert.
25. 7.	Serbiens Antwort nimmt die Bedingungen des Ultimatums größtenteils an; serbische Teilmobilmachung*; Russland beschließt Unterstützung Serbiens.
28. 7.	Österreich-Ungarn erklärt Serbien den Krieg. Teilmobilmachung Russlands.
30. 7.	Russische und österreich-ungarische Gesamtmobilmachung.
1. 8.	16.55 Uhr französische Mobilmachung. 17.00 Uhr deutsche Mobilmachung. 19.00 Uhr deutsche Kriegserklärung an Russland. Mobilmachung der englischen Flotte.
3. 8.	Deutsche Kriegserklärung an Frankreich. Deutscher Einmarsch in das neutrale Belgien (nach Luxemburg bereits am 2. 8.). Neutralitätserklärung Italiens.
4. 8.	Englische Kriegserklärung an Deutschland.
6. 8.	Österreichisch-ungarische Kriegserklärung an Russland, serbische Kriegserklärung an Deutschland.
11./12. 8.	Kriegserklärung Frankreichs und Englands an Österreich-Ungarn.

3 **Vom Attentat in Sarajevo zum Ersten Weltkrieg.** Wichtige Ereignisse in Schlagzeilen.

▶ Ultimatum*: *Ein diplomatisches Schriftstück, das vom Absender als letztes, zeitlich befristetes Verhandlungsangebot bezeichnet wird.*

Mobilmachung* *(französisch: „mobile" = beweglich, marschbereit): Maßnahmen, durch die die Streitkräfte eines Landes für den Kriegseinsatz bereitgestellt werden, z. B. durch die Einberufung aller Wehrpflichtigen.*

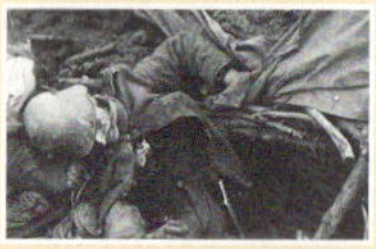

Ein Ausflug nach Paris?

1 **Deutsche Kriegsfreiwillige bei der Abfahrt zur Westfront.** Foto 1914.

2 **Britische Kriegsfreiwillige nach ihrer Einkleidung.** Foto 1914.

„Der verlauste Pelz von Zar Nikolaus wird verdroschen". Deutsche Postkarte, 1915.

Kriegsbegeisterung

Zum 1. August 1914 meldeten die Berliner Zeitungen:

Q1 … Auf Befehl des Kaisers trat kurz nach 5 Uhr aus dem Portal des Schlosses ein Schutzmann und teilte der harrenden Menge mit, dass die Mobilisation beschlossen sei. Die tief ergriffene Menge stimmte unter den Klängen der Domglocken den Choral an: Nun danket alle Gott. …

Die Nachricht von der Mobilmachung erfüllte die Menschen mit überschäumender Freude. Wie in Berlin, so auch in London und Paris. Kaum einer konnte sich vorstellen, dass es einen langen Krieg geben würde. Junge Männer in ganz Europa meldeten sich freiwillig, um „ihr Vaterland" zu verteidigen. Ganz enttäuscht berichtet z. B. ein junger Kriegsfreiwilliger von den ersten Tagen des August im Jahre 1914:

Q2 … Ausdauer muss man haben und Geduld muss einem verliehen sein, will man den heiß begehrten Rang „Kriegsfreiwilliger" erreichen. Ich wandere von Kaserne zu Kaserne, von Regiment zu Regiment: „Wann stellen Sie Kriegsfreiwillige ein?" – „Überfüllt!" – Vorläufig keine mehr!"– „Später, nicht vor dem 12.!" – Überall abgewiesen. …

1 *Seht euch Abbildung 1 an. – Wie stellen sich die deutschen Soldaten den Krieg vor?*
2 *Überlegt gemeinsam, was die britischen Soldaten empfunden haben mögen (Abbildung 2).*

„Patrioten" oder „Vaterlandslose Gesellen?" – Die Sozialdemokratie und der Krieg

Im Deutschen Reichstag stimmten alle Parteien, die SPD allerdings erst nach heftigen Kämpfen, geschlossen für die vom Kaiser geforderten Kriegskredite. Noch am 25. Juli 1914 hatte die SPD erklärt:

Q3 … Wir wollen keinen Krieg. Nieder mit dem Krieg. Es lebe die internationale Völkerverbrüderung. …

Aber bereits am 31. Juli 1914 schrieb die Parteizeitung „Der Vorwärts":

Q4 … Wenn die verhängnisvolle Stunde schlägt, werden die vaterlandslosen Gesellen* ihre Pflicht erfüllen und sich darin von den Patrioten in keiner Weise übertreffen lassen. …

3 *Vermutet, wieso die Sozialdemokraten ihre Meinung zum Krieg änderten.*

„vaterlandslose Gesellen"*: *Von Bismarck geprägtes Schimpfwort der Kaiserzeit für die Sozialdemokraten, weil sie sich angeblich nicht für ihr Vaterland einsetzten.*

Kriegsgegner und Kriegsziele

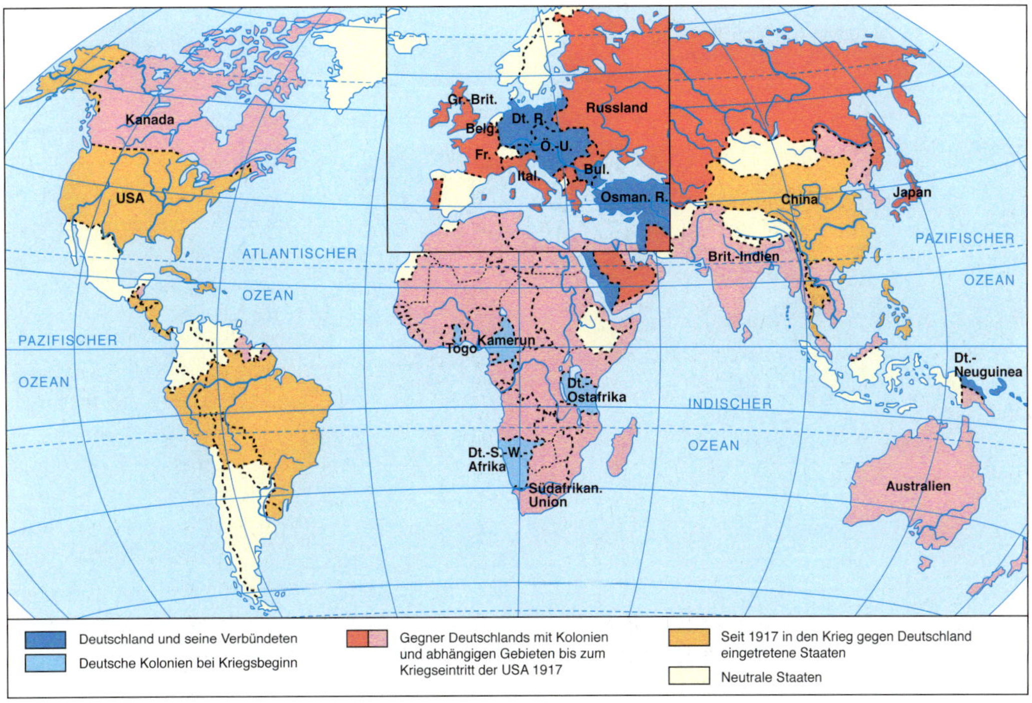

3 **Die Kriegsgegner im Ersten Weltkrieg.**

Kriegsziele als Friedensprogramme?

Am 6. August 1914 wandte sich der Kaiser an das deutsche Volk mit den Worten:

Q5 „Man verlangt, dass wir mit verschränkten Armen zusehen, wie unsere Feinde sich zu tückischem Überfall rüsten. Mitten im Frieden überfällt uns der Feind."

Nach den Worten Wilhelms II. ging es in diesem Krieg für Deutschland nur um die Verteidigung des Vaterlandes. Nur wenige Wochen später wurden die deutschen Kriegsziele offen ausgesprochen:

- Frankreich darf als Großmacht nie wieder entstehen; die nordfranzösischen Industriegebiete werden daher dem Deutschen Reich angegliedert. Zusätzlich: Zahlungen Frankreichs an Deutschland.
- Angliederung der belgischen Industriegebiete an das Deutsche Reich. Zollverband unter deutscher Oberhoheit von Frankreich bis Polen und von Norwegen bis Italien.
- Beendigung der russischen Herrschaft über seine so genannten Vasallenvölker*.
- Größerer Anteil Deutschlands an den Kolonien auf Kosten der anderen Mächte.

Auch die anderen Länder entwickelten Kriegszielprogramme:

- Frankreichs Ziel bestand darin, die Macht des Deutschen Reiches zu brechen und Elsass-Lothringen zurückzugewinnen.
- England forderte die Abschaffung der deutschen Kriegsflotte und die Aufteilung der deutschen Kolonien.
- Russland schließlich strebte die Herrschaft über Istanbul und die Meeresengen der Dardanellen an.

Jedes Land bezeichnete diese Kriegsziele als „Friedensprogramme", da nur so der Frieden in Europa dauerhaft gesichert werden könne.

4 *Schlagt eine Europakarte auf und versucht, die deutschen Kriegsziele in einer Faustskizze festzuhalten.*

5 *Vergleicht die Worte des deutschen Kaisers (Q5) mit den im Text genannten Kriegszielen.*

6 *Alle beteiligten Regierungen bezeichneten diesen Krieg als „Verteidigungskrieg". Wie würdet ihr ihn bezeichnen?*

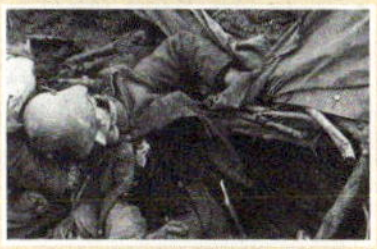

Die Kriegsgegner: *Das Deutsche Reich und seine Verbündeten – Österreich-Ungarn, Bulgarien und das Osmanische Reich – wurden im Ersten Weltkrieg als* ***▶ Mittelmächte*** *bezeichnet; die gegen die Mittelmächte verbündeten Staaten – Großbritannien, Frankreich und Russland – als* ***▶ Alliierte.***

Russische Spottkarte auf Wilhelm II., 1915.

Vasallenvölker*: *Von einer Großmacht abhängige Völker, z. B. in Kolonien, aber auch in selbstständigen kleineren Staaten. Oft wird die Abhängigkeit begründet durch Bündnisverträge zwischen Partnern mit unterschiedlichen Machtpositionen.*

Was bewegte die Mächte zum Kriegseintritt?

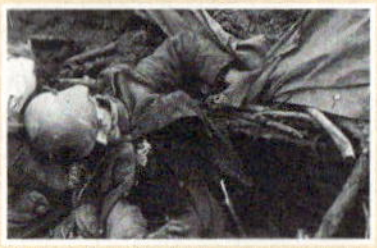

Der Kriegsausbruch 1914 ...

1 **„Flandern"**. 1936 fertig gestelltes Gemälde des deutschen Künstlers Otto Dix, der sich 1914 freiwillig für den Kriegsdienst gemeldet hatte. Wie viele andere Künstler seiner Zeit, die Kriegsteilnehmer waren, machte er später das Grauen des Schlachtfeldes zu einem beherrschenden Thema seiner Malerei.

Stellungskrieg

Die Vorstellung der Beteiligten, der Krieg werde schnell beendet sein und für klare Machtverhältnisse in Europa sorgen, erfüllte sich nicht. Unter Einsatz riesiger Mengen von Mensch und Material konnte keine der beteiligten Armeen den Durchbruch erringen. Wie urteilten zeitgenössische Politiker und – später – Historiker über den Kriegsausbruch?

Urteile von Politikern

Kaiser Wilhelm II. am 4. August 1914:

Q1 Die gegenwärtige Lage ging nicht aus vorübergehenden Interessenkonflikten oder diplomatischen Konstellationen hervor, sie ist das Ergebnis eines seit langen Jahren tätigen Übelwollens gegen Macht und Gedeihen des Deutschen Reichs. Uns treibt nicht Eroberungslust, uns beseelt der unbeugsame Wille, den Platz zu bewahren, auf den Gott uns gestellt hat, für uns und alle kommenden Geschlechter ... In aufgedrungener Notwehr mit reinem Gewissen und reiner Hand ergreifen wir das Schwert ... Hier wiederhole ich: Ich kenne keine Partei mehr. Ich kenne nur Deutsche.

Unterhausrede des britischen Außenministers Edward Grey 1914:

Q2 Man könnte vielleicht sagen, wir sollten beiseite stehen, unsere Kräfte sparen und erst zu Ende des Krieges, was immer auch sein Verlauf brächte, wirkungsvoll eingreifen, um die Dinge in Ordnung zu bringen und nach unserem Ermessen richtig zu stellen. Wenn wir uns aber in einer Krise wie der gegenwärtigen allen Verpflichtungen entzögen, die unsere Ehre und unser Interesse uns bezüglich des belgischen Vertrages auferlegen, dann bezweifle ich, dass alle materielle Macht, die wir zu Ende noch besäßen, aufwiegen könnte, was wir an Achtung eingebüßt hätten.

Rede des russischen Außenministers Sergej Dimitrijewitsch Sasonow vor der Duma*:

***Duma**:** *Russisches Parlament.*

Welche Ziele verfolgten die Mächte mit dem Kriegseintritt?

... im Urteil von Politikern und Historikern

Q3 Sie kennen den Anlass zum Kriege. Durch innere Unruhen zerrissen, suchte Österreich einen Schlag zu führen, der gleichzeitig seine Kraft beweisen und uns demütigen sollte. Dafür musste Serbien herhalten, dieses Serbien, mit dem uns die Bande der Geschichte sowie gemeinsame Abstammung und Glauben vereinigen.
Sie kennen die Umstände, unter welchen das Ultimatum an Serbien gerichtet wurde. Hätte sich Serbien diesen Bedingungen unterzogen, so wäre es Österreichs Vasall geworden. Ein gleichgültiges Verhalten unsererseits hätte die Aufgabe unserer jahrhundertealten Rolle als Beschützer der Balkanstaaten bedeutet. Gleichzeitig hätten wir damit zugegeben, dass der Wille Österreichs und des hinter ihm stehenden Deutschlands für Europa Gesetz wäre: Weder wir noch Frankreich, noch England konnten es geschehen lassen.

Der ehemalige deutsche Reichskanzler v. Bethmann-Hollweg zum Reichstagsabgeordneten C. Haußmann, 24. Februar 1918:

Q4 Ja Gott, in gewissem Sinne war es ein Präventivkrieg*, aber wenn der Krieg über uns hing, wenn er in zwei Jahren noch viel gefährlicher und unentrinnbarer gekommen wäre und wenn die Militärs sagen, jetzt ist es noch möglich, ohne zu unterliegen, in zwei Jahren nicht mehr! ... (Der Krieg) war nur zu vermeiden durch eine Verständigung mit England.

Urteile von Historikern

Aus einer gemeinsamen Erklärung deutscher und französischer Historiker vom Oktober 1951:

Q5 Die Dokumente erlauben es nicht, im Jahr 1914 irgendeiner Regierung oder einem Volk den bewussten Willen zu einem europäischen Krieg zuzuschreiben ...

Der deutsche Historiker Gerhard Ritter, 1964:

Q6 Die hilflose Abhängigkeit der deutschen politischen Führung von den Plänen der Militärs war der wesentliche Grund für ihr Versagen ... Das war nicht einfach Schwäche, sondern Not: Nur Deutschland hatte mit einem Zweifrontenkrieg zu rechnen, war also in jedem Fall darauf angewiesen, den Angriffsplänen seiner Gegner zuvorzukommen, wenn es siegen wollte.

Der sowjetische Historiker Bestuschew, 1966:

Q7 Die Untersuchung der Tatsachen zeigt ..., dass die Politik aller Großmächte, einschließlich Russlands, objektiv zum Weltkrieg führte. Die Verantwortung für den Krieg tragen die herrschenden Kreise aller Großmächte ... ungeachtet der Tatsache, dass die Regierungen Deutschlands und Österreichs, die den Krieg auslösten, eine größere Aktivität an den Tag legten.

Der Historiker Sönke Neitzel schrieb 2002:

Q8 ... Nachdem sich im Sommer 1914 ... der Handlungsspielraum des Deutschen Reiches weiter verringert hatte, war der Mord von Sarajevo das Signal zu einer Risikopolitik ... Gewiss darf die Rolle der anderen Mächte, insbesondere Russlands, nicht außer Acht gelassen werden. Tatsache bleibt jedoch, dass Berlin und Wien gleichermaßen zum Krieg drängten. Für den heutigen Betrachter mutet ihr Handeln, in Kenntnis der Folgen, als unverantwortlich an. In der Tat muss der entscheidende Vorwurf lauten, dass sich weder der österreichische Ministerrat noch die deutsche Reichsleitung ausreichend Gedanken zur Gestaltung eines großen Krieges gemacht haben. Beide verließen sich allzu blauäugig auf die optimistischen Versprechungen der Militärs. Insofern kommt diesen eine bedeutende Mitschuld am Ausbruch des Ersten Weltkrieges zu.

1 *Bildet Gruppen und tragt die Urteile der Politiker über die Schuld am Kriegsausbruch im August 1914 zusammen.*
2 *Lest die Urteile der Historiker (Q5–Q8) und notiert, wie die Historiker die Schuldfrage beurteilten.*

Präventivkrieg*: *Krieg, der begonnen wird, um einem als sicher bevorstehend angenommenen Angriff des Feindes zuvorzukommen.*

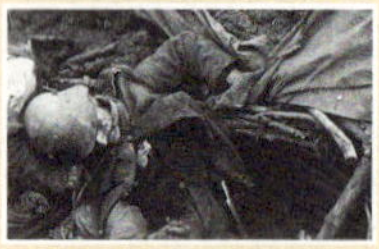

Das Gesicht des Krieges

1 **Kriegsalltag an der Front.** Foto, 1916.

Ein Krieg des Industriezeitalters

Der deutsche Großadmiral von Tirpitz schrieb am 11. Oktober 1914 in sein Tagebuch:

Q1 ... Ein merkwürdiger Krieg: von den Vogesen über Paris bis an den Kanal ein langer provisorischer Festungsgürtel von beiden Seiten, der nur mit schwersten Blutopfern zu stürmen wäre. Auf der anderen Seite eine mit Hunderten von Millionen erbaute Festung in zwölf Tagen ohne große Verluste genommen. Flieger, Autos spielen eine ungeahnte Rolle, wie überhaupt die Technik, Brücken und Tunnel, deren Bau sonst Jahre gedauert hat, werden in vierzehn Tagen hergestellt. ...

Der „merkwürdige Krieg", der erst gut zwei Monate gedauert hatte, war offenbar ein ganz neuer, so nicht erwarteter Krieg. Nur selten hatten im 19. Jahrhundert Heere von mehr als 500 000 Mann gegeneinander gekämpft; nun waren es Armeen von mehreren Millionen. Erstmals standen sich hochgerüstete Industriestaaten gegenüber. Neue, gefährlichere Waffen fanden Verwendung.

Vom Bewegungskrieg zum Stellungskrieg

Der deutsche Feldzugsplan folgte den Vorschlägen, die General von Schlieffen* entwickelt hatte. Dessen Grundidee war es, durch eine Art Blitzkrieg Frankreich niederzuwerfen, um dann mit geballter Kraft gegen Russland vorgehen zu können. Schnelligkeit sollte das Geheimnis eines deutschen Sieges sein. Schon am 4. August 1914 fielen die deutschen Truppen frühmorgens in das neutrale Belgien ein. In einem Sturmlauf stießen fünf deutsche Armeen durch Belgien, Nord- und Ostfrankreich in Richtung Paris vor. Doch an der Marne, wo die französischen Armeen eine starke Verteidigungslinie aufgebaut hatten, blieb der Angriff stecken. Damit war der deutsche Feldzugsplan gescheitert. Es war nicht möglich gewesen, Frankreich in einem schnellen

Schlieffenplan*:
Deutsche Kriegsstrategie, die General Schlieffen schon 1905 entworfen hatte. Um den befürchteten Zweifrontenkrieg gegen Russland und Frankreich zu vermeiden, sollte zunächst Frankreich in einem raschen Kriegszug niedergeworfen werden. Danach wollte man dann alle Truppen gegen Russland einsetzen.

Das Gesicht des Krieges

2 **Die Druckwelle einer Explosion tötet Soldaten an der Ostfront.** Foto, 1918.

3 **Schützengraben mit englischen Soldaten.** Foto, 1918.

Bewegungskrieg zu besiegen. Aber auch Frankreich fehlte die Kraft zu einem Durchbruch. Der Krieg erstarrte an allen Fronten zum Stellungskrieg. Die Armeen begannen, sich in festen Stellungen einzugraben. Dasselbe Bild bot sich seit 1915 auch an der Ostfront im Krieg gegen Russland. Oft lagen die gegnerischen Gräben nur 30 bis 50 Meter voneinander entfernt. Beide Seiten versuchten, durch ungeheuren Einsatz an Material und stundenlanges Granatfeuer die gegnerischen Stellen aufzureißen.

Materialschlachten: die Industrialisierung des Tötens

Den Gegner ausbluten und zermürben: So lautete die Strategie des Stellungskrieges. Stabil ausgebaute Gräben und Gefechtslinien bildeten die Verteidigungslinien. Mit neuartigen Waffen versuchten die Soldaten, die gegnerischen Linien zu überwinden oder die eigenen Stellungen zu verteidigen. Eine bisher noch nie gesehene Materialschlacht mit neuen Waffen, Maschinengewehren, Handgranaten, Giftgasgranaten, Minen, Panzern und Flugzeugen setzte ein. Granatwerfer schossen tagelang rund um die Uhr ihre Munition auf die gegnerischen Stellungen. Die Gewalt der Explosionen zerfetzte in Minuten ganze Wälder, stampfte Betonbunker zusammen und zerriss Hunderttausende von Menschen. So kostete der Stellungskrieg Millionen von Soldaten das Leben. Allein in der „Hölle von Verdun" fielen mehr als 700 000 deutsche und französische Soldaten.

In dem Brief eines Soldaten heißt es:

Q2 … Die Soldaten an der vordersten Front leben mit den Toten. Überall liegen Leichen. Nicht nur im Vorgelände, wo die Opfer der letzten Angriffe in den Stacheldrahtverhauen hängen, sondern auch in den Gräben, wo sie von Artilleriefeuer zugeschüttet worden und mit Erde zusammengebacken sind, bis der nächste Granateinschlag ihre Glieder wieder emporschleudert. Oft ist ihr Anblick so furchtbar, dass selbst die Abgestumpftesten erbrechen müssen …

1 *Vergleicht die Zahl der vor Verdun Gefallenen mit der Einwohnerzahl eures Heimatortes.*

2 *Erklärt, wodurch sich dieser Krieg von vorangegangenen Kriegen unterschied.*

3 *Schreibt mithilfe der Abbildungen 1–3 und der Quellen einen kurzen Text: Der Stellungskrieg und seine Folgen.*

Der Gaskrieg. *Die Deutschen setzten Giftgas zum ersten Mal im April 1915 ein. Um sich gegen das Gas zu schützen, mussten die Soldaten sofort Gasmasken aufsetzen. Sie wurden zum Symbol der Unmenschlichkeit des Krieges. Foto.*

Kriegsalltag in Deutschland

1 Auf dem Erfurter Fischmarkt werden Beutegeschütze präsentiert. Foto, 5. Dezember 1915.

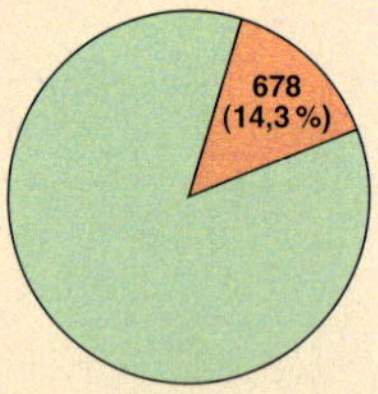

1. August 1914

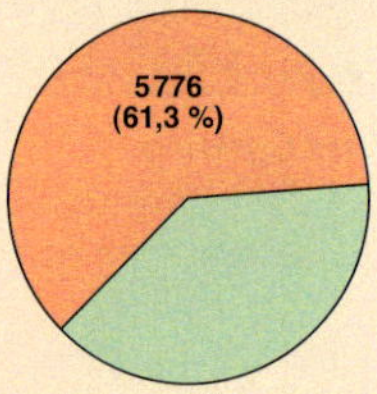

November 1918

Anteil der Frauen an der Belegschaft der Firma Bosch in Stuttgart.

„Wer nicht arbeitet, soll auch nicht essen"
In den Kampfgebieten Frankreichs und Belgiens litt die Bevölkerung unter der direkten Wirkung der Waffen. Ganze Städte und Dörfer wurden dem Erdboden gleichgemacht. Das Deutsche Reich blieb von Kampfhandlungen zwar verschont, dennoch hatte auch die deutsche Zivilbevölkerung große Opfer zu bringen. Weil die Männer im Krieg waren, wurden viele Frauen zur Arbeit in Munitionsfabriken und für andere Tätigkeiten zwangsverpflichtet. So erklärte z. B. der Feldmarschall Hindenburg im September 1916:

Q1 … Arbeit für das Allgemeinwohl ist jetzt Pflicht für alle … Es gibt ungezählte Tausende von kinderlosen Kriegerfrauen, die nur den Staat Geld kosten. Ebenso laufen Tausende Frauen und Mädchen herum, die nichts tun oder unnützen Berufen nachgehen. Der Grundsatz „wer nicht arbeitet, soll auch nicht essen" ist in unserer Lage mehr denn je berechtigt, auch den Frauen gegenüber. …

In den Arbeitsbedingungen einer Munitionsfabrik hieß es im September 1917 für Männer und Frauen:

Q2 … Tägliche Arbeitszeit in der Regel neun Stunden, Überstunden nach Bedarf, Sonntagsarbeit, wenn erforderlich, nicht ausgeschlossen. …

Die Arbeit in der Rüstungsindustrie belastete die Frauen besonders, da sie daneben noch für den Haushalt und die Versorgung der Kinder zuständig waren. Nur wenige Betriebe gewährten ihnen etwas Zeit zum Einkaufen der Lebensmittel und für die Besorgung des Haushalts.
Schlimmer als die Dreifachbelastung durch Beruf, Kindererziehung und Haushalt war für die meisten Frauen jedoch die alltägliche Angst um den Mann. Zwei Millionen deutsche Soldaten starben während der vier Kriegsjahre. Viele von ihnen hinterließen Frau und Kinder. 4,3 Millionen Soldaten kamen als Kriegsverletzte während und nach dem Ersten Weltkrieg zurück in ihre Heimat. Blinde, Gehörlose, Arm- und Beinamputierte mussten unter größten Mühen lernen, im Alltag wieder zurechtzukommen. Über zwei Millionen Kriegsopfer, Witwen und Waisen waren noch im Jahr 1928 auf die kärgliche staatliche Unterstützung angewiesen.

Mangel an der „Heimatfront"

Der alltägliche Hunger

Entsetzlich traf die gesamte Bevölkerung in Deutschland der Mangel an Lebensmitteln. Durch blockierte Handelswege, Kriegswirtschaft und Missernten verknappten sich die Lebensmittel immer mehr. Die Nahrungsmittel wurden vom Staat rationiert, d.h. man bekam sie nur noch auf Lebensmittelkarten. Im Herbst 1914 schrieb die zwölfjährige Elfriede Kuhr in ihr Tagebuch:

Q3 ... Wenn wir bloß ein bisschen mehr zu essen hätten! Aber Brot und Mehl sind so knapp und mit den anderen Lebensmitteln steht es nicht besser. Augenblicklich haben wir pro Person in einer ganzen Woche 1/2 Pfund Kaffee-Ersatz und 1/2 Pfund Margarine; Butter für Erwachsene pro Woche 125 Gramm. Manchmal gibt es Bezugsscheine für 1/2 Pfund Haferflocken, 1/2 Pfund Graupen und 1/2 Pfund Grieß, aber wenn die Vorräte ausverkauft sind, hat man ganz umsonst stundenlang vor den Läden Schlange gestanden. ...

Unter dem „General Hunger" litten fast alle: Die Alten, Kranke und Gebrechliche, die Kinder und die Mütter, die mit 48 Wochenstunden in der Kriegswirtschaft eingesetzt waren. Nur wer Geld besaß, konnte sich auf dem Schwarzmarkt noch zusätzliche Lebensmittel beschaffen zu weit überhöhten Preisen.

Besonders schlimm war der „Steckrübenwinter" 1917/18, als es nicht einmal mehr Kartoffeln gab. Mit Steckrüben versuchte man, dem Hungertod zu entkommen. Die mangelnde Versorgung führte bei Erwachsenen zu einer Gewichtsabnahme von etwa 10 bis 15 Kilogramm, etwa 20 Prozent ihres Normalgewichts. Insgesamt starben im Deutschen Reich während des Krieges über 750 000 Menschen den Hungertod.

1 *Erklärt, warum man während des Ersten Weltkrieges von der Heimat„front" sprach.*

2 *Beschreibt anhand der Materialien auf dieser Seite die Lebensbedingungen in der deutschen Heimat. Stellt möglichst viele Stichpunkte zusammen.*

2 Frauen übernehmen im Krieg schwere körperliche Arbeit (Reinigen und Schleifen der Straßenbahnschienen). Foto, 1916.

3 Frauen arbeiten in der Rüstungsindustrie. Foto, 1917.

4 Frauen sortieren aus Fallobst verwertbare Früchte aus. Foto, 1917.

Kohlrüben-Karte
— Stadt Erfurt —

2 Pfund Kohlrüben 31. Woche 18.-24. März 1917	2 Pfund Kohlrüben 32. Woche 25.-31. März 1917
2 Pfund Kohlrüben 29. Woche 4.-10. März 1917	2 Pfund Kohlrüben 30. Woche 11.-17. März 1917
2 Pfund Kohlrüben 27. Woche 18.-24. Februar 1917	2 Pfund Kohlrüben 28. Woche 25. Febr. 3. März 1917
2 Pfund Kohlrüben 25. Woche 4.-10. Februar 1917	2 Pfund Kohlrüben 26. Woche 11. 17. Februar 1917

Erfurter Bezugskarte für Kohlrüben aus dem Jahr 1917.

Kriegsende

1 Versenkung der Lusitania am 7. Mai 1915.
Zeitgenössische Darstellung.

Der uneingeschränkte U-Boot-Krieg

Zu den neuen Waffensystemen des Ersten Weltkrieges gehörten auch die für den Seekrieg entwickelten U-Boote. Schon bald nach Kriegsbeginn wurden sie massiv von deutscher Seite eingesetzt: Als die britische Marine Deutschland durch eine Seeblockade von allen Einfuhren abschnitt, wurde der Angriff aller erreichbaren englischen Schiffe, Kriegs- wie Handelsschiffe, beschlossen.

Am 7. Mai 1915 versenkte ein deutsches U-Boot den britischen Passagierdampfer „Lusitania"; er hatte unter anderem Munition geladen. Weil unter den vielen Todesopfern Amerikaner waren, übte die amerikanische Regierung Druck aus: Nach energischen Protesten musste Deutschland den U-Boot-Krieg einschränken. Im Februar 1917 aber wurde er wieder ausgeweitet. In einer kurz zuvor verfassten geheimen Denkschrift eines deutschen Admirals hatte es geheißen:

Q1 … Gelingt es, England das Rückgrat zu brechen, so ist der Krieg sofort zu unseren Gunsten entschieden. Englands Rückgrat aber ist der Schiffsraum, der Großbritannien die notwendige Zufuhr sichert. Ich erkläre, dass wir mit dem uneingeschränkten U-Boot-Krieg in fünf Monaten England zum Frieden zwingen können. … Ein bald einsetzender uneingeschränkter U-Boot-Krieg ist also trotz der Gefahr eines Bruchs mit Amerika das richtige Mittel, den Krieg siegreich zu beenden. …

Erich von Ludendorff *(1865–1937), preußischer General und Mitglied der OHL. Im Jahr 1925 kandidierte er für die NSDAP erfolglos für das Amt des Reichspräsidenten. Foto.*

1 *Diskutiert die Ausführungen des Admirals.*

Die USA entscheiden den Krieg

Der uneingeschränkte U-Boot-Krieg der deutschen Marine war der letzte Anstoß für den Kriegseintritt der USA auf der Seite der Alliierten im April 1917. Diesem Schritt schlossen sich fast alle Staaten Südamerikas an. Entgegen der Voraussage der Denkschrift hatte sich der Krieg nunmehr zu einem Weltkrieg entwickelt.

Zwar schloss Russland, wo es im November 1917 zum Sturz der Zarenherrschaft gekommen war, im März 1918 mit den Mittelmächten einen Friedensvertrag, sodass sich der Krieg auf die Schauplätze im Westen konzentrierte, jedoch entsandten die USA bis Oktober 1918 1,8 Millionen gut ausgerüstete Soldaten nach Europa. Zusätzlich unterstützte die amerikanische Regierung Frankreich und England mit Krediten und Kriegsmaterial.

Im August 1918 erlitt die deutsche Armee eine entscheidende Niederlage in Frankreich; die deutsche Abwehr im Westen löste sich allmählich auf. Nach Jahren des verlustreichen Stellungskrieges waren die Alliierten von den deutschen Truppen nun nicht mehr aufzuhalten.

Ende September 1918 erklärte Generalfeldmarschall von Hindenburg, Mitglied der Obersten Heeresleitung (OHL), dass Deutschland den Krieg nicht mehr gewinnen könne. Er forderte die Reichsregierung auf, sofort Waffenstillstandsverhandlungen aufzunehmen.

In einem Telegramm der Obersten Heeresleitung heißt es:

Q2 … General Ludendorff bat, … seine dringende Botschaft zu übermitteln, dass unser Friedensangebot sofort hinausgehe. Heute halte die Truppe; was morgen geschehen könne, sei nicht vorauszusehen …

Kriegsende

2 Dolchstoß. Ausschnitt aus einem Wahlplakat der Deutschnationalen Volkspartei von 1924. Bald nach der Annahme der Waffenstillstandsbedingungen verbreitete sich in Deutschland die Behauptung, der Sturz der Monarchie im November 1918 hätte zur deutschen Niederlage geführt und die Sozialisten, die nun die Regierung bildeten, seien dem Heer „in den Rücken gefallen". Diese Behauptung wird in der Geschichtsschreibung als „Dolchstoßlegende" bezeichnet.

Statistik der im Ersten Weltkrieg gefallenen Soldaten (in Mio.):

Deutsches Reich	*1,808*
Österreich-Ungarn	*1,2*
Russland	*1,7*
Frankreich	*1,385*
Großbritannien	*0,947*
Italien	*0,46*
USA	*0,115*

Insgesamt waren darüber hinaus etwa 19,536 Mio. Verwundete zu beklagen.

11. November 1918:
Ende des Ersten Weltkrieges.

Waffenstillstandsverhandlungen

Anfang Oktober erging das Friedensangebot an den amerikanischen Präsidenten Wilson. Bei den daraufhin aufgenommenen Waffenstillstandsverhandlungen forderten die Alliierten unter französischer Federführung unter anderem die Erfüllung folgender Bedingungen:

- sofortige Räumung Frankreichs, Belgiens und Luxemburgs
- Übergabe von Elsass-Lothringen an Frankreich
- Räumung der linksrheinischen Gebiete von deutschen Truppen
- Auslieferung eines großen Teils des deutschen Kriegsmaterials, darunter aller U-Boote und der Hochseeflotte
- außerdem Auslieferung von 5000 Lokomotiven und 150 000 Eisenbahnwaggons
- Beibehaltung der alliierten Blockade

Es fiel der deutschen Seite schwer, die Bedingungen anzunehmen. Daher zogen sich die Verhandlungen trotz der Dringlichkeit eines Waffenstillstandes noch über Wochen hin. In dieser Zeit brach auch in Deutschland das bisherige Regierungssystem zusammen: Ganz Deutschland wurde von einer revolutionären Bewegung erfasst. Am 9. November 1918 verzichtete Wilhelm II. auf den Thron; in Berlin wurde die Republik ausgerufen. Die neue, provisorische demokratisch orientierte Regierung war nun gezwungen, als erste Amtshandlung die von den Alliierten diktierten Waffenstillstandsbedingungen anzunehmen und umzusetzen.

1 *Setzt euch mithilfe der Informationen des Textes mit Abbildung 2 auseinander: Diskutiert die Frage, wer die Niederlage der Mittelmächte zu verantworten hatte.*

2 *Setzt die Statistik der im Krieg gefallenen Soldaten (Randspalte) in Beziehung zu den Ergebnissen des Krieges für die Beteiligten.*

3 *Versucht, Folgerungen aus Verlauf und Ergebnis des Krieges zu ziehen und diskutiert darüber in der Klasse.*

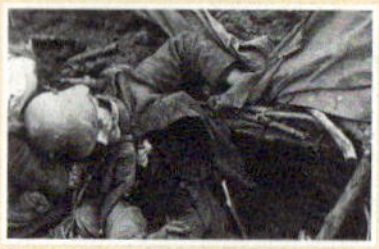

Der Völkerbund – ein Friedensgarant?

Thomas Woodrow Wilson *(1856–1924): amerikanischer Präsident von 1913–1921. Gegen Ende des Ersten Weltkriegs entwarf er einen Friedensplan, der allgemeine Abrüstung und die Errichtung eines Völkerbundes als gegenseitige Garantie für die Sicherheit und politische Unabhängigkeit aller Nationen vorsah. Foto.*

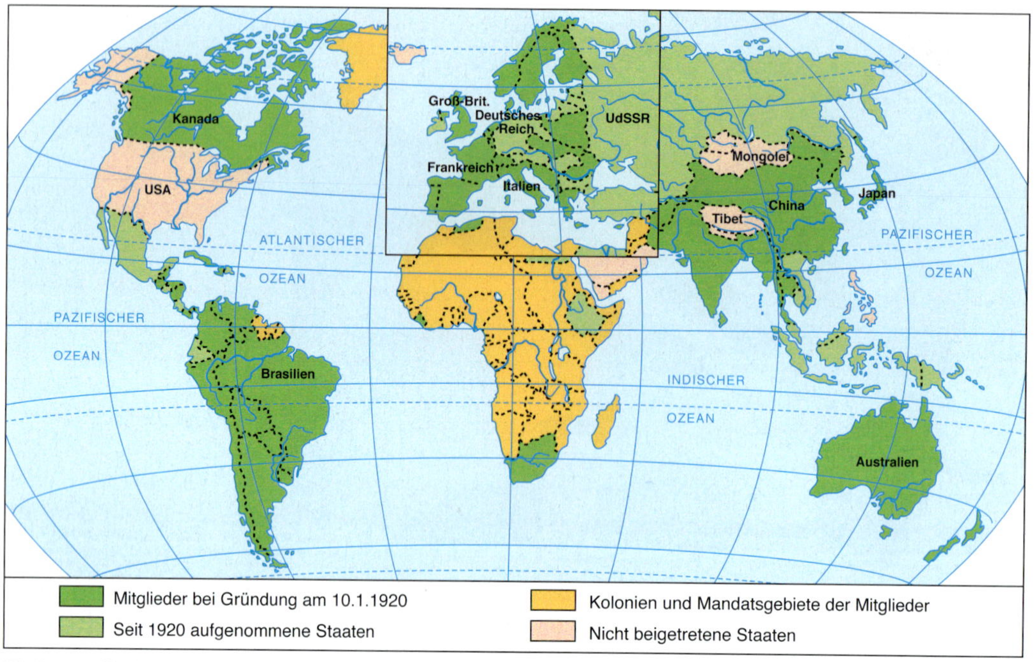

1 Der Völkerbund ab 1920.

1919/20: *Pariser Vorortsverträge.*

Neue Weltfriedensordnung

Auf Drängen des US-Präsidenten Wilson arbeitete die Pariser Friedenskonferenz noch vor den eigentlichen Friedensverhandlungen am Ende des Ersten Weltkriegs die Satzung für einen „▸Völkerbund" aus. Diese Satzung wurde Bestandteil des in Versailles 1919 unterzeichneten Friedensvertrages. Mit dem Völkerbund wollten die Siegermächte unter Führung der USA eine neue Weltfriedensordnung schaffen. Konflikte zwischen Staaten sollten nun durch ein internationales Gremium in einem geordneten Verfahren beigelegt werden. Wilson schwebte dabei eine neue Art der Außenpolitik vor, die die bisherigen zweiseitigen Verhandlungen zwischen den Staaten ersetzen oder erweitern sollte.

Die Satzung sah eine Vollversammlung der Mitgliedstaaten, einen Völkerbundsrat aus den Großmächten und einigen kleinen Ländern sowie ein neutrales Sekretariat vor. Sitz des Völkerbundes war Genf. Zur Beilegung internationaler Konflikte konnte jeder Staat die Streitsache im Rat und in der Vollversammlung diskutieren lassen. Ein Schiedsverfahren und Urteile des Internationalen Gerichtshofs sollten Konflikte friedlich beilegen. Staaten, die Kriege unter Missachtung der Bestimmung des Völkerbundes führten, sollten mit einem Handelsboykott oder mit einer militärischen Aktion der übrigen Staaten bestraft werden. Entgegen den Wünschen Frankreichs verfügte der Völkerbund aber nicht über eine eigene internationale Eingreiftruppe, um seine Beschlüsse durchsetzen zu können.

In der Satzung hieß es:

Q Art. 5 Beschlüsse der Bundesversammlung … erfordern Einstimmigkeit.

Art. 6 Die Bundesmitglieder bekennen sich zu dem Grundsatz, dass die Aufrechterhaltung des Friedens eine Herabsetzung der nationalen Rüstungen auf das Mindestmaß erfordert. …

Art. 10 Die Bundesmitglieder verpflichten sich, die Unversehrtheit des Gebietes und die politische Unabhängigkeit aller Mitglieder zu achten und gegen jeden äußeren Angriff … zu schützen.

Art. 12 Alle Bundesmitglieder kommen überein, eine etwa zwischen ihnen entste-

Der Völkerbund – ein Friedensgarant?

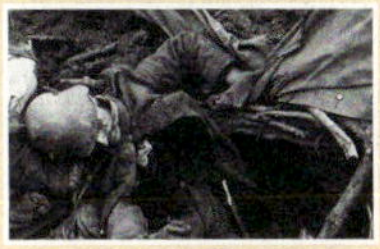

2 Sitzung des Völkerbundes in Genf am 10. September 1926. Reichsaußenminister Gustav Stresemann spricht anlässlich der Aufnahme Deutschlands in den Völkerbund. Foto.

hende Streitfrage ... der Schiedsgerichtsbarkeit zu unterbreiten.
Art. 16 Schreitet ein Bundesland zum Krieg ..., so ist es anzusehen, als hätte es einen Krieg gegen alle anderen Bundesländer begonnen. Diese verpflichten sich, unverzüglich alle Handels- und Finanzbeziehungen zu ihm abzubrechen.

1 *Stellt nach der Karte eine Liste der Mitglieder des Völkerbundes bei der Gründung auf.*
2 *Ergänzt die Liste um die nach 1920 aufgenommenen Mitglieder.*
3 *Sucht aus Q die Maßnahmen heraus, die der Sicherung des Friedens dienen sollten.*

Eingeschränkte Wirkung

Der Völkerbund war von Anfang an schwach, denn er hatte außer wirtschaftlichen Maßnahmen keine wirklichen Machtmittel. Als dann auch noch der US-Senat beschloss, dem Völkerbund nicht beizutreten, obwohl dessen Bildung auf die Anregung des US-Präsidenten zurückging, war die eigentliche Idee gescheitert. Russland und die besiegten Staaten wurden zunächst nicht in den Völkerbund aufgenommen, auch dies schmälerte sein Ansehen. Deutschland trat dem Völkerbund erst 1926 bei. Die Machtpolitik des nationalsozialistischen Deutschland, das 1934 wieder aus dem Völkerbund austrat, zerstörte die Wirkungsmöglichkeiten der Organisation fast vollständig.
Im Auftrag des Völkerbundes verwalteten die Siegermächte Frankreich und Großbritannien die bisherigen deutschen Kolonien, auf die Deutschland nach dem Ersten Weltkrieg verzichten musste, und Teile des Osmanischen Reiches. Ziel der Verwaltung sollte die spätere Eigenständigkeit dieser Gebiete sein. Auch wenn dies in den nächsten Jahrzehnten nicht verwirklicht wurde, begann hier in Ansätzen die Politik der Entkolonialisierung*.

4 *Der Völkerbund wurde 1946 aufgelöst. Nennt ein heutiges Gremium, das ähnliche Ziele verfolgt wie der Völkerbund. Stellt zusammen, was ihr über diese Organisation wisst.*

10. Januar 1920: *Gründung des Völkerbundes.*

Entkolonialisierung*: *Befreiung von kolonialer Herrschaft.*

„Im Westen nichts Neues" – Geschichte im Film

1 Szenenfoto: „Nach Paris!" – Lehrer Kantorek begeistert seine Klasse für den Krieg.

2 Szenenfoto: Paul Bäumer im Bombentrichter mit dem sterbenden Franzosen Duval, dem er selbst im Kampf die tödlichen Verletzungen zugefügt hat.

3 Szenenfoto: Paul auf Heimaturlaub bei seiner sterbenden Mutter.

Eine Generation stirbt

Der amerikanische Film „Im Westen nichts Neues" nach dem gleichnamigen Roman des deutschen Schriftstellers Erich Maria Remarque handelt vom Schicksal einer Gruppe junger deutscher Abiturienten, die sich bei Beginn des Ersten Weltkrieges begeistert als Freiwillige zur Front melden. Auf der Seite der Gerechtigkeit glauben sie, einen schnellen Sieg erringen zu können. Im Verlauf der Handlung jedoch werden ihre Ideale, Hoffnungen und Werte von der brutalen Realität des Krieges Stück für Stück zerschlagen. Einer nach dem anderen fällt den Gräueln der Schlachtfelder zum Opfer: Vor den Augen der Zuschauer wird eine ganze Generation zur Schlachtbank geführt. Entfremdet von Familie und Gesellschaft in der Heimat, wo niemand die Wahrheit über die Sinnlosigkeit des Mordens hören will, findet schließlich auch Paul Bäumer, der im Mittelpunkt der Geschichte steht, bei Verdun den Tod – „an einem Tag, der so ruhig war an der ganzen Front, dass der Heeresbericht sich nur auf den Satz beschränkte, im Westen sei nichts Neues zu melden".

1 *Lest die Kurzbeschreibung des Films und betrachtet die Standfotos 1–3. Notiert eure Eindrücke und vergleicht anschließend.*

2 *Schreibt einen Filmdialog zu einer der drei abgebildeten Szenen.*

Reaktionen in Deutschland

Anfang Dezember 1930 hatte der damals bereits Oscar-prämierte Film Uraufführung in Deutschland in einem Berliner Kino, wo es zu organisierten Protesten nationalsozialistischer Gruppen kam. Sie bezichtigten die Macher des Films, die „Ehre des deutschen Soldatentums" zu verhöhnen. Tumultartige Szenen spielten sich zwischen Gegnern und Befürwortern des Films ab. Noch im Dezember 1930 wurde die weitere Aufführung des Films von der staatlichen Filmprüfstelle in ganz Deutschland verboten. Die Begründung: Der Film gefährde das Ansehen der Deutschen in der Welt.

3 *Diskutiert die Vorkommnisse anlässlich der Premiere und ihre Folgen. Versucht, die Gründe zu erschließen.*

Der Film als künstlerisches Medium

Ein Film mit historischem Inhalt vermittelt uns auf anschauliche Art, wie sich etwas ereignet haben könnte. Doch ist seine Authentizität (Echtheit) trügerisch, denn er ist nicht mit der historischen Wirklichkeit, die er zum Thema hat, gleichzusetzen. Uns – als Zuschauer – muss bewusst sein, dass ein Film eine ganz bestimmte, spätere Sicht auf die historische Wirklichkeit wiedergibt: Ebenso wie ein Buch oder ein Gemälde vermittelt er eine künstlerische Deutung des tatsächlich Geschehenen. Daher sagt er oft auch viel über die Zeit, in der er entstand, aus. Gerade das macht ihn aber auch zu einer besonderen Quelle.

4 *Versucht, anhand der Texte und Bilder dieser Seite und eurem Wissen über den Krieg Rückschlüsse auf die amerikanische Sicht des Geschehens im Jahr 1930 zu ziehen.*

5 *Überlegt, ob die deutsche Reaktion auf den Film vor diesem Hintergrund verständlicher wird.*

Zusammenfassung

Wettrüsten in Europa

Nach 1900 verstärkte sich der Kampf der europäischen Industrienationen um Rohstoffgebiete, Absatzmärkte und politischen Einfluss überall auf der Welt. Es kam zu einem allgemeinen Wettrüsten, das Misstrauen der Mächte untereinander nahm ständig zu und führte zu neuen Bündnissystemen. Eine wichtige Krisenregion war zu dieser Zeit der Balkan, an dem sowohl Russland als auch Österreich großes Interesse zeigten.
Die Friedensbewegungen unter Führung von Bertha von Suttner oder den Sozialisten hatten keinen Erfolg. Mit der Ermordung des österreichischen Thronfolgers und seiner Frau durch serbische Attentäter war der Anlass zum Ersten Weltkrieg gegeben.

Der Erste Weltkrieg

Überall in Europa jubelten die Massen, als sie von der Mobilmachung der Armeen erfuhren. In Scharen meldeten sich Freiwillige zum Kriegsdienst. Jede Nation betonte, dass dieser Krieg ein Verteidigungskrieg sei, aber jede Nation hatte auch konkrete Kriegsziele, die auf eine dauerhafte Schwächung des Gegners hinzielten.
In wenigen Monaten wurde aus dem Bewegungskrieg ein Stellungskrieg, der schließlich Millionen Menschen das Leben kostete. Ganze Landstriche, besonders in Frankreich, wurden während der Materialschlachten verwüstet. Schwer betroffen durch den Krieg war auch die Zivilbevölkerung durch den Mangel an Lebensmitteln und Hungersnöte. Besonders belastet waren die Frauen, die häufig zu Fabrikarbeiten zwangsverpflichtet wurden. Millionen Menschen erkrankten oder verhungerten in der Heimat.

Kriegsende und Friedenspläne

Nachdem die USA 1917 auf der Seite der Alliierten in den Krieg eingetreten waren, kapitulierte die deutsche Seite im Herbst 1918. Doch der Friedensschluss vollzog sich erst nach dem Umsturz der Monarchie in Deutschland.
Auf Drängen Präsident Wilsons, der eine Weltfriedensordnung auf der Grundlage der anerkannten Unabhängigkeit aller Nationen festschreiben wollte, wurde die Satzung für einen „Völkerbund" ausgearbeitet. Mithilfe des Internationalen Gerichtshofes sollten Konflikte künftig gewaltlos beigelegt werden. Da jedoch viele Staaten, unter ihnen auch die USA, dem Völkerbund nicht beitraten und er keine Machtmittel besaß, hatte er von Beginn an nur eingeschränkte Wirkung.

1912/13

Balkankriege. Sie waren ein Vorspiel des Ersten Weltkrieges.

28. Juli 1914

Beginn des Ersten Weltkrieges.

Anfang 1915

Beginn des Stellungskrieges an der Westfront.

1914–1918

An den Folgen des Hungers sterben in Deutschland etwa 700 000 Menschen.

7. USA und Sowjetunion – die neuen Weltmächte

Das Foto zeigt einen amerikanischen Flugzeugträger im Kriegseinsatz. Vor allem seit Mitte des 20. Jahrhunderts gab und gibt es immer wieder Situationen, in denen die Supermacht USA die Rolle der „Weltpolizei" übernimmt und mit politischen, aber auch militärischen Mitteln in das aktuelle Weltgeschehen eingreift. Meist stellt sie sich selbst dabei als „Hüter der Demokratie" oder „Garant der Freiheit" dar.

Vor 1914 war die Situation der Großmächte noch eine ganz andere gewesen: Die europäischen Staaten hatten die USA in der Weltpolitik kaum wahrgenommen und vor allem in Bezug auf die eigenen Einflussbereiche über die Grenzen Europas hinweg geblickt. Erst nachdem sie den Krieg zugunsten der Alliierten entschieden hatten, waren die USA zu einer Großmacht geworden. Im Lauf des 20. Jahrhunderts gerieten sie in einen scharfen Konflikt mit der Sowjetunion. Sie hatte die alte russische Monarchie durch einen grundlegenden Umsturz der Gesellschaftsordnung abgelöst und der Großmacht im Osten Europas ein neues Gesicht gegeben. „Die Köchin soll regieren," lautete vor der Revolution von 1917 eine Forderung. Wie veränderte sich dort die Gesellschaft nach dem Umsturz?

Die USA – „Hüter" der Demokratie und der Freiheit?

1 **Sinnbild des gemeinsamen Kampfes der Alliierten gegen Deutschland.** Zeitgenössische Darstellung, 1917.

Am 2. April 1917 erklärte der amerikanische Präsident Woodrow Wilson vor dem Senat:

Q … Es ist eine fürchterliche Sache, dieses große, friedfertige Volk in den Krieg zu führen. … Aber das Recht ist wertvoller als der Friede, und wir werden für Dinge kämpfen, die wir stets in unserem Herzen getragen haben: für die Demokratie, für die Rechte und Freiheiten kleiner Nationen, für eine allgemeine Herrschaft des Rechts durch ein Zusammenspiel der freien Völker, das allen Nationen Sicherheit bringen und die Welt selbst endlich frei machen wird.

„The world must be safe for democracy"

So begründete Präsident Woodrow Wilson in einer Rede vor dem amerikanischen Senat seine Forderung nach einem Kriegseintritt der USA in Europa. Zum ersten Mal war damit die Rolle der USA als „Hüter der Demokratie" formuliert worden.

Sollten also amerikanische Soldaten dafür kämpfen, dass die alten europäischen Monarchien überwunden werden? Der Senat stimmte dem Einsatz zu.

Doch welche Rolle spielten dabei wirtschaftliche Überlegungen? Seit 1914 hatten die USA besonders England und Frankreich in großem Umfang mit Waffen beliefert. Die Alliierten konnten die Waren aber nicht sofort bezahlen und hatten hohe Kredite bei amerikanischen Banken aufgenommen. Bei einer Niederlage der Alliierten wären diese Gelder verloren gewesen.

Als Präsident Wilson nach dem Krieg die neue Rolle, die er für die USA in der Weltpolitik sah, im Rahmen des von ihm angeregten ▶ Völkerbundes festigen wollte, fand er dafür keine Mehrheit im Senat: Der Beitritt wurde abgelehnt. Die Ansicht, dass die Aufgabe der USA im Völkerbund mit zu großer Verantwortung verbunden sei, setzte sich durch. Im Gegenteil: Eine Konzentration auf eigene Interessen, besonders was den weiteren wirtschaftlichen Erfolg betraf, setzte ein.

1 *Betrachtet und erläutert die Abbildung 1: Wie stellt der Zeichner die gegnerischen Parteien dar?*

2 *Erörtert, welche Gründe für den Senat Ausschlag gebend gewesen sein könnten, in den Krieg einzutreten. Bedenkt auch, in welchen Situationen sich die Krieg führenden Nationen – die Soldaten, die Menschen an den „Heimatfronten" – 1917 befunden haben.*

2 **Freiheit von Not.** Gemälde von Norman Rockwell. Am 6. März 1943 Titelbild der „Saturday Evening Post".

3 **Freiheit von Angst.** Gemälde von Norman Rockwell. Am 13. März 1943 Titelbild der „Saturday Evening Post".

Die USA und die „Vier Freiheiten"

Seit dem 16. Januar 1920 hatte der Völkerbund ohne Mitwirkung der USA seine Arbeit aufgenommen – mit dem Ziel, als Schlichter zwischen den Nationen den Weltfrieden künftig zu sichern. Doch als Franklin D. Roosevelt, von 1933–1945 amerikanischer Präsident, am 6. Januar 1941 seine Jahresbotschaft an das amerikanische Volk richtete, wurde in Europa seit fast eineinhalb Jahren erneut Krieg geführt. Auslöser dafür war der Überfall auf Polen durch deutsche Truppen auf Befehl des nationalsozialistischen Reichskanzlers Adolf Hitler am 1. September 1939 gewesen.

Diese Umstände erforderten es, so der Präsident in seiner Rede, die Politik in erster Linie auf die von außen drohende Gefahr auszurichten. Tatsächlich konnte er für seine Haltung eine Mehrheit gewinnen: Zehn Monate später traten die USA in den Zweiten Weltkrieg ein. Mit welchen Argumenten der Präsident überzeugte, davon erzählen die abgebildeten Gemälde des Künstlers Norman Rockwell (1894–1978), die 1943, zwei Jahre nach der Jahresbotschaft Roosevelts, entstanden. In den USA wurden sie zu Berühmtheiten, nachdem sie in einer Wanderausstellung in vielen Städten gezeigt worden waren.

Wie aber ist die Darstellung einer Familie zu verstehen, die sich um einen Truthahnbraten versammelt – eine Szene, die sich jedes Jahr in Millionen von amerikanischen Familien am Feiertag „Thanksgiving" abspielt? Und was bedeuten die Eltern am Bett ihrer schlafenden Kinder? Hinweise geben die Titel: Das eine nannte der Maler „Freiheit von Not", das andere heißt „Freiheit von Angst". Rockwell bezieht sich mit ihnen auf vier grundlegende Menschenrechte, die Roosevelt in seiner Rede als die Freiheiten bezeichnete, für die zu kämpfen sich lohne: Die Freiheit der Rede, die Freiheit der Religionsausübung, die Freiheit von Not und die Freiheit von Angst.

3 *Erläutert die Beziehung zwischen Motiven und Titeln.*

4 *Überlegt, wodurch die Darstellungen die Betrachter angesprochen haben könnten.*

Die USA – „Hüter" der Demokratie und der Freiheit?

Mit seiner Rede konnte Roosevelt die Öffentlichkeit in den USA von der Notwendigkeit eines „Kreuzzuges für die Freiheit" überzeugen. Hier ein Auszug:

Q …Für die Zukunft, die wir zu sichern versuchen, erhoffen wir eine Welt, die sich auf vier wesentliche menschliche Freiheiten gründet.
Das erste ist die Freiheit der Rede und der Meinungsäußerung – überall in der Welt.
Das zweite ist die Freiheit für jeden, Gott auf seine Weise zu verehren – überall in der Welt.
Das dritte ist die Freiheit von Not – was, international gesehen, soviel heißt wie wirtschaftliche Abkommen, die der Bevölkerung jedes Landes gesunde Friedensverhältnisse sichern – überall in der Welt.
Das vierte ist die Freiheit von Furcht – was, international gesehen, soviel heißt wie eine die ganze Welt betreffende Abrüstung bis zu dem Grade und so gründlich, dass keine Nation in der Lage sein wird, einen Angriffsakt gegen ein Nachbarland zu begehen – überall in der Welt.
Das ist kein Wunschbild eines fernen … Reiches. Das ist eine bestimmte Basis für eine Welt, wie wir sie in unserer Zeit und in unserer Generation schaffen können. Eine solche Welt ist der genaue Gegensatz zur so genannten Neuordnung der Tyrannei, die die Diktatoren mit der Explosion ihrer Bomben zu schaffen versuchen.
Dieser Neuordnung stellen wir eine größere Konzeption gegenüber – die ethische Ordnung. Eine moralisch geordnete Gesellschaft kann Weltherrschaftsabsichten und fremden Revolutionen ohne Furcht begegnen. …

5 *Untersucht, mit welchen Mitteln Roosevelt seine Zuhörer zu überzeugen versuchte. Die methodischen Hinweise helfen euch dabei.*

Was ihr noch tun könnt:
Achtet in den aktuellen Nachrichten darauf, ob gegenwärtig außenpolitisches Engagement der USA mit dem Hinweis auf den Kampf für Demokratie und Freiheit begründet wird. Findet heraus, welche Haltung der Seite, die es aus der Sicht der USA zu bekämpfen gilt, vorgeworfen wird.

1 **„Die Freiheit erleuchtet die Welt".** Dies war der ursprüngliche Titel der Freiheitsstatue, die seit 1886 im Hafen von New York die Einreisenden begrüßt. Die französische Regierung schenkte die 46 Meter hohe Figur den Vereinigten Staaten, um die demokratische Entwicklung in den USA zu würdigen. Das Buch mit dem Datum der Unabhängigkeitserklärung und die hoch erhobene Fackel machen sie zum Symbol der demokratischen Gesellschaftsordnung. Foto.

Arbeitstechnik: Eine politische Rede untersuchen

Durch Sprache überzeugen

Politiker, die in der Öffentlichkeit sprechen, überlassen die Wirkung ihrer Worte in der Regel nicht dem Zufall, sondern sind gut vorbereitet. Denn mit ihrer Rede verfolgen sie ein bestimmtes Ziel. Vielleicht möchten sie vor einer Wahl Stimmen gewinnen, vielleicht müssen sie in einer schwierigen Situation unbequeme Maßnahmen vertreten.
Politische Reden, die in der Vergangenheit gehalten wurden, liegen uns heute meist in schriftlicher Form vor. Über die Atmosphäre, die während des Vortrags herrschte, oder die Reaktion des Publikums können wir daher nur Vermutungen anstellen. Sicher ist aber, dass die Redner die Zustimmung ihres Publikums suchten, ihre Zuhörer überzeugen wollten. Für dieses Ziel stehen Rednern bestimmte Redemittel zur Verfügung:

- Sie appellieren – zum Beispiel an das Gewissen, die Moral, die Vernunft der Zuhörer.
- Sie stellen rhetorische (gewissermaßen „unechte") Fragen, deren Antworten sich wie von selbst ergeben.
- Sie wiederholen Wendungen, die besonders eindringlich wirken sollen, sodass die Rede wiedererkennbare Elemente erhält.
- Sie benutzen Metaphern (Vergleiche, Übertragungen), die in den Köpfen der Zuhörer Bilder entstehen lassen und Gefühle hervorrufen.

Vor der Untersuchung einer Rede kann es hilfreich sein, den Text einmal vor der Klasse als „Rede" zu hören.

Diese Schritte helfen euch bei der Auseinandersetzung mit politischen Reden:

1. Den Text untersuchen

Untersucht die Rede zuerst mithilfe der Schritte zum Umgang mit Textquellen (Seite 205).
Wichtig ist vor allem, dass ihr folgende Fragen zum Text beantwortet:

- Was ist das Thema der Rede? Wo und wann wurde sie gehalten?
- Gibt es zu klärende Begriffe?
- Ist eine Gliederung erkennbar? Gibt es z. B. Abschnitte, für die Überschriften gefunden werden können?

Auch sind Fragen zum Redner zu klären:

- Wer war der Redner? In welcher Situation war er, als er die Rede hielt? Aus welchem Anlass hat er geredet?
- Welche Haltung des Redners zum Thema ist erkennbar? Wo urteilt und bewertet er?

2. Die Argumentation erkennen

Notiert Stichworte zu den wichtigen Aussagen der Rede in einer Reihe untereinander. Stellt daran den Gedankengang des Textes dar. Ihr könnt ihn z. B. mithilfe von Pfeilen und Unterstreichungen skizzieren.

3. Die Wirkung der Rede ermitteln

Schreibt alle Redemittel heraus, die ihr für ungewöhnlich haltet, z. B. Wiederholungen, Vergleiche, Bilder, Appelle.
Überlegt anschließend, wie die Redemittel wirken, welche Gefühle sie z. B. erzeugen.

4. Die Absicht erschließen

Versucht anhand der bisherigen Ergebnisse herauszufinden, wozu der Redner oder die Rednerin die Zuhörer „bewegen" möchte.

So geht es weiter ...

Die USA – eine starke Regionalmacht

1 Zwei junge Polinnen bei ihrer Ankunft in den USA. Foto, um 1910. – In den Städten lebten Einwanderer aus den gleichen Ursprungsländern oft isoliert von der übrigen Bevölkerung in eigenen Bezirken und pflegten ihre heimatlichen Traditionen.

2 Amerikanisches Wahlplakat, 1896. Der Kandidat steht auf einer Dollarmünze, die von Männern unterschiedlicher sozialer Herkunft getragen wird.

Die Eisenbahn erschließt den amerikanischen Westen. Um 1910 verfügten die USA bereits über ein fast 400 000 Kilometer langes Streckennetz. Das war mehr, als alle anderen industrialisierten Staaten zusammen aufweisen konnten.

Schnelles Wachstum

Zwischen 1860 bis 1900 waren die Vereinigten Staaten von Amerika zur größten Wirtschaftsmacht der Welt geworden. Die Erschließung des Westens hatte zur Ausweitung der Industrie und der Transportwege geführt. Vor allem der Eisenbahnbau, aber auch Erfindungen und der Abbau von Rohstoffen in großem Maßstab setzten eine beispiellose wirtschaftliche Entwicklung in Gang. Das Land schien Einwanderern nahezu unbegrenzte Möglichkeiten zu bieten. So wuchs die Bevölkerungszahl in der zweiten Hälfte des 19. Jahrhunderts von 31 auf 76 Millionen Menschen, vor allem durch Masseneinwanderungen. Die Einwanderer kamen zunächst aus West- und Nordeuropa. Sie ließen sich vor allem im Mittleren Westen nieder und betrieben Landwirtschaft. Als jedoch die Möglichkeiten, vom Staat Farmland zu erwerben, immer geringer wurden, stieg die Zahl der Arbeiter in den Städten.

Seit 1890 versuchte die Regierung, den Zustrom der Menschen per Gesetz zu beschränken: Einwanderungswillige mussten sich strengen ärztlichen Untersuchungen stellen, und es kam durchaus vor, dass Menschen – vor allem kranke Kinder und Frauen – wieder in ihre Heimat zurückgeschickt wurden. In dieser Zeit stießen die Einwanderer, die mittlerweile vorwiegend aus Ost- und Südeuropa kamen, auf erste fremdenfeindliche Reaktionen. Ihre Integration misslang immer häufiger.

Afroamerikanern wurde auch nach der Abschaffung der Sklaverei die gesellschaftliche Gleichberechtigung verwehrt, z. B. blieben sie in mehreren Bundesstaaten vom Wahlrecht ausgeschlossen.

1 *Stellt dar, mit welchen Erwartungen die Einwanderer aus Europa in die USA kamen.*

Die USA – eine starke Regionalmacht

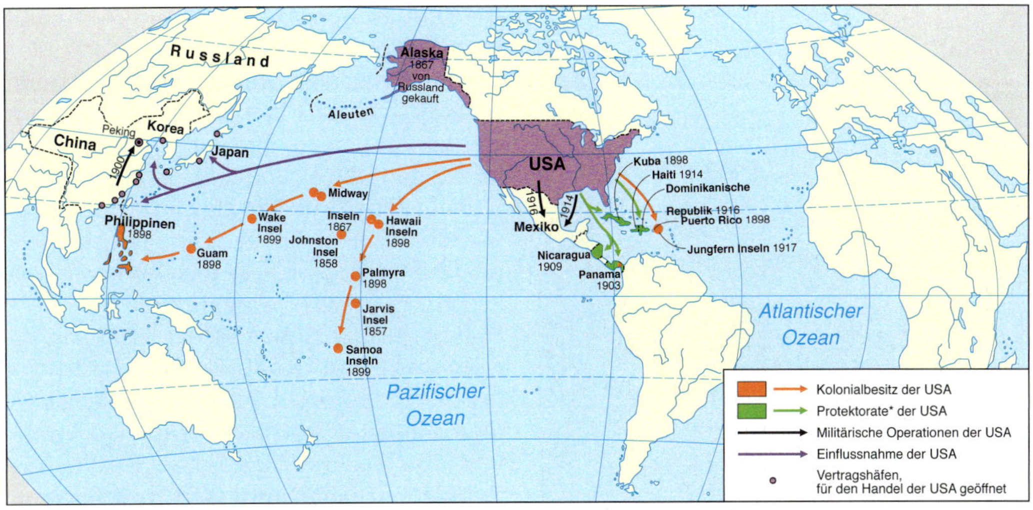

3 **Einflussbereich der USA um 1917.**

2 *Überlegt, warum es für einige Einwanderergruppen schwieriger gewesen sein mag, integriert zu werden, als für andere.*

Der „amerikanische Traum"

Ein Historiker stellte 1988 dar:

M … In Europa, schrieb die North American Review, werde einem jungen Mann der Aufstieg so gut wie unmöglich gemacht. Zu lange musste er dienen, um eine einflussreiche Position zu erringen, zu groß war die Zahl seiner Mitbewerber. … Anders in Amerika. Dort reifte der Jüngling flugs zum Mann, und wenn es Hindernisse gab, dann lagen sie in ihm selbst …

Die Vorstellung, in Amerika mit Fleiß und Durchsetzungsvermögen Erfolg zu haben, erfüllte sich aber nur für wenige Menschen. Als Industriestandorte und Handelszentren bestimmten die schnell wachsenden Großstädte bereits in der zweiten Hälfte des 19. Jahrhunderts das wirtschaftliche Leben, sodass ein wirtschaftliches Gefälle zwischen Stadt und Land entstand. Auch konzentrierte sich auf der Grundlage einer Wirtschaftspolitik, die den Wettbewerb zum Prinzip erhob, das Kapital immer mehr in den Händen Weniger. Andrew Carnegie, ein Großindustrieller, rechtfertigte 1899 den konsequenten Wirtschaftsliberalismus*:

Q … Das Gesetz des Wettbewerbs … mag für den Einzelnen gelegentlich hart sein, für die Menschheit ist es jedoch zum Besten, weil es auf jedem Gebiet das Überleben des Tüchtigsten sicherstellt. Daher akzeptieren und begrüßen wir die große Ungleichheit der Lebensbedingungen, die Konzentration von Industrie und Handel in den Händen Weniger und das Gesetz des freien Wettbewerbs zwischen ihnen.

Bereits um 1900 beherrschte eine kleine Gruppe von Großindustriellen die Wirtschaft, indem sie die Preise diktierte. Auch international nahmen sie Einfluss: Kleineren Staaten verhalfen sie zunächst zum Aufbau einer Industrie, beanspruchten dann aber das Recht, über Rohstoffquellen zu verfügen und die Bedingungen für die Einfuhr ihrer Waren zu bestimmen. Kam es zu Konflikten, schritt häufig das Militär ein: Vor allem Gebiete im mittelamerikanischen und pazifischen Raum wurden von den USA auf diesem Weg annektiert* oder zu Protektoraten* erklärt.

3 *Erarbeitet mithilfe der Texte die Aussage der Abbildung 2.*

4 *Beschreibt anhand der Karte den wachsenden außenpolitischen Einfluss der USA.*

5 *Diskutiert die in Q dargestellte Auffassung zum Prinzip des freien Wettbewerbs.*

Wirtschaftsliberalismus*: *Form der Wirtschaft, bei der der Staat nicht in das wirtschaftliche Geschehen eingreift und sich Unternehmen in freiem Wettbewerb befinden.*

annektiert/ Annexion*: *gewaltsame Aneignung*

Protektorat* *(lateinisch „protegere" = schützen, daher auch Schutzgebiet): Staat, dessen Verwaltung, auswärtige Vertretung und Landesverteidigung einem anderen Staat untersteht. Die Abgrenzung zur völlig abhängigen Kolonie ist fließend.*

Großmacht USA

Fließbandproduktion in Detroit, 1915.

1 An einem Sonntagnachmittag in St. Louis (Missouri). Foto, 1920.

Die Wirtschaftsmacht und Europa

Nach dem Ersten Weltkrieg waren die USA der größte Kreditgeber der Welt, nicht zuletzt, weil sie vor allem die Alliierten während des Krieges in großem Umfang mit Waffen beliefert hatten: Bereits 1916 hatten sich sowohl Frankreich als auch Großbritannien, die zu den späteren Siegermächten gehörten, hoch verschuldet bei den amerikanischen Banken.

	1914	1916
Großbritannien	594 271 863	1 526 685 102
Frankreich	159 818 924	628 851 988
Italien	74 235 012	269 246 105
Deutschland	344 794 276	288 899

2 Waffenlieferungen der USA an europäische Staaten in US-Dollar.

1 *Erstellt ein Säulendiagramm zu der Tabelle und wertet es aus.*

Die USA im Boom – „American way of Life"

Trotz ihrer starken Stellung zogen sich die USA zunächst aus Europa zurück und konzentrierten sich auf ihre wirtschaftlichen Interessen in Mittel- und Südamerika.

Zwischen 1921 und 1929 kam es zu einem wirtschaftlichen Boom. Die Industrieproduktion verdoppelte sich annähernd; die Regierung gewährte Schutzzölle, um die Einfuhr billiger ausländischer Produkte zu verhindern und die Absätze der US-Unternehmen zu fördern. Auch die Realeinkommen stiegen beträchtlich. „Roaring Twenties", „wilde Zwanziger" – so wurden die turbulenten Veränderungen beschrieben, die der Aufschwung für das Leben in den amerikanischen Großstädten mit sich brachte.

Auf der Grundlage des liberalen Wirtschaftssystems hatte sich besonders die Automobilindustrie eine führende Rolle erkämpft: Autos wurden am Fließband produziert und fanden massenhaft Käufer. Für 290 Dollar konnte man 1925 das Modell „Tin Lizzy" von Ford erwerben, das war etwa ein Zehntel des jährlichen Mindesteinkommens einer amerikanischen Familie. Die Zahl der Autos stieg auf 20 % der Einwohnerzahl, ein Wert, der in der Bundesrepublik Deutschland erst 1965 erreicht wurde.

Warenhäuser mit einem gigantischen Warenangebot, Wolkenkratzer als Symbol des Reichtums der Städte und die Entwicklung einer Massenkultur in den Städten (Jazz, Musical, Shows, Filme) verbanden sich mit einer Revolution des Lebensstils.

Der Historiker Erich Angermann beschreibt diese Revolution so:

M1 … Der Alltag in Beruf, Haushalt und Freizeit wurde ganz und gar umgestaltet durch neue Konsumgüter wie Kühlschränke, Staubsauger und andere Haushaltsgeräte, durch elektrisches Licht, Telefon, Radio und Kino – gar nicht zu reden von den Veränderungen in der Ernährungsweise, die durch verbesserte Transportmöglichkeiten für frisches Obst und Gemüse, mehr noch durch die ausgiebige Verwendung von Konser-

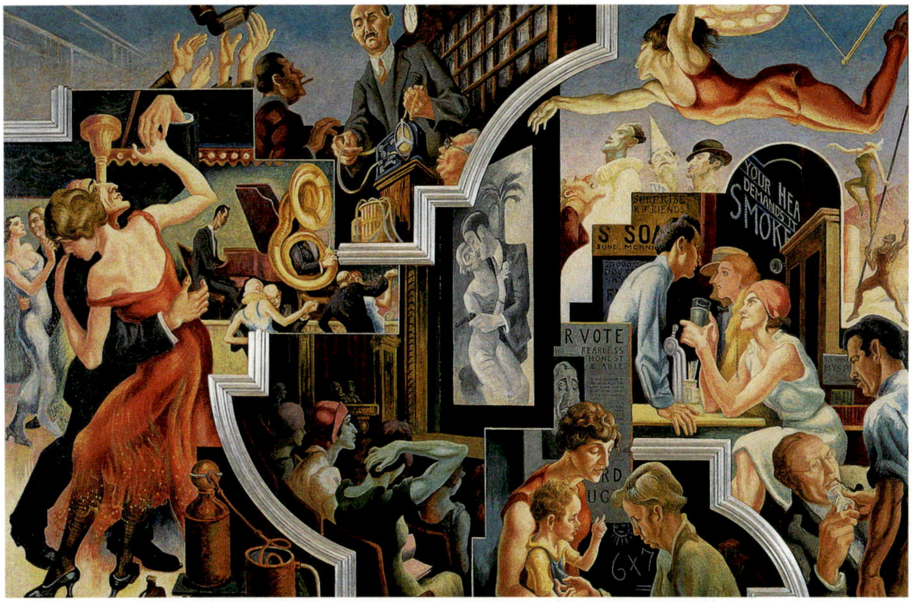

3 **„Stadtleben und -treiben mit Tanzhalle“ aus dem Wandbildzyklus „Amerika heute“.**
Gemälde von Thomas H. Benton, 1931.

ven zum Guten wie zum Schlechten vor sich gingen.
Alle diese Annehmlichkeiten waren mehr und mehr auch dem kleinen Mann zugänglich …

2 *Nennt wichtige Elemente des „American Way of Life“.*

Überproduktion und Wirtschaftskrise

Es schien keine Grenzen des Wachstums zu geben. Die Menschen glaubten, die Wirtschaft würde sich immer weiter steigern: Immer mehr Arbeit, mehr Güter, mehr Lohn. Viele kauften auf Kredit, z. B. Aktien*. Die Aktien stiegen im Wert, und schon nach kurzer Zeit konnten die Käufer ihre Schulden zurückzahlen.
Doch bereits 1928 fanden viele Waren keinen Absatz mehr. Es kam zu Einschränkungen der Produktion und zu Entlassungen. Daraufhin begannen viele Anleger, ihre Aktien zu verkaufen, ihr Wert fiel rapide ab. Am 25. Oktober 1929 kam es schließlich zum Zusammenbruch an der New Yorker Börse. Viele Aktien hatten bis zu 90 Prozent ihres Wertes verloren; niemand wollte sie mehr haben. Banken mussten ihre Kredite abschreiben, Sparer verloren ihr Geld, die Industrie blieb auf ihren Waren sitzen. Jeder dritte Arbeitnehmer wurde arbeitslos.
In einer „Weltgeschichte des 20. Jahrhunderts“ heißt es über die Folgen:

M2 … Inmitten eines erdrückenden Überflusses – das wirkte besonders verbitternd – kam es so zu einer regelrechten Hungersnot breiter Schichten: Hunderttausende hielten sich wochenlang nur mit Abfällen, Brennnesseln und anderer Behelfsnahrung am Leben oder standen Schlange um ein bisschen Suppe und Brot.
Weil sie ihre Mieten oder Hypotheken nicht mehr bezahlen konnten, wurden Zehntausende von Familien aus ihren Wohnungen oder von ihren Farmen vertrieben. Weit über eine Million Menschen soll damals Arbeit suchend von Ort zu Ort getrampt sein.
… Aber das eigentlich Gefährliche … war die Stimmung dumpfer, lähmender Hoffnungslosigkeit bei den Massen.

3 *Beschreibt den Stimmungsumschwung in der Bevölkerung.*

25.10.1929:
Zusammenbruch der Börse in der New Yorker Wall Street, der als „Schwarzer Freitag“ in die Geschichte einging.

Aktie*:
Anteil am ▶ Kapital eines Unternehmens. Wenn ein Unternehmen als Aktiengesellschaft geführt wird, so bedeutet dies, dass ein Teil des Unternehmenskapitals von Aktienbesitzern gehalten wird, die über ihren Anteil eine Urkunde besitzen.

Informiert euch genauer über den Mechanismus des Aktienmarktes. Einige Banken bieten zu diesem Thema für Jugendliche „Börsenspiele“ an. Erkundigt euch nach einer solchen Möglichkeit in eurer Nähe.

New Deal – Die neue Rolle des Staates

Wirtschaftskrise 1932

Der Zusammenbruch der US-Wirtschaft führte zu einer weltweiten Wirtschaftskrise. In den USA selbst war der Glaube an das „freie Spiel der Kräfte" als Motiv des Fortschritts tief erschüttert. Im Präsidentschaftswahlkampf 1932 prallten die unterschiedlichen Weltanschauungen aufeinander.

Der Herausforderer, der demokratische Präsidentschaftskandidat Franklin D. Roosevelt, zeichnete im September einen neuen Kurs für die amerikanische Politik vor, den so genannten New Deal*:

Q1 ... jedermann hat ein Recht zu leben; und das bedeutet, dass er auch das Recht hat, einen auskömmlichen Lebensunterhalt zu verdienen. ... Unser ... Regierungssystem ist jedem einen Weg schuldig, sich durch seine eigene Arbeit in den Besitz einer Portion von diesem Überfluss zu setzen, die für seine Bedürfnisse genügt.

New Deal:*
wörtlich übersetzt: Neuverteilung der Spielkarten

Demgegenüber erklärte der republikanische Amtsinhaber Herbert Hoover in einer Wahlkampfrede:

Q2 ... betrachten wir die Staatsordnung, das soziale und wirtschaftliche Leben Amerikas, die wir nun, wie unsere Gegner es möchten, verändern sollen. ... Es ist eine Ordnung, die ... auf der Vorstellung (beruht), dass nur ... durch Freiheit und gleiche Möglichkeiten für alle die Initiative und der Unternehmungsgeist so angeregt werden, dass sie jeden Einzelnen dazu bringen, den Fortschritt noch schneller voranzutreiben ...

1 *Zeichnet das Bild des Amerikaners nach, wie es Hoover in Q2 vor Augen hat.*
2 *Vergleicht mit Q1.*

New Deal

Im Jahr 1933 wurde Franklin D. Roosevelt zum amerikanischen Präsidenten gewählt. Zu dieser Zeit gab es in den USA fast 15 Millionen Arbeitslose. Das bedeutete: Ein Drittel der Berufstätigen hatte kein Einkommen. Bei seiner Vereidigung sagte der neue Präsident:

1 **Wer fordert einen New Deal?** Karikatur, 1931.

Q3 Unsere vordringliche Aufgabe ist es, der Bevölkerung Arbeit zu geben. Das ist kein unlösbares Problem, wenn wir es klug und mutig anpacken. Dieses Problem ist zum Teil zu bewältigen durch direkte Anwerbung von Arbeitskräften durch die Regierung selbst. Diese Arbeitskräfte werden wir einsetzen, um dringend benötigte Projekte für unser Land durchzuführen. ...
Das Einzige, was wir zu fürchten haben, ist die Furcht selbst – die namenlose, blinde, sinnlose Angst, die die Anstrengung lähmt, deren es bedarf, um den Rückzug in einen Vormarsch zu verwandeln.

Staatliche Arbeitsprojekte

Als Roosevelt die Regierung aufnahm, erklärte er den nationalen Notstand und leitete umfangreiche Reformen zur Überwindung der Wirtschaftskrise ein, die eine hohe Staatsverschuldung zur Folge hatten. Für über 250 000 junge Männer wurde z. B. ein freiwilliger Arbeitsdienst* eingerichtet. Durch den Bau von Straßen, Flugplätzen, Brücken, Schulen oder Krankenhäusern wurden Millionen weiterer Arbeitsplätze geschaffen.

3 *Beurteilt den New Deal unter Berücksichtigung der Karikatur 1. Soll der Staat nach eurer Meinung in Wirtschaftskrisen eingreifen?*

freiwilliger Arbeitsdienst*:
Die Maßnahme bestand in staatlichen Projekten z. B. für Wiederaufforstung oder Flussregulierung, die mit kostenloser Unterkunft und Verpflegung sowie einem Dollar pro Tag entlohnt wurden. Das spektakulärste dieser Projekte war die Erschließung des Tennessee-Tals. Ein Gebiet, fast so groß wie die Bundesrepublik Deutschland, wurde in 10 Jahren von 200 000 Männern erschlossen und elektrifiziert. 21 Staudämme und Kraftwerke, ein 650 km langer schiffbarer Kanal, 1120 Meilen Straße und 140 Meilen Eisenbahnstrecke wurden angelegt.

New Deal – Die neue Rolle des Staates

2 Die Familie des Pächters Bud Fields, Alabama. Foto von Walker Evans, 1936. Evans erstellte eine Text-Foto-Reportage über Pächterfamilien in den amerikanischen Südstaaten.

Wie erfolgreich war der New Deal?
Die Frage, ob Roosevelt insbesondere mit seiner Politik des New Deal erfolgreich war, wird in der Geschichtswissenschaft unterschiedlich beurteilt. So schrieb der Historiker Willi Paul Adams im Jahr 2000:

M1 ... Bis 1939 schafften Roosevelt und die reformbereiten Demokraten ... es nicht, die Arbeitslosigkeit wirklich zu beseitigen. ... Zu einem nennenswerten sozialen Wohnungsbau in den Armenvierteln der Großstädte war es ... nicht gekommen. Keine Bodenreform, kein Kreditprogramm hatte den nah am Existenzminimum lebenden Landpächtern im Süden und Westen dauerhaft geholfen und sie etwa aus dem Teufelskreis von Überproduktion und zu niedrigen Preisen für ihre Ernten bei steigenden anderen Preisen befreit. Das Sozialversicherungsgesetz von 1935 war ein Schritt in die richtige Richtung, ließ aber z. B. die Vielzahl der Landarbeiter und Pächter ungeschützt und bot keine allgemeine gesetzliche Krankenversicherung. ... Die Macht der Großunternehmen war ungebrochen ...

Im gleichen Jahr urteilte Jörg Nagler:

M2 ... Franklin Delano Roosevelt ... vermochte der Bevölkerung erneutes Vertrauen in die Zukunft zu vermitteln ... In den „ersten hundert Tagen" seiner Amtszeit gelang es Roosevelt, ein ganzes Bündel von Reformen auf den Weg zu bringen, die jeden Wirtschaftsbereich erfassten: den industriellen Sektor, die Landwirtschaft, das Bankensystem, das Sozialwesen und den Arbeitsmarkt. ...
In Teilbereichen erwies sich der New Deal als durchaus erfolgreich und wichtig für eine Neuorientierung der sozialen Verantwortung des Staates – z. B. durch das Errichten eines Sozialversicherungssystems. Es gelang indessen nicht, die strukturell bedingte Wirtschaftskrise völlig zu beheben. Erst nach Eintritt der USA in den Zweiten Weltkrieg im Dezember 1941, als die Produktion von Kriegsgütern wieder für Beschäftigung sorgte, wurde die Krise überwunden.

4 *Erarbeitet die Aussagen der Texte M1 und M2 in Partnerarbeit in zwei Gruppen. Vergleicht die Ergebnisse.*

Die Russische Revolution

1860 1880 1900 1920 1940 1960 1980 2000 2010

Zar Nikolaus II. und Zarin Alexandra. *Foto, 1894.*

1 Die Ausdehnung des Russischen Reiches.

Russland auf dem Weg vom Agrar- zum Industriestaat

Zu Beginn des 20. Jahrhunderts lebten 165 Millionen Menschen in über 100 verschiedenen Völkern auf dem Gebiet des Russischen Reiches, das mit einer Fläche von etwa 23 Millionen Quadratkilometern ungefähr 50-mal größer als das Deutsche Reich war. 43 Prozent der Bevölkerung waren Russen. 80 Prozent der Gesamtbevölkerung (120 Millionen) lebten auf dem Lande. Adlige Gutsbesitzer und das reiche Bürgertum zählten zwei Millionen Menschen. Zur Arbeiterschaft wurden 17,5 Millionen Einwohner gerechnet. In den Städten lebten etwa 14 Millionen Menschen. Über 70 % der Einwohner konnten nicht lesen oder schreiben, bei Frauen war der Prozentsatz noch höher. Die Gegensätze zwischen Reichen und Armen waren besonders groß.

1861 war die Leibeigenschaft* der Bauern in Russland aufgehoben worden: Sie konnten dem Gutsbesitzer ein kleines Stück Land abkaufen, mussten sich aber dafür hoch verschulden. Auch nach dieser Bauernbefreiung blieben zwei Drittel des Landes in der Hand der Großgrundbesitzer.

Etwa gleichzeitig setzte die Industrialisierung Russlands ein, wobei der Eisenbahnbau und die Kohle- und Eisenerzförderung die wichtigsten Bereiche wurden. Eine zunehmende Anzahl von Fabriken ließ die Arbeiterschaft ständig anwachsen.

1 *Beschreibt die soziale Situation Russlands zu Beginn des 20. Jahrhunderts.*

2 *Erläutert mithilfe der Karte die räumliche Entwicklung des Russischen Reiches.*

Leibeigenschaft*: *Eigentumsrecht eines Gutsbesitzers an den Bauern, die auf seinem Grundbesitz leben. Der Gutsbesitzer durfte seine Leibeigenen verkaufen und in vielen Fragen ihres persönlichen Lebens über sie bestimmen.*

Das Ende des Zarenreiches

Unumschränkte Herrschaft des Zaren

Die politische Herrschaft lag in den Händen des Zaren, des russischen Kaisers. Immer häufiger gab es jedoch Unruhen und Aufstände unzufriedener Bauern und Streiks von Arbeitern gegen die menschenunwürdigen Lebens- und Arbeitsbedingungen. Auch die Niederlage Russlands im Krieg gegen Japan (1904/05) verschärfte die Lage. Über 200 000 russische Soldaten waren im Kampf um die Vorherrschaft im Fernen Osten gefallen, die russische Wirtschaft war nicht in der Lage, die Bevölkerung ausreichend zu versorgen. Im Januar 1905 erreichten die Unruhen einen vorläufigen Höhepunkt. In Petersburg wollten Demonstranten dem Zaren eine Bittschrift überreichen, in der Freiheitsrechte, bessere Arbeitsbedingungen und eine Neuverteilung des Bodens gefordert wurden. Ohne erkennbaren Grund richteten zaristische Soldaten unter den Demonstranten ein Blutbad an, es gab 1000 Tote und zahlreiche Verletzte. Überall brachen nun Aufstände und Streiks aus. Das führte 1906 zum Zugeständnis einer Verfassung. In ihr wurden Rede- und Pressefreiheit versprochen und ein Parlament, die Duma, eingerichtet. Die Macht verblieb aber beim Zaren. Er konnte das Parlament auflösen, musste alle Gesetze bestätigen und ernannte bzw. entließ die Minister. Gesetze hatten erst mit seiner Zustimmung Gültigkeit.

Russland und der Erste Weltkrieg

Der Erste Weltkrieg stürzte Russland in eine schwere Krise: Die lange Dauer des Krieges und die schweren Niederlagen, dazu ein katastrophaler Lebensmittelmangel machten die anfängliche Kriegsbegeisterung zunichte. Der wachsende Unmut der Bevölkerung ließ sich an den zahlreichen Streiks seit 1915 ablesen. 1917 stand die überwältigende Mehrheit der Bevölkerung in Opposition zur Zarenherrschaft und zu den sie unterstützenden Gruppen der Gutsbesitzer und Regierungsbeamten. Die Massenstreiks und Hungerunruhen ab Januar 1917 lösten den Sturz des Zaren aus.

Die Arbeiterschaft organisiert sich

Die Arbeiterschaft hatte sich zu Beginn des Jahrhunderts in der Sozialdemokratischen Partei Russlands organisiert. Wie fast überall in Europa spaltete sie sich in einen gemäßigten Flügel, genannt Menschewiki, und in einen radikalen Flügel, genannt ▶Bolschewiki*. Den Zusammenhalt der Arbeiter mit den Soldaten beschreibt der russische Revolutionär Trotzkij in seiner „Geschichte der Russischen Revolution", die er 1931 verfasste:

Q … Die Armee quoll auf. … Jeder hatte beim Militär die Seinen: einen Sohn, einen Mann, einen Bruder oder einen anderen Nächsten. Die Armee war nicht mehr wie vor dem Krieg vom Volke abgezäunt. … Man lebte mit ihnen, wenn sie auf Urlaub kamen, man unterhielt sich mit ihnen in den Straßen …, man besuchte sie in den Lazaretten. Arbeiterviertel, Kaserne, Front und zum großen Teil auch das Dorf wurden miteinander verbundene Gefäße. Die Arbeiter wussten, was der Soldat dachte und fühlte. Sie führten endlose Gespräche über den Krieg, über Menschen, die sich am Krieg bereicherten, über Generäle, über Regierung, über Zar und Zarin: … Wenn sich doch alle auf einmal erhöben. … Ja eben alle auf einmal …

3 *Stellt die Situation Russlands vor und im Ersten Weltkrieg in Stichworten dar.*

	Russland	Deutschland
Stadtbevölkerung	18 %	35 %
Bruttosozialprodukt pro Kopf in Rubel	102	292
Analphabetenrate	70 %	1–5 %
Steinkohlenverbrauch (pro Kopf)	18,5 kg	219 kg
Eisenbahn/10 000 Einwohner	5 km	10 km

2 Gegenüberstellung zwischen Russland und Deutschland in wichtigen Erhebungsdaten vor dem Ersten Weltkrieg.

Lew Dawidowitsch von Bronstein, genannt ***Trotzkij*** *(1879–1940), war russischer Verhandlungsführer beim Friedensschluss mit dem Deutschen Reich 1918, Schöpfer der Roten Armee (Seite 160) und später Gegenspieler Stalins. Dieser ließ ihn im mexikanischen Exil ermorden. Foto.*

▶ Bolschewiki*: *Innerhalb der russischen Sozialdemokratie hatten sich eine gemäßigtere und eine extremere kommunistische Gruppe gebildet. Letztere war zwar zahlenmäßig geringer, wurde aber nach einem Kongress, bei dem ihre Delegierten zufällig in der Überzahl waren, fortan die „Bolschewiki" genannt, was russisch so viel wie „Mehrheitler" bedeutet. Für die tatsächlich weitaus größere Gruppe der Gemäßigten bürgerte sich dagegen die Bezeichnung „Menschewiki" = „Minderheitler" ein.*

Revolutionsjahr 1917

10. März 1917:
Februarrevolution in Russland.

7. November 1917:
Oktoberrevolution in Russland.

1 Blutiges Ende der Arbeiterdemonstration in Petrograd am 4. Juli 1917. Foto.

Streiks und Demonstrationen

Am 9. Januar 1917 (nach russischem Kalender), dem 12. Jahrestag des „Blutsonntags von 1905", zogen tausende Arbeiter durch die Straßen von Petersburg, sangen die Marseillaise und riefen „Nieder mit dem Krieg, nieder mit der Polizei, schlagt die Marodeure*". Seither kam die Hauptstadt nicht mehr zur Ruhe. Am 23. Februar (nach unserem Kalender der 8. März), dem Internationalen Frauentag, demonstrierten die Frauen für mehr Brot, gegen den Krieg und die Zarenherrschaft. 240 000 Arbeiterinnen und Arbeiter streikten, die eingesetzten Truppen weigerten sich, auf die Demonstranten zu schießen. Am 2. März dankte Zar Nikolaus ab, da ihm die Truppen den Gehorsam verweigerten.

Die Februarrevolution

Am gleichen Tag bildete sich als Vertretung der Arbeiter und Soldaten Petersburgs ein Rat (russisch: Sowjet). Alle Fabriken und militärischen Einheiten entsandten dazu Deputierte*. Der Petrograder Sowjet und die Duma einigten sich auf ein Programm: Bis zur Wahl einer verfassunggebenden Nationalversammlung sollte eine von der Duma gewählte „Provisorische Regierung" die Macht übernehmen. Rede-, Presse-, Versammlungsfreiheit und Streikrecht wurden garantiert. Die zaristische Polizei sollte durch eine Volksmiliz ersetzt werden.

Doppelherrschaft in Russland

Im Zuge der revolutionären Ereignisse bildeten sich in allen Großstädten Sowjets. In den Fabriken und Militäreinheiten wählten je 500 Arbeiter oder Soldaten einen Deputierten. Am 1. März 1917 erließ der Petrograder Sowjet folgenden Befehl an die Garnison* des Petrograder Militärbezirks:

Q1 … 3. In allen politischen Angelegenheiten untersteht jede militärische Einheit dem Sowjet der Arbeiter- und Soldatendeputierten. …
4. Die Befehle der militärischen Kommission der Staatsduma sind zu befolgen mit Ausnahme solcher Fälle, wo sie den Befehlen und Beschlüssen des Sowjets der Arbeiter- und Soldatendeputierten widersprechen.

In Russland bestand nach der Februarrevolution eine Doppelherrschaft der Provisorischen Regierung und des Petrograder Sowjets. Im Sowjet gewannen die Bolschewiki bald an Einfluss. Sie sprachen sich für eine Bodenreform durch Enteignung der Gutsbesitzer und für die sofortige Beendigung des Krieges aus, während die von der Duma eingesetzte Provisorische Regierung den Krieg gegen Deutschland fortsetzen wollte, um ihn für Russland siegreich zu beenden.

1 *Untersucht anhand von Q1, über welche Macht der Petrograder Sowjet verfügte.*

2 *Vermutet, welches der beiden Machtorgane sich bei einem Konflikt eher durchsetzen konnte.*

Forderungen Lenins

Anfang April 1917 war Wladimir Iljitsch Uljanow, genannt Lenin, der Führer der Bolschewiki, mithilfe der deutschen Regierung aus dem Schweizer Exil zurückgekehrt, wo er

Marodeure*: *Plünderer, ursprünglich plündernde Nachzügler einer Truppe (von französich marode = marschunfähig, matt).*

Deputierte*: *Abgeordnete.*

Garnison*: *Gesamtheit der Soldaten, die an einem bestimmten Ort stationiert sind.*

Aprilthesen*: *Bezeichnung für die von Lenin im April 1917 veröffentlichten Forderungen der Bolschewiki.*

nach einer Verhaftung lebte. Schon einen Tag nach seiner Ankunft in Petrograd formulierte Lenin in seinen Aprilthesen* die Ziele der Bolschewiki:

Q2 ... 3. Keinerlei Unterstützung der Provisorischen Regierung, Aufdeckung der ganzen Verlogenheit all ihrer Versprechungen. ... 5. Keine parlamentarische Republik ..., sondern eine Republik der Sowjets ... im ganzen Lande, von unten bis oben. ... 6. ... Beschlagnahme der gesamten Ländereien der Gutsbesitzer, Nationalisierung des gesamten Bodens im Lande; die Verfügungsgewalt über den Boden steht den örtlichen Sowjets ... zu. ... 7. Sofortige Verschmelzung aller Banken zu einer Nationalbank und Errichtung der Kontrolle über die Nationalbank durch den Sowjet der Arbeiterdeputierten. ... 8. ... Übergang zur Kontrolle über die gesellschaftliche Produktion und Verteilung der Erzeugnisse durch den Sowjet der Arbeiterdeputierten.

Während des Sommers 1917 blieb die Machtfrage in Russland unentschieden. Als es im Juli zu Demonstrationen gegen die Kriegspolitik der Provisorischen Regierung kam, wurden führende Bolschewiki verhaftet. Lenin musste vorübergehend nach Finnland fliehen. Diese Schwächung der Bolschewiki war aber nur von kurzer Dauer. Bei den Neuwahlen zum Petrograder Sowjet erhielten sie die Mehrheit wie auch wenig später in anderen Industriestädten. In Betrieben entmachteten Arbeiterkomitees die Betriebsleitungen, auf dem Land gingen die Herrenhäuser von Gutsbesitzern in Flammen auf.

3 *Gebt mit euren Worten die Ziele der Bolschewiki wieder.*

4 *Schildert die Situation Russlands im Sommer 1917.*

Die Oktoberrevolution

Lenin und die Bolschewiki hielten die Zeit für einen bewaffneten Aufstand gekommen. In der Nacht vom 6./7. November (25./26.Oktober nach russischem Kalender) besetzten bewaffnete Brigaden unter Führung Trotzkijs die strategischen Punkte der Stadt, verhafteten die Provisorische Regierung und erklärten am nächsten Tag die Übernahme der Macht durch den Petrograder Arbeiter- und Soldatenrat.

2 **Sturm auf das Winterpalais in Petersburg am 26. Oktober 1917.** Gemälde von A. Kuznezow.

Am Morgen des 7. November 1917 wurde in Petrograd die folgende Proklamation veröffentlicht:

Q3 An die Bürger Russlands.
Die Provisorische Regierung ist gestürzt. Die staatliche Gewalt ist in die Hände des Organs des Petrograder Rates der Arbeiter- und Soldatendeputierten ... übergegangen, das an der Spitze des Proletariats und der Garnison von Petrograd steht. Die Sache, für die das Volk gekämpft hat: unverzüglicher Abschluss eines demokratischen Friedens, Abschaffung des Eigentumsrechts der Gutsbesitzer am Lande, Arbeiterkontrolle über die Produktion, Schaffung einer Sowjetregierung – dies alles ist gesichert. Es lebe die Revolution der Arbeiter, Soldaten und Bauern!

5 *Erläutert, welche Ziele die Proklamation verkündet.*

*Wladimir Iljitsch Uljanow, genannt **Lenin**, wurde 1870 als Sohn eines Schulrats geboren. Schon früh wurde er ein Anhänger der Lehre von Karl Marx. Im Alter von 17 Jahren erlebte Lenin die Hinrichtung seines Bruders wegen revolutionärer Aktivitäten. Unter dem Eindruck dieses Ereignisses wandte er sich verstärkt revolutionären Ideen zu. Nach seinem Jurastudium ließ er sich 1893 in Petersburg als Rechtsanwalt nieder. Wegen der Verteilung von Flugblättern mit Streikaufrufen wurde er 1895 von der Geheimpolizei verhaftet und für drei Jahre nach Sibirien verbannt. Danach musste Lenin im Ausland leben, um seine politische Arbeit fortsetzen zu können. Von dort aus baute er die Russische Sozialdemokratische Arbeiterpartei mit auf.*
Nach der Oktoberrevolution war Lenin bis zu seinem Tod (1924) Führer des ersten kommunistischen Staates.

Die Bolschewiki übernehmen die Macht

Namensgeschichte einer Stadt:
Das heutige St. Petersburg trug diesen Namen bereits bis zum Juni 1914. Dann wurde es in Petrograd umbenannt, da der alte Name im Ersten Weltkrieg zu deutsch klang. Von 1924 bis 1991 hieß die Stadt dann zu Ehren des Revolutionsführers Leningrad, bevor sie nach dem Ende der Sowjetunion wieder ihren ursprünglichen Namen erhielt.

1 **Lenin ruft die Sowjetmacht aus.** Gemälde von Wladimir Serow, 1947.

► Räte*:
Volksvertreter, die direkt und auf mehreren Ebenen gewählt werden. So wählen z. B. Arbeiter in den Betrieben Räte, diese wählen dann wiederum selbst Räte. Unmittelbar an den Auftrag ihrer Wähler gebunden, können Räte von ihrem Posten jederzeit abgerufen werden. Auf ihrer jeweiligen Ebene üben sie alle drei Gewalten aus: Sie sind für Gesetzgebung, Rechtsprechung und Ausführung voll verantwortlich.

Macht den Räten

Der Sturz der Provisorischen Regierung war geschickt geplant. Am Abend des 7. November tagte in Petrograd der Zweite Allrussische Sowjetkongress (Rätekongress) mit Abgeordneten aus ganz Russland, um über die politische Zukunft des Landes zu beraten. Die Bolschewiki stellten fast die Hälfte der Delegierten. Zu Beginn der Sitzung verließen einige der gemäßigten Mitglieder des Kongresses aus Protest gegen den Umsturz die Versammlung. Trotzkij erklärte vor dem Kongress:

Q1 … Im Namen des Revolutionären Militärkomitees erkläre ich, dass die Provisorische Regierung nicht mehr existiert. … Den Sowjets der Soldaten-, Arbeiter- und Bauerndeputierten steht jetzt ein in der Geschichte noch nie da gewesenes Experiment bevor, nämlich die Bildung einer Staatsgewalt, die keine anderen Ziele kennt als die Befriedigung der Bedürfnisse der Arbeiter, der Bauern und der Soldaten. Der Staat muss das Werkzeug der Massen im Kampfe für ihre Befreiung von jeglicher Sklaverei sein. Das ist das Grundprinzip der Sowjetmacht. …

Auf Vorschlag der Bolschewiki wurde beschlossen, dass die Macht überall an die ► Räte überzugehen habe.

Erste Schritte zum Sozialismus

Schon am nächsten Tag beschloss der Zweite Sowjetkongress auf Vorschlag der Bolschewiki das „Dekret über Grund und Boden“:

Q2 … Das Eigentumsrecht der Gutsbesitzer an Grund und Boden wird unverzüglich ohne Entschädigungszahlungen aufgehoben.

Wenig später wurde mit einer Verordnung die Arbeiterkontrolle für alle Betriebe eingeführt. In der Verordnung heißt es:

Q3 … 6. Die Organe der Arbeiterkontrolle haben das Recht, die Produktion zu beaufsichtigen, Herstellungsnormen zu erlassen

und Maßnahmen zur Klärung der Selbstkosten von produzierten Gütern zu ergreifen. 7. Die Organe der Arbeiterkontrolle haben das Recht, den gesamten Geschäftsbriefwechsel eines Unternehmens zu kontrollieren. ... Das Geschäftsgeheimnis wird abgeschafft. ... 8. Die Entscheidungen der Organe der Arbeiterkontrolle sind für die Besitzer der Unternehmen verbindlich und können nur durch Anordnungen höherer Organe der Arbeiterkontrolle aufgehoben werden.

Auf dem Land kam es nun zu einer völligen Neuverteilung des Bodens. Schon 1919 befanden sich 96,8 Prozent der landwirtschaftlich nutzbaren Fläche in bäuerlicher Hand. Die Organe der Arbeiterkontrolle legten ihre Rechte weit aus: Es kam zu einer Welle wilder Enteignungen.

1 *Beschreibt den Prozess der Machtübernahme und stellt fest, wer der Träger der Revolution war.*

2 *Lest noch einmal auf Seite 157 die „Aprilthesen" nach und untersucht, inwieweit die Verordnungen Q2 und Q3 den Thesen entsprechen.*

3 *Stellt zusammen, welche unterschiedlichen Folgen die Verordnungen für die beteiligten Gruppen (Bauern, Großgrundbesitzer, Bergwerksgesellschaften, Hausbesitzer, Mieter, Pächter, Unternehmer) hatten.*

Die Bolschewiki und die Verfassung

Nach den Vorstellungen der Bolschewiki sollte der neue Staat eine Räteverfassung haben, die nicht den Regeln des westlichen Parlamentarismus folgte. Die Räte sollten direkt gewählt und ihren Wählern unmittelbar verpflichtet sein: Anders als in den parlamentarischen Systemen sollten sie jederzeit abberufen werden können, wenn sie nicht mehr den Willen ihrer Wähler repräsentierten.

Doch in der am 12. November gewählten konstituierenden Versammlung*, die die Verfassung ausarbeiten sollte, waren die Bolschewiki in der Minderheit. Tatsächlich verweigerte die konstituierende Versammlung schon in ihrer ersten Sitzung im Januar 1918 die Zustimmung zu der von den Bolschewiki geschaffenen Räteorganisation. Einen Tag später ließ Lenin die Versammlung durch bewaffnete Truppen auflösen.

Um zunächst die Macht der Bolschewiki zu sichern, wurde sie an den „Rat der Volkskommissare" unter der Führung Lenins" übertragen, den der Zweite Sowjetkongress gewählt hatte.

Lenin begründete die Auflösung der Verfassung gebenden Versammlung damit, dass die „Befreiung der unterdrückten Klassen" nur mit einem Rätesystem möglich sei, da – wie er ausführte – alle „Formen des bürgerlich-demokratischen Parlamentarismus trügerisch sind" und nun der Bruch mit allen Formen und Kompromissen notwenig sei.

Ein russischer Frontsoldat schrieb zur Auflösung der konstituierenden Versammlung in einem Brief an eine russische Zeitung:

Q4 ... Wir haben die konstituierende Versammlung wie die leuchtende Auferstehung Christi erwartet. Aber wir haben umsonst gewartet ...

Wir haben keine Kraft mehr, in den feuchten Schützengräben zu sitzen. Wir verfluchen die Verräter der Revolution, die die konstituierende Versammlung auseinander gejagt haben ... Versteht ihr denn wirklich nicht, Genossen, wer unser Feind und wer für uns Genosse ist? ... Genossen, unsere einzige Rettung ist die konstituierende Versammlung, Herrin der russischen Erde! ... Dann erst wird es für uns Land und Freiheit geben. Ja, Genossen, man macht uns Angst damit, dass allein die ▶Bourgeoisie in die konstituierende Versammlung kommen könnte ... Feind ist für uns der, der die konstituierende Versammlung auseinander gejagt hat ...

4 *Erläutert die Begründung Lenins für die Auflösung der Verfassung gebenden Versammlung.*

5 *Setze die Argumentation in Q4 in Beziehung zur Begründung Lenins. Welche politische Auffassung macht sie deutlich?*

konstituierende Versammlung*: *Erster Zusammentritt einer Versammlung, bei der häufig wichtige Verfahrensfragen geklärt werden. In Russland sollte die vom Volk gewählte Versammlung 1918 eine Verfassung erarbeiten. Sie wurde daran jedoch von den Bolschewiki gehindert.*

Vom „Leninismus" zum „Stalinismus"

1 **„Hilf den Hungernden!"**. Plakat von 1921, mit dem um die Abgabe von Lebensmitteln zur Versorgung der Bevölkerung geworben wurde.

Die ersten Jahre der Sowjetherrschaft

Die ersten Jahre des neuen Staates gestalteten sich extrem schwierig. Zum einen: Die ►Bolschewiki wollten möglichst rasch alle Maßnahmen durchsetzen, die ihren Vorstellungen von einer sozialistischen Gesellschaft entsprachen. Die dringendste Aufgabe war es zunächst, den Ersten Weltkrieg zu beenden, um Hunger und Verelendung der Bevölkerung nicht noch weiter zu verschärfen. Gegen großen Widerstand aus den eigenen Reihen setzte Lenin einen Friedensvertrag mit Deutschland durch. Russland verlor dabei die Ukraine und damit ein Viertel seiner Bevölkerung sowie drei Viertel seiner Eisenindustrie und Kohlenbergwerke.
Zum anderen: Gegen die Bolschewiki bildete sich eine breite Opposition aus Vertretern des Adels und der Kirche, enteigneten Großgrundbesitzern, Unternehmern, aber auch demokratischen Politikern. Die Bolschewiki versuchten, ihre Gegner mithilfe einer Geheimpolizei auszuschalten, doch bereits im Mai 1918 hatte sich ein Bürgerkrieg entwickelt: Unterstützt von den Alliierten des Ersten Weltkriegs, die eine Ausbreitung des Kommunismus in Europa verhindern wollten, hatten die Gegner der Bolschewiki Truppen aufgestellt, die „Weißgardisten". Angesichts dieses Widerstandes fanden sich weite Teile der Bevölkerung trotz aller Kriegsmüdigkeit dazu bereit, erneut zur Waffe zu greifen und die Bolschewiki zu unterstützen. Unter Führung Trotzkijs wurde die „Rote Armee" aufgebaut. In einem bis 1920 dauernden Bürgerkrieg rang sie die Truppen der „Weißen" und ihre Verbündeten schließlich nieder.
Dennoch: Der Krieg hatte das Land noch mehr geschwächt: Die Industrieproduktion war zum Stillstand gekommen, die Lebensmittelversorgung eingebrochen, die Menschen hungerten und froren, Seuchen hatten sich ausgebreitet. Zwar hatten die Bolschewiki sich durchgesetzt, der Aufbau des neuen Staates vollzog sich aber unter widrigsten Bedingungen.

1 *Erklärt, warum die Bolschewisten im Kampf gegen die „Weißen" viel Unterstützung fanden, obwohl die Bevölkerung kriegsmüde war.*

Ausweitung des Sozialismus

Auch in anderen Regionen des ehemaligen Russischen Reiches hatten sich mittlerweile nationale Sowjetrepubliken gebildet. 1922 schloss sich die russische mit der ukrainischen, der transkaukasischen und der weißrussischen zur „Union der Sozialistischen Sowjetrepubliken" (UdSSR) zusammen. Ihre Hauptstadt wurde Moskau.
Als der Revolutionsführer Lenin 1924 starb, war die Neuorganisation der Gesellschaft nach den Grundsätzen des Sozialismus trotz der Widrigkeiten fortgeschritten. Mit immer neuen Verordnungen waren folgende Maßnahmen durchgesetzt worden:

– alle ständischen Privilegien waren abgeschafft,
– die unehelichen Kinder den ehelichen rechtlich gleichgestellt,

Vom „Leninismus“ zum „Stalinismus“

2 **„Der Morgen unseres Landes“**, Ölgemälde von Fjodor Schurpin, um 1946. Stalin betrieb gezielt die Verbreitung eines Kultes um seine Person. Zudem legte er die Kunst auf den so genannten „Sozialistischen Realismus“ fest, der eine im Sinne der sozialistischen Weltanschauung „geschönte“ Wirklichkeit zum Inhalt hatte.

- die Scheidung erleichtert,
- die allgemeine Schulpflicht eingeführt,
- Schuluniformen und Noten abgeschafft,
- die Zulassungsprüfungen zu den Universitäten abgeschafft,
- die Religion zur Privatsache erklärt,
- die Kirche vom Staat getrennt,
- das Kirchenvermögen enteignet,
- der Religionsunterricht verboten,
- die bürgerlichen Presseorgane verboten,
- die bürgerlichen Parteien verboten und
- die nichtbolschewistischen Parteien verboten

2 *Diskutiert, welche dieser Maßnahmen auf größere Gleichheit der Menschen zielen.*

Stalinismus

Nachfolger Lenins wurde Stalin*, der sich – vor allem angesichts der immer noch großen Versorgungsprobleme – mit anderen Parteiführern zunächst in harte Richtungskämpfe um den zukünftigen Weg der Partei verstrickte. Neben Lenin war Trotzkij die wichtigste Persönlichkeit in der Partei gewesen. Er vertrat aber in schwierigen Fragen andere Standpunkte als Stalin. Dieser löste das Machtproblem, indem er Trotzkij aus allen Parteiämtern entfernen und schließlich sogar aus der Sowjetunion ausweisen ließ. Auch andere oppositionelle Parteimitglieder schaltete er aus, bis er sich 1928 als unbestrittener Führer durchgesetzt hatte.

Von Anfang an war die Herrschaft Stalins vom Terror der Geheimpolizei geprägt. Besonders in den 1930er-Jahren nahmen die staatlichen Gewaltmaßnahmen zu. Bereits die Kritik der Regierung galt als gegenrevolutionäre Handlung und wurde bestraft. Viele Menschen wurden verhaftet, Gefangene in Schnellverfahren zum Tode verurteilt oder in Arbeitslager eingewiesen, wo bis 1939 Schätzungen zufolge zwölf Millionen Menschen umkamen. Der sowjetische Historiker Medwedew schilderte 1970:

Q … Im Lager dauerte es 20–30 Tage, bis aus einem gesunden Mann ein Wrack wurde. Siebzehn Stunden Arbeit im Schacht ohne Ruhetag, systematische Aushungerung, zerfetzte Kleidung, Schlaf in durchlöcherten Zelten bei 60 °C unter Null bewirkten das. Schläge von Vorarbeitern und von den Wächtern beschleunigten diesen Prozess noch. …

3 *Erläutert und bewertet Stalins Herrschaftsmethoden.*

4 *Erkundigt euch, z. B. bei amnesty international, ob es auch heute noch Staaten gibt, in denen von staatlicher Seite Terror ausgeübt wird.*

Stalin* *hieß eigentlich Josef Wissarionowitsch Dschugaschwili. Er wurde 1879 als Sohn eines Schusters in der Nähe von Tiflis geboren. 1894 trat er in ein Priesterseminar ein, von dem er fünf Jahre später wegen seiner kommunistischen Gesinnung verwiesen wurde. Er wurde Mitglied der sozialdemokratischen Arbeiterpartei und schloss sich später den Bolschewiki an. Seit 1912 war Stalin Mitglied des Zentralkomitees der Partei, danach Herausgeber der Parteizeitung Prawda. Nach der Oktoberrevolution gehörte er dem Rat der Volkskommissare an. 1922 wurde Stalin Generalsekretär der KPdSU, er schaltete nach Lenins Tod die gesamte politische Opposition aus. Stalin baute eine Diktatur auf, die er bis zu seinem Tod im Jahr 1953 ausübte.*

Industrialisierung und Kollektivierung

Arbeiterunterkunft. Foto.

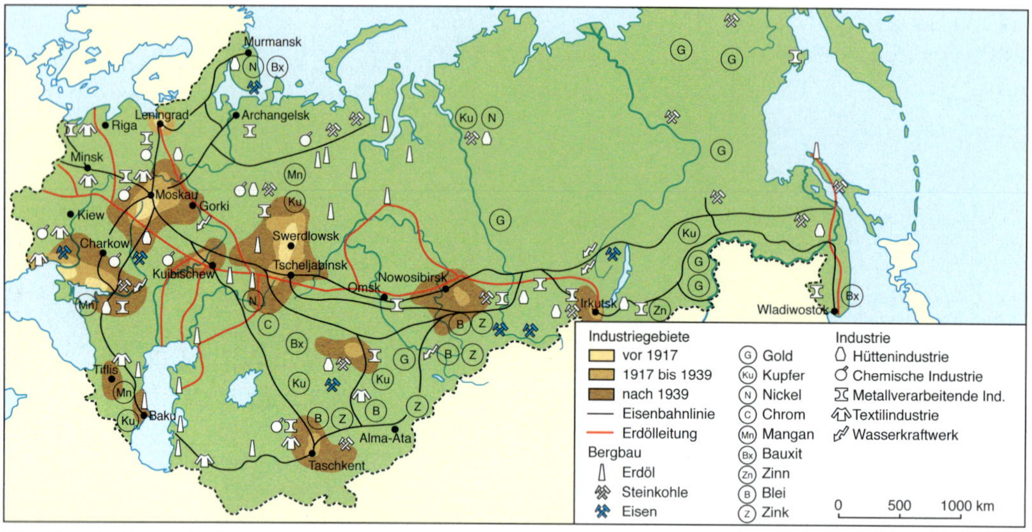

1 **Wirtschaftsentwicklung in der Sowjetunion.**

Verstärkte Industrialisierung

Russland war ein Agrarland gewesen. Nach Weltkrieg, Revolution und Bürgerkrieg war es nun wirtschaftlich völlig am Ende. Die kommunistische Regierung setzte daher auf die Umverteilung der Güter und den Ausbau der Industrialisierung. Doch dies brachte nicht das erhoffte und geplante Wachstum. Die Industrie produzierte mit zu hohen Kosten und die Landwirtschaft brachte zu geringe Erträge, sodass es immer wieder zu Engpässen in der Getreideversorgung und beim Getreideexport kam.

Unter maßgeblicher Führung Josef Stalins beschloss die Staatsführung, ab 1927 die Industrialisierung energischer voranzutreiben. In einer Rede vor dem Zentralkomitee der Partei rechtfertigte Stalin am 19. November 1928 den hierzu festgelegten Fünfjahresplan:

Q … Schauen Sie sich die kapitalistischen Länder an und Sie werden sehen, dass die Technik dort nicht nur fortschreitet, sondern geradezu vorwärts eilt. … Und so ergibt sich eine Situation, dass wir in unserem Lande einerseits die fortschrittlichste Gesellschaftsordnung … haben, andererseits eine äußerst rückständige Technik der Industrie, die die Basis für den Sozialismus und die Sowjetmacht abgeben muss. … Um den endgültigen Sieg des Sozialismus in unserem Land zu erringen, müssen wir diese Länder auch in technisch-ökonomischer Sicht einholen und überholen. Entweder erreichen wir das oder wir werden zermalmt.

Industrialisierung bedeutete nicht nur den Bau neuer Fabrikanlagen, sondern auch die Erschließung von Rohstoffvorkommen und den Bau neuer Industriestädte für die Arbeiter. Dies alles sollte in möglichst kurzer Zeit geleistet werden.

1 *Beschreibt mithilfe von Q die Ziele der Industrialisierungspolitik.*

2 *Beschreibt anhand der Tabelle auf Seite 163 die Entwicklung der sowjetischen Industrieproduktion. Vergleicht dabei zuerst die tatsächliche Entwicklung seit 1913 und bewertet die Entwicklung bei den einzelnen Produkten. Setzt dann diese Ergebnisse in Beziehung zu den Planzielen für 1932.*

Gewaltsame Kollektivierung

Ein weiteres Ziel des Fünfjahresplans war die völlige Umgestaltung der Landwirtschaft: Die Bauern sollten kollektiviert* werden. Schon seit 1928 wurden überall auf dem Land Kolchosen und Sowchosen gegrün-

Kollektivierung*: *Zusammenschluss von Bauern oder Arbeitern in sozialistischen Regimen unter Aufsicht des Staates.*

det. In einem Kolchos wurden Boden, Vieh und Gerätebestand in Gemeineigentum umgewandelt. Den Bauern verblieben ein kleines Stück Land und etwas Vieh zur privaten Bewirtschaftung. Die ehemaligen Staatsgüter wurden in Sowchosen umgestaltet, große landwirtschaftliche Spezialbetriebe (Getreidefabriken, Schweinemästereien u. Ä.). Kolchos- und Sowchos-Arbeiter erhielten ähnlich wie Industriearbeiter einen festen Lohn. Für den Eigenbedarf bekamen sie ein kleines Stück Land.
Die Umwandlung in Kollektivwirtschaften stieß bei vielen Bauern auf Widerstand: Sie vernichteten Getreide, schlachteten das Vieh ab, verfütterten hochwertiges Mehl an Schweine und griffen zu den Waffen. So gingen in den ersten Jahren nach der Kollektivierung Ernteerträge und Viehbestand dramatisch zurück. Millionen von Menschen verhungerten.
Industrialisierung und Kollektivierung wurden von der kommunistischen Partei unter Mithilfe der Geheimpolizei gewaltsam durchgesetzt. Wer die Maßnahmen zu boykottieren versuchte oder verdächtig war, die Politik nicht mitzutragen, wurde verhaftet und meist in eines der gefürchteten Arbeitslager verschleppt.

3 *Diskutiert, warum viele Bauern die Kollektivierung ablehnten.*

4 *Erläutert mithilfe des Textes und der Tabelle die wirtschaftliche Entwicklung in der Sowjetunion zwischen 1927 und 1940 und bewertet die Methoden der Industrialisierung.*

2 **Bauern mit Traktor.** Foto, 1935.

3 **Stalingrad (Originaltext): „Das Traktorenwerk ‚F. E. Dzierzynski' versendet täglich große Transporte der Traktoren ‚DT-54' ".** Foto.

	1913	1928	1932	1940	Planziel 1932
Elektroenergie (Mrd. kWh)	2	5	13,5	48,3	22
Stahl (Mio. t)	4,3	4,3	–		18,3
Erdöl (Mio. t)	10,3	11,6	21,4	31,1	22
Kohle (Mio. t)	29,2	35,5	64,4	166	75
Mineraldünger (Mio. t)	0,09	0,14		3,2	
Traktoren (1000 Stück)	–	1,3	48,9	–	53
Kraftfahrzeuge (1000 Stück)		0,8	23,9	–	100
Getreide (Mio. t)		73,3	69,9		105,8
Vieh (Pferde, Rinder, Schweine; Mio. Stück)		114,2	70,9		153,7
Produktionsmittel (Index 1913)	100	128	450	1554	
Konsumgüter (Index 1913)	100	102	196	497	

4 **Die sowjetische Produktion – tatsächliche Produktion und Planziel 1932.**

Das Foto als Fälschung

1 / 2 **Lenin verabschiedet Soldaten der Roten Armee an die Front.** Fotoaufnahmen vom 5. Mai 1920.

Fotos als Zeugen der Geschichte

Bilder bieten oft besonders eindrucksvolle Zeugnisse vergangener Ereignisse. Man kann sich buchstäblich „ein besseres Bild von der Vergangenheit machen" als nur anhand von Texten. Besonders Fotos, die es seit der Mitte des 19. Jahrhunderts gibt, scheinen dem Betrachter einen authentischen Eindruck, d. h. ein unverfälschtes Bild von der Zeit ihrer Entstehung zu geben. Deshalb bedienen sich auch historische Darstellungen besonders gerne aussagekräftiger Fotos. Das gilt auch für Schulbücher.

Im Zeitalter der digitalen Fotografie und Bildbearbeitung ist die Veränderung von Fotos noch leichter möglich als zur Zeit der historischen Fotografie. Jede nicht kenntlich gemachte Veränderung eines Bildes ist und bleibt eine Fälschung.

Fotos als Geschichtsfälschung

Für Fälschungen von Fotos gibt es im Zusammenhang mit dem Thema dieses Kapitels ein berühmtes Beispiel: Stalin berief sich in allem, was er tat, auf Lenin und schuf einen Lenin-Kult, der nur durch seinen eigenen Personenkult übertroffen wurde. Dabei störte alles, was den Eindruck erwecken konnte, auch andere Personen seien wichtig gewesen. So zum Beispiel Lenins und Stalins früherer Konkurrent im Machtkampf, Lew Trotzkij. Schon allein die Erinnerung an ihn schien Stalins Position infrage zu stellen und widersprach der Legendenbildung um seine Person. Um seine Macht zu sichern, mussten daher auch alle Hinweise auf Trotzkij und seine Taten ausgelöscht werden. Dafür mussten zahlreiche Quellen „überarbeitet" werden, Bücher durften Trotzkij nicht erwähnen, Fotos durften ihn nicht zeigen. Da es aber Fotos gab, die man für den Lenin-Kult benutzen wollte, auf denen auch Trotzkij zu sehen war, mussten diese gefälscht werden. Ein Beispiel solcher Fälschungen findet sich auf einem Foto aus dem Jahr 1920 (Abbildung 1/2): Lenin verabschiedet Soldaten der Roten Armee, die in den Bürgerkrieg gegen die „Weißen" ziehen. Der Fotograf machte damals zwei Bilder unmittelbar nacheinander aus leicht unterschiedlichen Blickwinkeln. Auf den Stufen zur Rednertribüne ist auf der ersten Abbildung auch Lew Trotzkij zu sehen (in Uniform). Auf der zweiten Abbildung fehlen er und der Mann hinter ihm. Sie wurden beide wegretuschiert und die entstandene Bildlücke mit Brettern gefüllt. Wer genau hinsieht, kann an dieser Stelle des Fotos eine andere Bildkörnung erkennen. Nur das zweite, gefälschte Bild aber wurde in sowjetischen Geschichtsbüchern abgedruckt. Trotzkij war aus der Geschichte „entfernt" worden.

1 *Probiert einmal im praktischen Versuch, wie der Inhalt eines Fotos völlig verändert werden kann.*

2 *Diskutiert, wie solche Geschichtsfälschungen zu bewerten sind.*

Zusammenfassung

Die neue Weltmacht USA

Mithilfe einer rasch fortschreitenden Industrialisierung wurden die USA Ende des 19. Jahrhunderts zu einer der führenden Wirtschaftsmächte. Man bekannte sich zum Prinzip des freien Wettbewerbs, das – so die Auffassung – den Besten und Tüchtigsten zum Erfolg bringe. Nach 1900 begannen die USA, ihre wirtschaftliche Macht auch international in politischen Einfluss umzusetzen. Nach dem Ersten Weltkrieg, in den die USA 1917 eingriffen, nachdem sie vor allem die Alliierten bereits über längere Zeit mit Waffen beliefert hatten, waren sie der größte Kreditgeber der Welt. Als es 1929 – nach einer Zeit ungebrochenen Wachstums – zu einer Wirtschaftskrise kam, weitete sich diese wegen der wirtschaftlichen Abhängigkeiten anderer Staaten schnell zu einer Weltwirtschaftskrise aus. In den 1930er-Jahren schlug Präsident Roosevelt eine Wende in der Wirtschaftspolitik ein, indem er staatlich gesteuerte Projekte auf den Weg brachte (New Deal).

Revolution in Russland

Russland, die Großmacht im Osten Europas, wurde von Zaren regiert. Eine kleine Oberschicht aus Adel und Großbürgertum verfügte über Reichtümer; der Großteil der Bevölkerung aber lebte in Armut. Als während des Ersten Weltkriegs Hungerrevolten ausbrachen, dankte Zar Nikolaus II. ab. Eine bürgerliche Regierung übernahm die Macht im Staat, setzte aber den verlustreichen Krieg fort. In der so genannten Oktoberrevolution konnten schließlich die ▶Bolschewiki unter der Führung Lenins und Trotzkijs die Macht übernehmen und eine Sowjetrepublik (▶Räterepublik) ausrufen. Doch ihre politischen Gegner leisteten der neuen Staatsmacht Widerstand, sodass – nach Abschluss eines Friedensvertrags mit Deutschland – die Bolschewiki sich erst nach einem Bürgerkrieg (1918–1920) behaupten konnten. 1922 wurde aus den vier auf dem Gebiet des ehemaligen Russischen Reiches gebildeten Sowjetrepubliken die Union der Sozialistischen Sowjetrepubliken (UdSSR).

Doch hatten die anhaltenden Kriege letztlich zu einer schweren Verelendung des Volkes geführt. Der wirtschaftliche Aufbau vollzog sich unter widrigsten Bedingungen. Stalin, der Nachfolger Lenins, der seine Macht auf den massiven Einsatz einer Geheimpolizei stützte, betrieb zur Sicherung der Versorgung des Volkes seit 1927 mit Nachdruck die Industrialisierung der UdSSR und die Kollektivierung der Landwirtschaft.

Seit 1860

Die Bevölkerung der USA wuchs in der zweiten Hälfte des 19. Jahrhunderts so stark an, dass die Zahl der Einwanderer seit 1890 begrenzt wurde.

1921–1929

Die „Roaring Twenties" bringen Wirtschaftsaufschwung und Wirtschaftskrise.

1917

Das russische Volk erhebt sich gegen die Zarenherrschaft.

1927–1953

Josef Stalin errichtet um sich einen ausufernden Personenkult.

8. Die Weimarer Republik

1871

1933

9. November 1918: Soldaten, Arbeiter, Bürger ziehen durch das Brandenburger Tor, die „gute Stube“ Berlins. Sie fordern das Ende des Krieges. Kurze Zeit später wird die Abdankung des Kaisers verkündet. Es ist die Geburtsstunde eines neuen Staates, der „Weimarer Republik“.

1 *Beschreibt und vergleicht die drei Bilder dieser Doppelseite.*
2 *Erkundigt euch über die Epochenjahre 1871, 1918 und 1933 genauer (Lexikon, Internet) und berichtet darüber in der Klasse.*

Schauplatz: Vorwärts, Frauen!

1 Bubikopf und Charleston – Fotomontage aus „Das Magazin", 1927.

2 Straßenszene in Berlin. Foto, 1926.

3 Hochzeitsfoto. 1921.

Das Bild der jungen, modernen Frau fand sich vor allem im Straßenbild der Großstadt wieder. Ihm stand die traditionelle Frauenrolle, wie sie im Kaiserreich vorherrschend gewesen war, noch lange gegenüber.

Frauen, Männer und die Politik

Während des Ersten Weltkriegs mussten Frauen Arbeiten übernehmen, die bisher den Männern vorbehalten gewesen waren: Plötzlich gab es Straßenbahnschaffnerinnen oder Streifenpolizistinnen, und Frauen verrichteten schwere körperliche Arbeiten in den Fabriken. Als sich nach Ende des Krieges und der Kaiserzeit die deutsche Gesellschaft neu formieren musste, konnte den selbstbewusster gewordenen Frauen auch ein politisches Gewicht nicht länger verweigert werden. Das neue Reichswahlgesetz vom 30. November 1918 formulierte: „Wahlberechtigt sind alle deutschen Männer und Frauen, die am Wahltag das 20. Lebensjahr vollendet haben." Und: „Wählbar sind alle Wahlberechtigten." So waren in der Nationalversammlung von 1919 erstmals auch einige Frauen vertreten. Sie sorgten dafür, dass es in der Verfassung des neuen deutschen Staates, der ►Weimarer Republik, hieß: „Alle Deutschen sind vor dem Gesetz gleich. Männer und Frauen haben grundsätzlich dieselben staatsbürgerlichen Rechte und Pflichten."

Emanzipierte Frauen in einer modernen Welt

Als Mitte der 1920er-Jahre die deutsche Wirtschaft einen deutlichen Aufschwung nahm, hielten Frauen auch zunehmend in das gehobenere Erwerbsleben Einzug: Ob als „Fräulein vom Amt", Stenotypistin oder Verkäuferin – Mädchen aus dem Mittelstand waren nun nicht mehr wie ihre Mütter und Großmütter darauf angewiesen, um jeden Preis einen Mann zu bekommen. Der eigene Lohn reichte zum Leben.

Auch kulturell erlebte Deutschland nun einen Aufschwung: Ob Malerei, Architektur, Film, Musik – in vielen Bereichen wurde eine neue Offenheit spürbar. Der Charleston wurde zum Tanz der Zeit, die neue Frisur hieß „Bubikopf", und ab 1927 war die Damenmode kniefrei.

1 *Klärt gemeinsam die Bedeutung der Umschreibung „staatsbürgerliche Rechten und Pflichten".*

Schauplatz: Vorwärts, Frauen!

4 **Zeitungsanzeige, um 1925.** Die „neue Frau" wurde zu einem Leitbild, das auch von den Medien aufgegriffen wurde. So entdeckten Zeitungsverlage Frauen als neue Zielgruppe.

5 **Wäschewringen.** Foto, um 1930.

Neue Zeiten für die Hausfrau?

Auch die Technik hatte ihren Anteil an der Phase der Emanzipation* der Frau: Der Staubsauger, der Kühlschrank und vor allem die Waschmaschine ersparten einer wachsenden Anzahl von Frauen die Arbeitsbelastungen ihrer Vorfahrinnen. Wer sich ein Leben mit moderner Technik nicht leisten konnte, blieb allerdings von diesen Entwicklungen noch lange ausgeschlossen. Vor allem an den Lebensbedingungen der Frauen aus der Unterschicht änderte sich wenig. Denn trotz des wirtschaftlichen Aufschwungs gab es zu wenige und oft nur schlecht bezahlte Arbeitsplätze. Sehr viele Frauen arbeiteten tagsüber als Fließbandarbeiterin, Putzfrau oder Bedienung und mussten zusätzlich die schweren Hausarbeiten nach Feierabend oder am Wochenende von Hand leisten.

Emanzipation*:
Die Befreiung von Gruppen oder Einzelpersonen aus einem Abhängigkeitsverhältnis und – damit zusammenhängend – die Fähigkeit zur Selbstbestimmung.

Trotzdem: Keine Gleichstellung

Trotz gewonnener politischer Rechte und größerer wirtschaftlicher Unabhängigkeit vom Mann: Eine gesellschaftliche Gleichstellung von Frauen und Männern wurde in der Weimarer Republik nicht erreicht. Das seit 1900 im Deutschen Reich geltende Bürgerliche Gesetzbuch (BGB), das in seinen Regelungen zum Ehe- und Familienrecht die Frau ihrem Ehemann unterstellte, blieb unverändert bestehen. Auch mussten Frauen nach der Heirat oft die Entlassung aus dem Berufsleben hinnehmen. Für verheiratete Frauen war die Rolle der Hausfrau und Mutter weiterhin selbstverständlich.

2 *Stellt zusammen, welche Haushaltsgeräte in eurem Haushalt zur Verfügung stehen. Überlegt, welche Zeitersparnis ihr Einsatz wöchentlich etwa bringt.*

1 Plakat, 1914.

2 Plakat, 1919.

Kämpfen und Werben für das Frauenwahlrecht

Um das Recht, sich politisch betätigen zu dürfen, mussten Frauen lange kämpfen. Schon im 19. Jahrhundert hatten sie in Deutschland die politische Beteiligung verlangt. Doch ihre Forderung wurde – meist mit dem Hinweis auf die geistige Überlegenheit und größere Tatkraft des Mannes – immer wieder abgewiesen: Von vielen Männern wurden Frauen Charaktereigenschaften wie „Furchtsamkeit", Sanftheit, Nachgiebigkeit und Gefühlsbetontheit nachgesagt, die angeblich für das öffentliche Leben nicht befähigten. Auch Forderungen nach besseren Bildungs- und Berufschancen für Mädchen wurden von dem Großteil der Männer aller Gesellschaftsschichten abgelehnt.

Besonders sozialistische Politiker wie August Bebel unterstützten aber die Ziele der Frauen. So forderte die SPD 1891 als erste deutsche Partei in ihrem Programm das aktive Wahlrecht für Frauen.

Seit Ende der 1890er-Jahre wurde zunehmend versucht, eine breite Öffentlichkeit für das Frauenwahlrecht zu gewinnen – häufig mit Plakaten. Denn in einer Zeit, als weder Fernsehen noch Radio in den Haushalten eine Rolle spielten, kam Plakaten, die billig hergestellt und massenhaft verbreitet werden konnten, eine große Bedeutung für die öffentliche Verbreitung von Botschaften zu.

1 *Bearbeitet die Plakate nach den auf Seite 171 vorgegebenen Arbeitsschritten.*

Arbeitstechnik: Plakate untersuchen

Plakate begegnen uns in sehr vielen Bereichen des Alltags. Sie machen z. B. auf Veranstaltungen aufmerksam, werben für Produkte oder politische Parteien.
Oft vermitteln sie Inhalte mithilfe wirklichkeitsgetreuer Darstellungen, manchmal aber auch völlig gegenstandslos – mit Farbfeldern und Schriftzügen beispielsweise.
Eine besondere Rolle für die Wirkung von Plakaten spielen die verwendeten Farben. Sie sollen Gefühle beim Betrachter wecken, können aber auch von symbolischer Bedeutung sein (z. B. Schwarz – Rot – Gold als Farben der demokratischen Bewegung des 19. Jahrhunderts).
Der Sprachanteil eines Plakats beschränkt sich auf wenige, schlagwortartige Formulierungen, so genannte Slogans, denn oft werden Plakate nur im Vorübergehen gesehen. Bei der Schriftgestaltung sind neben der Farbe auch Schrifttype und -größe für die Wirkung besonders wichtig.

Bei der Deutung und Einordnung politischer Plakate, wie sie zur Zeit der Weimarer Republik eine große Rolle spielten, helfen euch die folgenden Schritte:

1. Erster Eindruck – Einordnen

Betrachtet das Plakat genau und notiert, welchen ersten Eindruck es auf euch macht. Dafür könnt ihr z. B. die Form einer Adjektivliste wählen. Untersucht es anschließend wie folgt:

- Wer hat das Plakat in Auftrag gegeben?
- Worauf soll es aufmerksam machen?
- An wen wendet es sich?

2. Betrachten

- Welcher Bildgegenstand ist dargestellt und in welcher Form ist er wiedergegeben? Z. B.: Ist eine Figur oder eine Szene beherrschendes Motiv? Wie wird sie dem Betrachter präsentiert?
- In welcher Technik ist das Plakat gestaltet?
- Welche Farben/Farbkontraste wurden verwendet und wie wirken sie?
- Wie wurde das Bild aufgebaut, wie wurde das Motiv ins Format gesetzt? Z. B.: Gibt die Linienführung dem Motiv eine vorherrschende Bewegungsrichtung? Wie wirkt sie?
- Ist der Gegenstand aus besonderer Nahsicht oder großer Entfernung wiedergegeben? Welche Rolle erhält der Betrachter? Ist er z. B. ein Zuschauer, dem etwas vor Augen geführt wird? Oder scheint er an der Szene beteiligt zu sein?
- Welcher Slogan, welche sprachlichen Formulierungen werden verwendet?
- Wie wurde die Schrift gestaltet und wie wirkt sie?

3. Werten

- Welche Bedeutung haben die einzelnen Elemente des Plakats (Motiv, Farbe, Schrift)? Wurden Symbole verwendet?
- Welche Position bezieht das Plakat zum Thema, welche Aussage vermittelt es?
- Wie soll das Plakat auf den Betrachter wirken? Berücksichtigt dabei die herausgearbeiteten Wirkungsweisen der Gestaltungsmittel (wie Farben und Linien).

So geht es weiter ...

Die Novemberrevolution 1918

1860 1880 1900 1920 1940 1960 1980 2000 2010

Karl Liebknecht *(1871–1919): Führer des Spartakusbundes. Er versuchte, in Deutschland eine ▶ Räterepublik nach russischem Vorbild zu errichten. Liebknecht wurde am 15. Januar 1919 ermordet. Foto.*

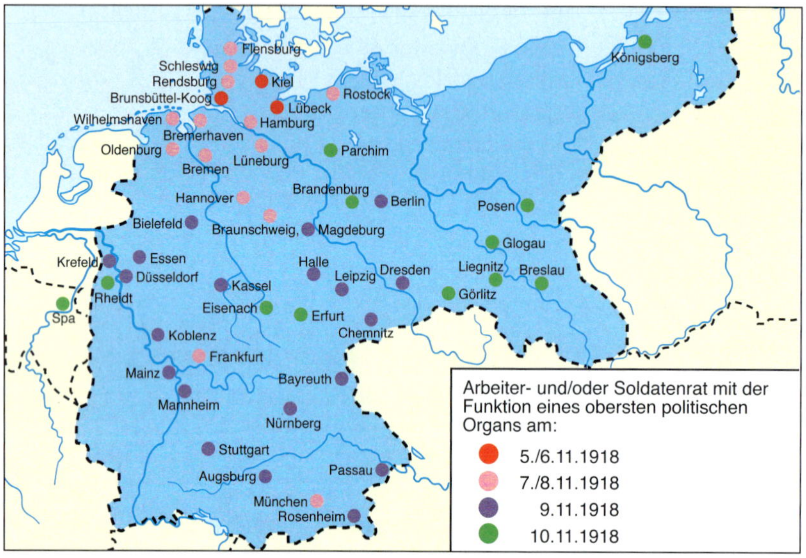

1 Die Novemberrevolution 1918 in Deutschland.

Der Aufstand der Matrosen

Im Oktober 1918 wurde in Deutschland bekannt, dass Waffenstillstandsverhandlungen eingeleitet worden waren. Die Seekriegsführung bereitete aber in Wilhelmshaven noch einen großen Angriff auf England vor. Als der Befehl zum Auslaufen kam, verweigerten Matrosen und Heizer am Abend des 29. Oktober den Gehorsam. Auf mehreren Großkampfschiffen löschten sie die Feuer unter den Kesseln und machten die Geschütze unbrauchbar. Doch die beginnende Meuterei wurde niedergeschlagen. Viele Matrosen wurden verhaftet, der Angriff abgesagt und ein Teil der Flotte nach Kiel verlegt. Die Mannschaften auf den Kriegsschiffen in Kiel solidarisierten sich aber mit ihren verhafteten Kameraden, für die sie Todesurteile befürchteten. So flammte der Aufstand am 3. November von neuem auf. Soldaten, Matrosen und Arbeiter der Kieler Werften übernahmen die Gewalt in der Stadt und bildeten einen Arbeiter- und Soldatenrat*.

Ihre Hauptforderungen waren: die Freilassung aller politischen Gefangenen, straffreie Rückkehr der Matrosen auf die Schiffe sowie Rede- und Pressefreiheit.

1 *Nennt die Gründe, die die Matrosen und Heizer zum Aufstand trieben.*

2 *Warum mögen sich die Werftarbeiter dem Aufstand angeschlossen haben?*

3 *Beschreibt anhand der Karte 1 die Ausbreitung der Aufstände.*

4 *Beschreibt Abbildung 2. Beachtet die Gesichter der Menschen, ihre Haltung und Kleidung.*

Die Ausrufung der Republik

Auch in Berlin hatte sich ein Arbeiter- und Soldatenrat* gebildet. Er forderte die Abdankung des Kaisers, Schaffung einer sozialen ▶ Republik und Übergabe der Regierungsgewalt an die Arbeiter- und Soldatenräte. Tausende von Menschen zogen am Morgen des 9. November auf das Regierungsviertel Berlins zu, um diese Forderungen durchzusetzen. Das Herannahen der Massendemonstration setzte den kaiserlichen Reichskanzler Prinz Max von Baden stark unter Druck. Als der Kaiser sich mittags

Spartakusbund*: *von der SPD abgespaltene linksgerichtete Gruppe um Karl Liebknecht und Rosa Luxemburg.*

Arbeiter- und Soldatenrat*: *In den Fabriken von Arbeitern und in den Kasernen von Soldaten gewählte Vertretungen, die die bisherige Obrigkeit ersetzen sollten. Ein nationaler Rätekongress aus Abgeordneten der regionalen ▶ Räte erhebt den Anspruch, oberstes politisches Machtorgan zu sein.*

Die Ausrufung der Republik

2 **Demonstranten auf dem Weg zum Berliner Stadtschloss.** Foto, 9. November 1918.

3 **Philipp Scheidemann (SPD) ruft am 9. November 1918 die Deutsche Republik aus.** Foto.

Philipp Scheidemann *(1865–1939) war 1918/19 Mitglied der provisorischen SPD-Regierung, des Rates der Volksbeauftragten, und von Februar bis Juni 1919 deutscher Ministerpräsident. Foto.*

immer noch weigerte zurückzutreten, verkündete der Prinz eigenmächtig dessen Abdankung.

Aber die Massen waren nicht mehr zurückzuhalten. Um die Mittagszeit des 9. November 1918 versammelte sich eine große Menge vor dem Reichstag. Es wurde bekannt, dass Karl Liebknecht, Anführer der extremen Linken, eine sozialistische Republik ausrufen wollte. Anhänger der SPD drängten ihr Vorstandsmitglied Philipp Scheidemann, dem zuvorzukommen. In seiner Rede hieß es:

Q1 … Arbeiter und Soldaten. Furchtbar waren die vier Kriegsjahre, grauenhaft waren die Opfer …, das Morden ist vorbei, die Folgen des Krieges, Not und Elend, werden noch viele Jahre auf uns lasten. … Der Prinz Max von Baden hat sein Reichskanzleramt dem Abgeordneten Ebert übergeben. Unser Freund wird eine Arbeiterregierung bilden, der alle sozialistischen Parteien angehören werden. Die neue Regierung darf nicht gestört werden in ihrer Arbeit für den Frieden, in der Sorge um Brot und Arbeit … seid einig, treu und pflichtbewusst. Das Alte und Morsche, die Monarchie, ist zusammengebrochen. Es lebe das Neue! Es lebe die Deutsche Republik!

Das war gegen 14 Uhr. Um 16 Uhr hielt Karl Liebknecht eine Rede. Er sagte:

Q2 … Der Tag der Revolution ist gekommen. Wir haben den Frieden erzwungen. … Das Alte ist nicht mehr. … Parteigenossen, ich proklamiere die freie sozialistische Republik Deutschland, die alle Stämme umfassen soll, in der es keine Knechte mehr geben wird. Die Herrschaft des Kapitalismus, der Europa in ein Leichenfeld verwandelt hat, ist gebrochen. … Wir müssen alle Kräfte anspannen, um die Regierung der Arbeiter und Soldaten aufzubauen und eine neue staatliche Ordnung des ▶Proletariats zu schaffen, eine Ordnung des Friedens, des Glücks und der Freiheit unserer deutschen Brüder und unserer Brüder in der ganzen Welt. Wir reichen ihnen die Hände und rufen sie zur Vollendung der Weltrevolution auf.

5 *Vergleicht die beiden Redeauszüge. Listet auf, in welchen Zielen sie übereinstimmen und in welchen sie sich unterscheiden.*

6 *Überlegt gemeinsam, warum Max von Baden sein Amt dem Sozialdemokraten Ebert übergab?*

29. Oktober 1918:
Matrosenaufstand

3.–9. November 1918:
Novemberrevolution in Deutschland

9. November 1918:
Ausrufung der Republik

Parlamentarische Demokratie oder Rätesystem?

Wie sollte Deutschland in Zukunft regiert werden? Zu dieser Frage kam es zwischen dem „Rat der Volksbeauftragten", wie sich die vorübergehende Regierung der Sozialdemokraten nannte, und den im „Spartakusbund" organisierten Anhängern des Kommunismus zu heftigen Auseinandersetzungen.

1 *Lest das nach geschichtlichen Tatsachen zusammengestellte Interview mit verteilten Rollen laut vor.*
2 *Stellt die wichtigsten Unterschiede zwischen Parlamentarischer Demokratie und Rätesystem in Stichworten gegenüber.*
3 *Betrachtet und beschreibt die Abbildungen 1 und 2. Vermutet, warum hier Deutsche auf Deutsche schießen.*

Rosa Luxemburg *(1871–1919) war gemeinsam mit Karl Liebknecht Gründerin des Spartakusbundes und eine bedeutende Theoretikerin des Kommunismus. Sie wurde am 15. Januar 1919 ermordet. Foto.*

Frage:	SPD-Politiker	Anhänger des Spartakusbundes
1. Wer soll die Verfassung ausarbeiten?	Hierzu muss erst eine von allen Bürgern frei gewählte Nationalversammlung zusammentreten. Die Abgeordneten werden dann eine Verfassung entwerfen.	Zuerst geht es darum, die Macht des Kapitals zu brechen. Das heißt: Der Großgrundbesitz und die Fabriken müssen enteignet werden. Dabei spielen die spontan gewählten Arbeiter- und Soldatenräte eine entscheidende Rolle.
2. Wer soll nach dieser Verfassung später wählen dürfen?	Alle erwachsenen Bürger sind wahlberechtigt. Die Abgeordneten werden in allgemeiner, freier, gleicher und geheimer Wahl gewählt.	Wahlberechtigt sind die Werktätigen in den Fabriken und die Soldaten in ihren Einheiten.
3. Wer soll die Gesetze machen?	Nach unseren Vorstellungen sollen die Abgeordneten des Reichstages die Gesetze beschließen und die Regierung kontrollieren.	Über die Gesetze beschließt der Rätekongress, der von den Arbeiter- und Soldatenräten der einzelnen Landesbezirke gewählt wird.
4. Welche Meinung haben Sie zur Gewaltenteilung?	Das ist für uns von zentraler Bedeutung. Die staatliche Gewalt muss aufgeteilt sein in gesetzgebende Gewalt, ausführende Gewalt und richterliche Gewalt. Die Abgeordneten müssen unabhängig und nur ihrem Gewissen unterworfen sein. Die Regierung muss dem Parlament Rechenschaft ablegen. Die Gerichte sind unabhängig und an keine Weisungen gebunden.	Durch die Enteignung der Kapitalisten heben wir die Unterdrückung von Menschen durch andere Menschen auf. Deshalb ist für uns die Gewaltenteilung unnötig. Die Räte übernehmen die gesetzgebende, ausführende und die richterliche Gewalt. Jeder Einzelne ist an die Beschlüsse gebunden. Jeder kann jederzeit abberufen werden.

Parlamentarische Demokratie oder Rätesystem?

1 **Spartakisten während der Barrikadenkämpfe in Berlin, 1919.** Foto.

2 **Regierungstruppen während der Kämpfe gegen die Spartakisten in Berlin im Januar 1919.** Foto.

Deutsche schießen auf Deutsche

In Sorge um die Aufrechterhaltung von Ruhe und Ordnung schloss die provisorische Regierung ein Abkommen mit der Führung des Militärs. Darin versprach die Heeresleitung, die neue Regierung anzuerkennen und zu unterstützen. Dafür durfte die militärische Führung im Amt bleiben. Durch das Bündnis sollten weitere Unruhen verhindert werden. Aber das Gegenteil trat ein: Im Januar 1919 besetzten radikale Spartakus-Anhänger das Berliner Zeitungsviertel, um die Regierung zu stürzen und die Wahl zur verfassunggebenden Nationalversammlung zu verhindern. Die Regierung setzte Freikorps*-Truppen ein und ließ den Aufstand mit brutaler Gewalt niederwerfen. In den Freikorps sammelten sich Weltkriegssoldaten, die oft keinen Rückweg in das zivile Leben fanden. Sie waren durchweg antidemokratisch und antirevolutionär eingestellt. Zu ihren Opfern gehörten auch die Führer des Spartakusbundes, Karl Liebknecht und Rosa Luxemburg. Sie wurden am 15. Februar 1919 von Freikorps-Offizieren ermordet.
In den Kämpfen mit dem Spartakusbund war es der Regierung zwar gelungen, die Ruhe und Ordnung wieder herzustellen, aber die Vertreter der Arbeiterschaft, Sozialdemokraten und Kommunisten, waren fortan erbitterte Gegner.

Die Wahlen zur Nationalversammlung

Am 19. Januar 1919 fanden die Wahlen zur deutschen Nationalversammlung statt. 83 Prozent der Wahlberechtigten gingen zur Wahl. Zum ersten Mal durften auch die Frauen wählen: 54 Prozent der abgegebenen Stimmen stammten von Frauen.
Wegen der Gefahr weiterer Unruhen in Berlin wurde Weimar zum Tagungsort der Nationalversammlung bestimmt. Hier hoffte man, unter dem Schutz eines Freikorps ungestört tagen zu können.

4 *Diskutiert das Vorgehen der SPD-Regierung. Lässt es sich vor dem Hintergrund der damaligen Ereignisse rechtfertigen?*

5 *Klärt, warum es für die Regierung wichtig war, das Militär auf ihrer Seite zu haben. Worin bestand der Nachteil?*

6 *Beurteilt die Vorgehensweise der Regierung während des Spartakus-Aufstands.*

7 *Lest die Abbildung in der rechten Randspalte und klärt, wie der Mordanschlag begründet wird. Nehmt Stellung zum Mord als politisches Mittel.*

Arbeiter, Bürger!

Das Vaterland ist dem Untergang nahe.
Rettet es!
Es wird nicht bedroht von außen, sondern von innen:
Von der Spartakusgruppe.

Schlagt ihre Führer tot!
Tötet Liebknecht!

Dann werdet ihr Frieden, Arbeit und Brot haben!

Die Frontsoldate

Aufruf zum Mord an Karl Liebknecht. *Plakat.*

Freikorps*: *Soldaten der ehemaligen kaiserlichen Armee, die sich nach der Revolution 1918 freiwillig in einer Art Privatarmee organisierten und in der Regel konservative bis antidemokratische Positionen vertraten.*

Buchtipp: *Klaus Kordon, Die roten Matrosen, Weinheim/Basel: Beltz & Gelberg 1998 (TB 921), 459 Seiten.*
Ein spannender Roman um zwei Berliner Jugendliche, die im November 1918 die Revolution erleben …

Die Weimarer Verfassung

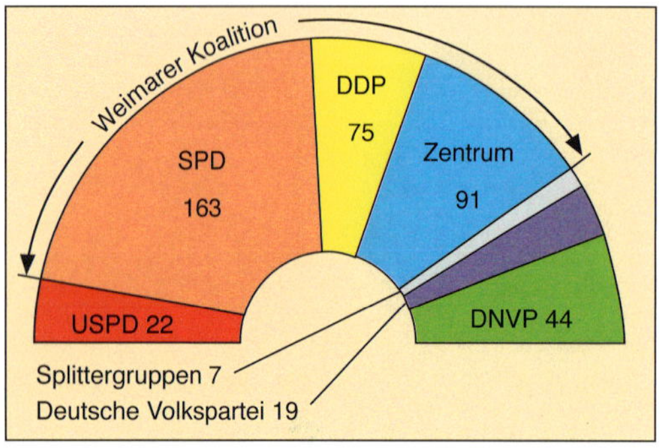

1 Sitzverteilung der Parteien nach der Wahl zur Nationalversammlung 1919.

2 Friedrich Ebert (1871–1925), Mitglied der SPD, war von 1919 bis 1925 der erste Reichspräsident der Weimarer Republik. Foto.

Die Nationalversammlung

Am 6. Februar 1919 trat die Nationalversammlung in Weimar zusammen. Sechs Parteien und mehrere Splittergruppen waren in diesem Parlament vertreten. Am 11. Februar wählte die Versammlung Friedrich Ebert zum Reichspräsidenten und zwei Tage später die erste demokratische Regierung Deutschlands, der Mitglieder der SPD, des katholisch geprägten Zentrums (Seite 55) und der liberalen DDP angehörten.

1 *Prüft, welche Parteien der Nationalversammlung ihr schon kennt (Kapitel 3).*

2 *Vergleicht die Stärkeverhältnisse der Parteien in der Nationalversammlung.*

3 *Gebt anhand von Abbildung 1 an, welche Parteien Koalitionen bilden können.*

Die Weimarer Verfassung

Nach langen Diskussionen in der Nationalversammlung konnte die Verfassung am 11. August 1919 in Kraft gesetzt werden. In der Präambel* hieß es:

Q1 Das deutsche Volk, einig in seinen Stämmen und von dem Willen beseelt, sein Reich in Freiheit und Gerechtigkeit zu erneuern und zu festigen, dem inneren und dem äußeren Frieden zu dienen und den gesellschaftlichen Fortschritt zu fördern, hat sich diese Verfassung gegeben.

4 *Stellt dar, wer hier als Urheber der Verfassung genannt wird und welche Ziele angesprochen werden.*

Der erste Artikel der Verfassung lautete:

Q2 Das Deutsche Reich ist eine ▶Republik. Die Staatsgewalt geht vom Volke aus.

Dem Volk als dem eigentlichen Souverän* war die direkte Mitwirkung an der Staatspolitik durch direkte Wahlen des Reichspräsidenten, der Mitglieder des Reichstages und der Länderparlamente gegeben. Außerdem wurde die Mitwirkung durch Volksbegehren* und Volksentscheide* geregelt. Beide Verfahren wurden in der ▶Weimarer Republik angewandt und führten jeweils zu heftigen politischen Auseinandersetzungen. Im Grundgesetz der Bundesrepublik Deutschland sind sie nicht vorgesehen.

5 *Überlegt, was der Satz in Q2 konkret bedeutet, und erläutert die Begriffe.*

6 *Überprüft in Abbildung 3, wie die Gewaltenteilung in der Weimarer Verfassung geregelt ist.*

In einem zweiten Hauptteil der Verfassung werden die Grundrechte aufgeführt:

- die Gleichheit aller vor dem Gesetz, auch der Frauen,
- die Unverletzlichkeit der Person (Art. 114), der Wohnung (Art. 115) und des Post- und Fernmeldegeheimnisses (Art. 117),

Präambel*:
Einleitung oder feierliche Vorrede.

Souverän*
(französisch: eigenständiger und unumschränkter Herrscher): Vom Souverän geht die Macht im Staat aus. In einer Monarchie ist dies der König, in einer Demokratie das Volk.

Volksbegehren*:
das Recht einer Mindestzahl stimmberechtigter Bürger, dem Parlament einen Gesetzentwurf vorzulegen und dessen Erlass zu verlangen. Dies kann in Form eines Volksentscheids erfolgen.

Volksentscheid*:
rechtlich bindende Volksabstimmung.

Die Weimarer Verfassung

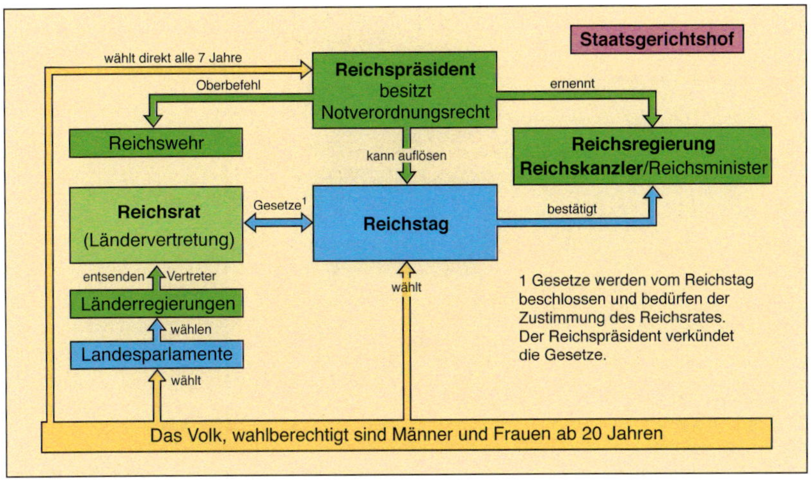

3 **Die Weimarer Verfassung.**

- die Freiheit der Meinungsäußerung in Wort und Bild sowie die Pressefreiheit (Art. 118),
- die Versammlungs- und Glaubensfreiheit (Art. 123),
- die Vereinsfreiheit (Art. 124) und
- die Freiheit des Eigentums.

Neben diesen schon 1848 verkündeten Grundrechten wurden neue Rechte in der Verfassung verankert:
- der Schutz der Jugend,
- das Recht der Arbeiter auf gesetzliche Vertretung in Betriebs-, Bezirks- und Reichsarbeiterräten,
- das Recht auf Unterhaltszahlung bei unverschuldeter Arbeitslosigkeit und
- die Anerkennung der Gewerkschaften als Tarifpartner.

Die Verfassung galt als sehr demokratisch und freiheitlich. Sie ermöglichte allen, auch den kleinsten Parteien, an der Gestaltung der Politik mitzuarbeiten.

Die Rechte des Reichspräsidenten

Nach heftigen Auseinandersetzungen in der Nationalversammlung über die Aufgaben und Rechte des Reichspräsidenten wurden die folgenden Artikel in die Verfassung aufgenommen:

Q3 Artikel 25: Der Reichspräsident kann den Reichstag auflösen, jedoch nur einmal aus dem gleichen Anlass …

Artikel 41: Der Reichspräsident wird vom ganzen deutschen Volk gewählt …

Artikel 43: Das Amt des Reichspräsidenten dauert sieben Jahre. Wiederwahl ist zulässig …

Artikel 47: Der Reichspräsident hat den Oberbefehl über die gesamte Wehrmacht des Reichs …

Artikel 48.2: Der Reichspräsident kann, wenn im Deutschen Reiche die öffentliche Sicherheit und Ordnung erheblich gestört oder gefährdet wird, die … nötigen Maßnahmen treffen, erforderlichenfalls mithilfe der bewaffneten Macht einschreiten. Zu diesem Zweck darf er vorübergehend die in den Artikeln 114, 115, 117, 118, 123, 124 und 153 festgesetzten Grundrechte … außer Kraft setzen …

Artikel 53: Der Reichskanzler und auf seinen Vorschlag die Reichsminister werden vom Reichspräsidenten ernannt und entlassen.

7 *Begründet, warum diese Verfassung als sehr freiheitlich galt.*

8 *Fasst die Rechte des Reichspräsidenten zusammen und diskutiert seine Machtposition.*

9 *Diskutiert, welche Probleme vor allem aus den Artikeln 48.2 und 53 entstehen konnten.*

6. Februar 1919: *Zusammentreten der ersten Weimarer Nationalversammlung.*

11. August 1919: *In-Kraft-Treten der Weimarer Verfassung.*

Das deutsche Nationaltheater in Weimar: Tagungsort der Nationalversammlung 1919.

Der Versailler Vertrag

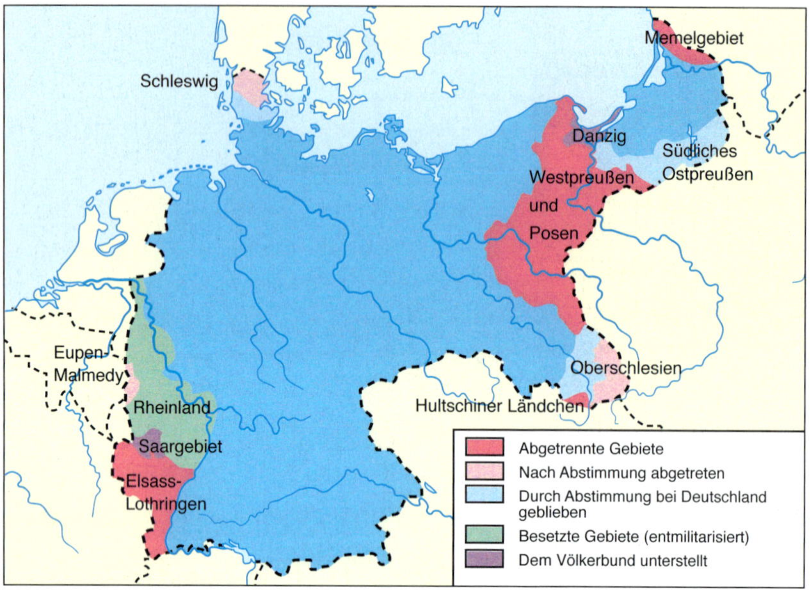

1 Deutschlands Gebietsveränderungen in Europa durch den Versailler Vertrag.

Friedensschluss ohne Verhandlung

1 *Erstellt eine Liste möglicher Forderungen, die ihr aus französischer, britischer und deutscher Sicht in Friedensverhandlungen gestellt hättet.*

2 *Versucht, einen Kompromiss zwischen den unterschiedlichen Forderungen zu finden.*

Während in Weimar die Nationalversammlung tagte, hatten sich in Paris die Vertreter der Siegermächte versammelt, um einen Friedensvertrag zu erarbeiten. Ziel war eine neue Friedensordnung für die Welt. Neue Staaten wie die Tschechoslowakei und Jugoslawien sollten errichtet, Polen wieder ein Staat werden. Der neu gegründete ►Völkerbund sollte Kriege sogar für alle Zeiten unmöglich machen. Deutschland als besiegtes Land war zu den Verhandlungen nicht zugelassen. Am 7. Mai 1919 wurde der deutschen Delegation der Vertragstext vorgelegt. Veränderungswünsche der deutschen Delegation wurden nicht verhandelt. Artikel 231 des Versailler Vertrages lautet:

Q … Die alliierten und assoziierten Regierungen* erklären und Deutschland erkennt an, dass Deutschland und seine Verbündeten als Urheber (des Krieges) für alle Schäden und Verluste verantwortlich sind, die die alliierten und assoziierten Regierungen und ihre Staatsangehörigen infolge des ihnen durch den Angriff Deutschlands und seiner Verbündeten aufgezwungenen Krieges erlitten haben.

3 *Gebt Artikel 231 des Versailler Vertrages mit eigenen Worten wieder.*

4 *Überlegt, welche Forderungen sich aus dem Artikel 231 ableiten lassen.*

In der deutschen Bevölkerung hatte man den Krieg als einen aufgezwungenen Verteidigungskrieg verstanden. Deshalb war man empört und wütend über den Artikel 231.

5 *Beschreibt anhand der Karte die deutschen Gebietsverluste in Europa.*

6 *Listet die Staaten auf, die deutsche Gebiete erhielten. Sucht die besetzten Gebiete heraus.*

Der Friedensvertrag von Versailles

Der Vertrag regelte vor allem die deutschen Gebietsabtretungen, die Abrüstung der deutschen Armee und das Verbot der allgemeinen Wehrpflicht. Weitere Punkte waren die Wiedergutmachung der alliierten Kriegsschäden und mögliche Eingriffsrechte der Alliierten in Deutschland.

Alliierte und assoziierte Regierungen*: *Insgesamt gehörten hierzu 27 Siegerstaaten, die gegen das Deutsche Reich verbündet (alliiert und assoziiert) waren.*

Ein „Diktatfrieden"?

2 Der französische Ministerpräsident Clemenceau und der amerikanische Präsident Wilson verlassen nach der Vertragsunterzeichnung das Schloss von Versailles. Foto, 28. Juni 1919.

3 Demonstration in Berlin gegen die Gebietsabtretungen im Versailler Vertrag. Foto, 1919.

Wichtige Bedingungen des Versailler Vertrages besagten im Einzelnen: Deutschland musste alle Kolonien abtreten, für alle Kriegsschäden aufkommen und ▶Reparationen* zahlen; die Höhe der Zahlungen sollte erst später festgelegt werden. Das deutsche Heer wurde auf 100 000, die Marine auf 15 000 Mann beschränkt. Schwere Waffen, Flugzeuge und U-Boote wurden verboten. Deutschland blieb vom Völkerbund vorläufig ausgeschlossen.

Politische und wirtschaftliche Folgen

Die Friedensbedingungen wurden von deutscher Seite als besonders hart empfunden. Die Siegermächte lehnten aber fast alle deutschen Einwände und Forderungen ab. In der Nationalversammlung gab es heftige Diskussionen über diese Bedingungen. Auf den Straßen kam es zu leidenschaftlichen Protesten gegen die Versailler Vorgaben. Der spektakulärste „Protest" fand am 21. Juni 1919 statt. Der Kommandant der vor den Orkney-Inseln nördlich von Schottland festgesetzten deutschen Kriegsflotte befahl deren Selbstvernichtung: 57 Schiffe wurden von ihren Besatzungen selbst versenkt oder auf Grund gesetzt.

Die Siegermächte drohten nun in Deutschland einzumarschieren, wenn der Vertrag von der deutschen Regierung nicht angenommen würde. Die Abgeordneten sahen daher keinen anderen Weg, als zu unterschreiben. Wegen dieser Umstände sprach man in Deutschland vom „Versailler Zwangsfrieden" oder dem „Friedensdiktat". Gegen den „Diktatfrieden" von Versailles entwickelte sich in der Weimarer Republik in der Folgezeit eine nationalistische Kampagne. Selbst in der britischen und amerikanischen Öffentlichkeit wurden wiederholt wirtschaftliche und territoriale Bestimmungen des Friedensvertrages kritisiert.

7 *Überlegt gemeinsam, welche Folgen die genannten Vertragsbestimmungen für die wirtschaftliche und politische Entwicklung der Weimarer Republik haben konnten.*

▶Reparationen*: *Zahlungen Deutschlands an die Siegermächte, mit denen Deutschland für die durch seine Aggression verursachten Zerstörungen und Kosten des Ersten Weltkriegs aufkommen sollte.*

28. Juni 1919: *Unterzeichnung des Versailler Vertrages.*

Ruhrkampf

1 **Französische Truppen in Essen.** Foto, 1923.

2 **Protestplakat gegen die Ruhrbesetzung 1923.**

Die Ruhrbesetzung

Eine sehr große Belastung für Deutschland waren die ▶Reparationen. Die Siegermächte hatten 1921 beschlossen, dass Deutschland 132 Mrd. Goldmark bezahlen sollte. Besonders Frankreich, das selbst hohe Kriegsschulden hatte, drängte auf pünktliche Bezahlung. Die Reichsregierung musste die Forderungen weitgehend erfüllen. Von nationalistischen Gruppen wurden die Regierungspolitiker dafür als „Erfüllungspolitiker" beschimpft.

Als Deutschland Ende 1922 mit Holz- und Kohlenlieferungen im Verzug war, ließ die französische Regierung Soldaten ins Ruhrgebiet einmarschieren, um auf diese Weise die Reparationszahlungen zu sichern und Deutschland gleichzeitig wirtschaftlich zu schwächen. Daraufhin rief die Reichsregierung die Menschen an der Ruhr zum passiven Widerstand* auf: Keinem Befehl der Besatzer sollte gehorcht werden. Es kam zu vielen Zusammenstößen. Ein englischer Journalist berichtete im April 1923 aus Essen:

Q … Eine Kommission war … in die Kruppwerke entsandt worden, um … Automobile zu beschlagnahmen. Wie stets, wenn die Franzosen Werke betraten, heulte … die Fabriksirene als Signal für die Niederlegung der Arbeit. Die Belegschaft ergoss sich wie ein schwarzer Strom in die enge Straße. … Die Franzosen warteten. Sie sahen die ungeheure Masse der Arbeiter. … Der schon nicht mehr junge Offizier … wurde immer nervöser, verlor schließlich den Kopf und befahl zu feuern. … 13 Arbeiter wurden getötet …, 15 weitere schwer und 30 leicht verletzt.

Die Franzosen reagierten hart auf jeden Widerstand. Mehr als 140 000 Beamte und Angestellte wurden mit ihren Familien aus dem Ruhrgebiet ausgewiesen. Tausende wurden zu Gefängnisstrafen verurteilt. Die Arbeitslosigkeit stieg sehr schnell an. Die wirtschaftliche Belastung für das Reich war so groß, dass der Widerstand im September nicht mehr weitergeführt werden konnte. Die Reichsregierung trat zurück, und Gustav Stresemann von der Deutschen Volkspartei (DVP) bildete eine neue Regierung. Diese beschloss den Abbruch des Widerstandes.

1 *Beurteilt die Maßnahmen der Franzosen und Deutschen. Begründet eure Meinung.*

2 *Diskutiert, wie sich die Vorfälle auf das Verhältnis der Deutschen zu Frankreich auswirkten.*

passiver Widerstand*:
Unter Verzicht auf Gewaltanwendung oder direkte Gegenmaßnahmen (aktiver Widerstand) besteht der passive Widerstand vor allem in Gehorsamsverweigerung, also der absichtlichen Nichterfüllung von Vorgaben und Anordnungen.

Putschversuche

Gefahren von rechts und links

Seit 1919 war die so genannte Dolchstoßlegende aufgenommen (Seite 137). Sie besagte, dass dem „im Felde unbesiegten Heer" die Revolution 1918 in den Rücken gefallen sei. Nur dadurch habe man den Krieg verloren. Die Dolchstoßlegende wurde von rechten Parteien immer wieder gegen die vermeintlich schuldigen Sozialisten vorgebracht.

Von links und rechts unternahmen Gegner der Republik Putschversuche. Als im Frühjahr 1920 die Freikorps aufgelöst werden sollten, widersetzten sich einige und marschierten in Berlin ein. Sie erklärten die Regierung für abgesetzt. Der extrem nationalistische Wolfgang Kapp ernannte sich selbst zum Reichskanzler. Dagegen riefen die Gewerkschaften und die SPD zum Generalstreik auf. Als dieser im ganzen Reich befolgt wurde, brach der Kapp-Putsch zusammen.

Im Ruhrgebiet kam es zu einem von Kommunisten beeinflussten Arbeiteraufstand. Eine „Rote Ruhr-Armee" wurde gebildet. Reichswehreinheiten zerschlugen diese aber in blutigen Kämpfen.

Zu gleicher Zeit rief der Kommunist Max Hölz in Thüringen und Sachsen zum Aufstand auf. Dieser wurde ebenfalls von der Reichswehr niedergeschlagen. Auch politische Morde erschütterten die Republik: 1921 ermordeten Rechtsradikale den Finanzminister Erzberger und 1922 den Außenminister Walther Rathenau.

3 *Fasst zusammen, welche Gruppen sich aktiv gegen die Weimarer Republik wendeten.*

Der Hitlerputsch

In Bayern führten die Abneigung gegen das „rote" Berlin und der Wunsch, Sonderregelungen durchzusetzen, zur Bildung einer rechtskonservativen Landesregierung.

Als die Reichsregierung in Berlin den passiven Widerstand an der Ruhr abbrach, verkündete die bayerische Landesregierung den Ausnahmezustand für Bayern. Die Führung der dort stationierten Reichswehr weigerte sich, weiterhin Befehle aus Berlin auszuführen. In dieser verworrenen Situation versuchte Adolf Hitler, der Führer der Nationalsozialistischen Deutschen Arbeiterpartei (NSDAP), die Macht an sich zu reißen. Als am Abend des 8. November 1923 führende Politiker in München im Bürgerbräukeller versammelt waren, drang Hitler mit Waffengewalt in den Saal ein. Er erklärte die Reichsregierung in Berlin und die bayerische Landesregierung in München für abgesetzt. Unter Zwang erklärten sich einige hohe Politiker bereit, mit Hitler zusammen eine neue deutsche Reichsregierung zu bilden. Aber schon nach wenigen Stunden wendete sich das Blatt wieder. Die bayerischen Politiker konnten sich absetzen, widerriefen ihre Zustimmung und alarmierten Polizei und Reichswehr gegen Hitler. Der wollte jedoch nicht aufgeben. Um die Massen für seine Pläne zu aktivieren, ließ er seine Anhänger am Morgen des 9. November zum Marsch durch die Münchener Innenstadt antreten. Viele Menschen jubelten den NS-Marschierern zu. Vor der Feldherrnhalle bereitete die Polizei dem Marsch ein Ende. Es gab Tote und Verwundete.

3 Kapp-Putschisten in Berlin unter der kaiserlichen Kriegsfahne. Foto, März 1920.

4 *Lest die Proklamation in der Randspalte und achtet genau auf die Wortwahl.*

5 *Vermutet, was Hitler wohl erwartet hatte, als er zur Feldherrnhalle zog.*

Walther Rathenau *(1867–1922) war 1915–1920 Präsident der AEG, 1921 Wiederaufbauminister und 1922 Außenminister. Foto.*

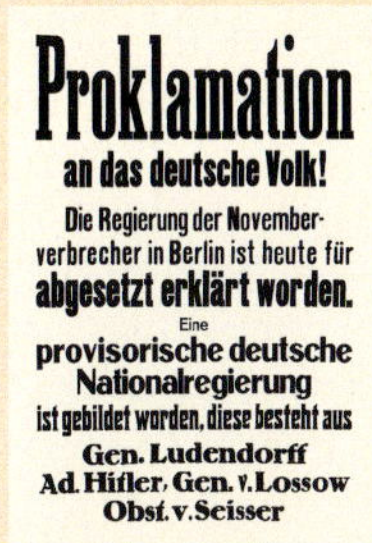

Proklamation zum Hitlerputsch. Plakat vom 8. 11. 1923.

Wirtschaft und Inflation

1 Betriebe müssen das Papiergeld für die Tageslöhne in Körben von den Banken holen. Foto, 1923.

► Inflation:* *Zunahme der umlaufenden Geldmenge, verbunden mit einem Wertverlust des Geldes.*

Notgeld: *Bereits während des Ersten Weltkriegs hatten Städte und Gemeinden Notgeld ausgegeben – zunächst mit kleinen Nennwerten, damit das Münzmetall für Kriegszwecke genutzt werden konnte. Da auch immer mehr „große Scheine" in Umlauf kamen, um die Kriegskosten zu tragen, war der Geldwert von 1914 bis 1918 ungefähr auf ein Viertel gesunken. Wer vor dem Krieg geglaubt hatte, von seinem Ersparten eines Tages einen bescheidenen Lebensunterhalt finanzieren zu können, stand bereits 1918 vor einer schlimmen Notsituation.*

Die ► Inflation*

Im Laufe des Krieges hatte die Reichsregierung immer mehr Geld drucken lassen, um die hohen Kriegskosten zu bezahlen. So war viel Geld im Umlauf, dem aber nur wenige Güter gegenüberstanden. Daher stiegen schon während des Krieges die Preise.

Nach dem Waffenstillstand hatte die neue Regierung Kriegsschulden und Reparationen zu bezahlen. Die Staatseinnahmen waren geringer als die Ausgaben. Um die Bevölkerung nicht mit neuen und hohen Steuern belasten zu müssen, wurde noch mehr Geld gedruckt. Das führte aber zu weiteren Preissteigerungen: Das Geld verlor zunehmend an Wert.

Kein Mensch wollte das wertlose Geld behalten. Jeder gab es schnell wieder aus. Wer Schulden aus früherer Zeit hatte, konnte sie leicht zurückbezahlen. Wer Sachwerte besaß, hielt sie zurück oder tauschte sie nur gegen andere Sachwerte. Industrielle konnten große Gewinne machen, weil sie die Löhne in Papiergeld auszahlten, die Produkte aber gegen Sachwerte eintauschten.

Wirtschaftliche Not

Zugleich versuchten vor allem die großen Betriebe, wieder weltmarktfähig zu werden. Vor diesem Hintergrund kam es in den Fabriken und Betrieben auch zu Massenentlassungen der Arbeiter: Die Firmen versuchten, ihre Produktionskosten zu verringern, um die Waren billiger anbieten zu können. Für die Arbeitslosen gab es kaum soziale Absicherungen.

Die Entlassung war für die Familien eine Katastrophe, zumal die Folgen der Kriegswirtschaft und die Lasten, die aus den Bestimmungen des Versailler Vertrages erwuchsen, über Steuern und Versorgungslage ohnehin immer mehr auf die Einkommensschwächeren abgewälzt wurden. So genannte Kriegsgewinnler in Industrie und Bankgewerbe bereicherten sich gleichzeitig im Zuge der Firmenkonkurse.

Die Inflation schritt in immer größerem Tempo fort: Nach Zahlen waren die Menschen mittlerweile Milliardäre geworden. Ihr Lohn, den sie in Rucksäcken und Waschkörben nach Hause schleppten, reichte aber oft nicht einmal für ein Brot aus.

1 *Weshalb trifft die Inflation besonders die Arbeiterfamilien?*

2 *Fragt in eurer Familie nach Inflationsgeld und Briefmarken aus dieser Zeit.*

Wirtschaft und Inflation

Folgen der Inflation

Im November 1923 war das deutsche Geld praktisch wertlos (Tabelle 2). Um die riesigen Geldmengen einzuziehen, wurde eine Billion (1 000 000 000 000) alter Mark gegen eine Rentenmark umgetauscht. Die Rentenmark war die neue Währung. Das Geld wurde knapp gehalten und die Wirtschaft erholte sich langsam.

Zu dieser Zeit setzten sich Sachverständige unter dem Vorsitz des amerikanischen Bankiers Charles Dawes (1865–1951) zusammen, um darüber zu beraten, wie in Deutschland wirtschaftlicher Aufschwung erreicht werden könnte. Denn den USA lag angesichts der wachsenden Macht der UdSSR in Europa viel daran, dass Deutschland zu einer wirtschaftlich starken Demokratie werde. Die Sachverständigen beschlossen, die deutschen ►Reparationszahlungen zunächst niedriger anzusetzen und in späteren Jahren höhere Raten zu fordern. Der Beginn der Zahlungen wurde durch ein Darlehen erleichtert, bereitgestellt vor allem von den USA. Die wirtschaftliche Erholung machte sich tatsächlich bald bemerkbar.

In der Inflation jedoch hatten alle Sparer ihre Einlagen verloren, ganz gleich, ob sie das Geld bei Banken oder Sparkassen, bei Lebensversicherungen oder in Staatspapieren angelegt hatten. Betroffen waren vor allem Angestellte, Handwerker, kleinere Unternehmer, Ärzte, Rechtsanwälte und Beamte. Gewonnen hatten vor allem die Besitzer von Sachwerten und der Staat. Die alten Schulden, die zu Kriegszeiten im Inland gemacht worden waren, z. B. bei Unternehmen, waren mit wertlosem Papiergeld bezahlt worden.

3 **„Für den Sack müssen Sie auch 'n Fahrschein lösen!" – „Erlauben Sie mal, das is das Fahrgeld, das ich Ihnen geben will!".** Karikatur aus „Berliner Illustrierte Zeitung", 1923.

3 *Versetzt euch in die Lage einer Hausfrau, eines Mieters und eines Vermieters, eines Sparers und Verschuldeten. Was könnten sie zur Geldentwertung sagen?*

4 *Benennt Berufs- und Gesellschaftsgruppen, die Inflationsgewinnler waren.*

Straßenbahntarife: *Der Preis für einen Straßenbahnfahrschein im billigsten Tarif bis 2 Kilometer Fahrtstrecke stieg 1923 in Frankfurt von 200 Mark im Februar über 1500 Mark am 6. Juli, 1 Million Mark am 14. September, 100 Millionen Mark am 20. Oktober, 1 Milliarde Mark am 27. November und 90 Milliarden Mark am 20. November.*

Inflationsgeld von 1923. *Foto.*

Datum	Preis für: 1 Liter Milch	1 Pfund Butter	1 Pfund Quark
26. August	79 000	432 000	138 000
2. September	114 000	622 000	198 000
9. September	224 000	1 224 300	352 000
16. September	960 000	5 200 000	1 463 000
23. September	2 630 000	14 437 000	4 037 000
30. September	3 800 000	19 800 000	5 830 000
7. Oktober	4 800 000	24 750 000	7 370 000
13. Oktober	16 900 000	85 200 000	25 800 000
18. Oktober	115 000 000	572 500 000	157 800 000

2 **Entwicklung der Höchstpreise (in Mark) zwischen August und Oktober 1923 für die Grundnahrungsmittel Milch, Butter und Quark.**

Annäherung in Locarno

1 **Plakat der DNVP zur Reichstagswahl 1928.** Die Figur im Hintergrund stellt einen französischen Soldaten dar.

Außenpolitische Zusammenarbeit

1 *Tragt zusammen, was ihr über das Verhältnis zwischen Frankreich und Deutschland wisst. Denkt dabei an den Krieg von 1870/71, an den Versailler Vertrag und an die Ruhrbesetzung.*

1.12.1925: *Unterzeichnung der Locarnoverträge.*

Seit August 1923 war Gustav Stresemann deutscher Außenminister. Sein Ziel war es, Deutschland wieder zu einer respektierten Macht in Europa zu machen. Dazu mussten aber Teile des Versailler Vertrages außer Kraft gesetzt werden, was nur mit Zustimmung Frankreichs möglich war. Deshalb mussten die deutschen Beziehungen zu Frankreich verbessert werden.

Aristide Briand *(1862–1932), französischer Außenminister, erhielt 1926 zusammen mit Gustav Stresemann den Friedensnobelpreis für die gemeinsame europäische Aussöhnungspolitik. Foto.*

Locarno 1925

Auch der damalige französische Außenminister Aristide Briand hatte erkannt, dass in Europa der Friede nur gesichert werden konnte, wenn Frankreich und Deutschland ihre Feindschaft überwanden. 1925 fand in Locarno in der Schweiz die erste große internationale Konferenz statt, an der Deutschland wieder als gleichberechtigter Partner teilnahm. Auf Anregung Stresemanns trafen sich hier die Außenminister Deutschlands, Frankreichs, Großbritanniens, Belgiens, Italiens, Polens und der Tschechoslowakei. Sie verhandelten ausführlich über die Friedenssicherung in Europa.

Die Verhandlungsergebnisse wurden in einem Vertrag festgehalten. Darin heißt es:

Q1 … Die Hohen Vertragschließenden Mächte garantieren jede für sich und insgesamt … die Aufrechterhaltung der Grenzen zwischen Deutschland und Belgien und zwischen Deutschland und Frankreich. … (Die genannten Staaten) verpflichten sich gegenseitig, in keinem Falle zu einem Angriff oder zu einem Einfall oder zum Kriege zu schreiten. … (Sie) verpflichten sich, auf friedlichem Wege … alle Fragen jeglicher Art zu regeln. … Deutschland und Polen … bekennen den Willen, etwa entstehende Streitigkeiten ohne Anwendung von Gewalt auf friedlichem Wege zu regeln.

Bei der Vertragsunterzeichnung sagte Briand:

Q2 … Unsere Nationen haben sich oft auf den Schlachtfeldern gegenübergestanden. Der Vertrag von Locarno soll den Wert haben, dass derartige Metzeleien nicht noch einmal vorkommen sollen. Wir müssen jetzt zusammenarbeiten in der Arbeitsgemeinschaft des Friedens …

2 *Vermutet, welche Auswirkungen der Vertrag von Locarno haben konnte.*

3 *Vergleicht die Vertragsbedingungen mit Frankreich und mit Polen. Was fällt euch auf?*

Aufnahme in den Völkerbund

4 *Beschreibt das Plakat 1 möglichst genau. Welche politische Einstellung wird hier deutlich?*

Deutschland im ►Völkerbund 1926

1919 hatten 32 Staaten den Völkerbund zur Sicherung des Weltfriedens gegründet. Deutschland war von dem Bund ausgeschlossen, weil es als Aggressor* galt.
Im Vertrag von Locarno hatte Deutschland sich nun verpflichtet, Grenzfragen nur auf friedlichem Weg zu regeln. Daraufhin beschloss die Völkerbundversammlung am 8. September 1926 einstimmig, Deutschland in den Völkerbund aufzunehmen.

Der Dolmetscher Paul Schmidt berichtete darüber später in seinen Erinnerungen:

M ... Bei Stresemanns Eintritt setzte im ganzen Saal ein wahrer Beifallssturm ein. Nur mit Mühe konnten sich die deutschen Delegierten durch die herandrängende Masse der ausländischen Völkerbundsvertreter den Weg zu ihren Plätzen bahnen ...

Dieser überwältigende Empfang Deutschlands durch die Völker der Welt hatte große politische Bedeutung. In seiner Antrittsrede sagte Gustav Stresemann 1926:

Q3 ... Nur auf der Grundlage einer Gemeinschaft, die alle Staaten ohne Unterschied in voller Gleichberechtigung umspannt, können Hilfsbereitschaft und Gerechtigkeit die Leitsterne der Menschenschicksale werden. Nur auf dieser Grundlage lässt sich der Grundsatz der Freiheit aufbauen.

Der französische Außenminister Aristide Briand antwortete auf Stresemanns Rede:

Q4 Was bedeutet dieser Tag für Deutschland und für Frankreich? Das will ich Ihnen sagen: Es ist jetzt Schluss mit jener langen Reihe schmerzlicher und blutiger Auseinandersetzungen. ... In Zukunft werden wir (unsere Meinungsverschiedenheiten) vor dem Richterstuhl in Ordnung bringen. Deshalb sage ich: Fort mit den Waffen! Freie Bahn für die Versöhnung, die Schiedsgerichtsbarkeit und ... den Frieden!

2 **A. Briand und G. Stresemann während der Aufnahme Deutschlands in den Völkerbund.** Foto, 1926.

5 *Gebt mit eigenen Worten die Inhalte der beiden Redeausschnitte wieder.*
6 *Stellt zusammen, welche Vorteile sich aus dem Beitritt zum Völkerbund ergaben.*

Ein Vertrag mit der Sowjetunion

Nach dem Abschluss des Locarnopaktes zwischen Deutschland und Frankreich nahm Stresemann auch Verhandlungen mit der Sowjetunion auf. Im April 1926 wurde der Berliner Vertrag geschlossen, ein Freundschafts- und Neutralitätspakt*. Darin sicherten sich beide Staaten friedliches Verhalten zu. Außerdem sollte sich keine der beiden Seiten einem wirtschaftlichen oder finanziellen Boykott* gegen den anderen anschließen.
Acht Jahre nach dem verlorenen Krieg hatte Deutschland damit seine außenpolitischen Beziehungen in West und Ost wieder gefestigt und verbessert.
Die deutsche Souveränität* blieb aber immer noch eingeschränkt. Die deutsche Politik wurde weiterhin belastet durch

- die Reparationszahlungen,
- die Besetzung von Teilen des Rheinlandes und
- das militärische Ungleichgewicht, denn die anderen Staaten hatten nicht abgerüstet, wie Deutschland es hatte tun müssen.

7 *Fasst die Außenpolitik Stresemanns zusammen und versucht, sie zu beurteilen.*

Aggressor*:
Angreifer; in diesem Fall der schuldige Verursacher des Ersten Weltkriegs.

8. September 1926:
Aufnahme Deutschlands in den Völkerbund.

Neutralität*:
Unparteilichkeit.

Boykott*:
Maßnahme zur Isolation von Personen und Institutionen; z. B. Warenboykott: die Nichteinfuhr oder der Nichtkauf bestimmter Waren aus bestimmten Ländern.

Souveränität*:
hier die politische Unabhängigkeit eines Staates.

Die Weltwirtschaftskrise und ihre Folgen

1929:
Beginn der Weltwirtschaftskrise

„Goldene Zwanziger":*
Zeit des wirtschaftlichen Aufschwungs in Deutschland, dem auch ein Aufschwung in den Bereichen der Kultur (Film, Musik, Kunst und Architektur) folgte. Insgesamt war die Zeit von Offenheit geprägt.

Aktie:*
Anteil am ▶ Kapital eines Unternehmens. Wenn ein Unternehmen als Aktiengesellschaft geführt wird, so bedeutet dies, dass ein Teil des Unternehmenskapitals von Aktienbesitzern gehalten wird, die über ihren Anteil eine Urkunde besitzen.

Zahl der Arbeitslosen in Deutschland (jeweils im Januar, in Millionen).

1929	*2,850*
1930	*3,218*
1931	*4,887*
1932	*6,024*
1933	*6,014*

Produktionssteigerung und kein Ende

Mit der deutschen Wirtschaft war es seit 1924 deutlich aufwärts gegangen. Es wurde wieder produziert und exportiert; man feierte die „Goldenen Zwanziger"*. Doch was bedeutete die folgende Meldung in der „Deutschen Bergwerkszeitung" vom 15. März 1929?

Q1 ... Wir haben ... mehr Spindeln, als nötig wäre, um in einem Jahr den Weltverbrauch von zwei Jahren zu spinnen. Wir haben Kautschukvorräte, ... die keine Produktion in den nächsten Jahren mehr aufnehmen kann, und wir haben mehr Automobile verkaufsfertig, als die Kaufkraft in diesem Jahr aufnehmen kann.

1 Hunderte von Arbeitslosen warten bei einem Hamburger Hafenamt auf Arbeit. Polizeipräsenz (unten links) soll Ausschreitungen verhindern. Foto, 1931.

1 *Erklärt, welche Schlüsse sich aus der Darstellung ziehen lassen.*

Wirtschaftskrise in den USA

In den USA ließen sich die produzierten Waren bereits 1928 nicht mehr voll verkaufen, sodass die Produktion eingeschränkt und Arbeiter entlassen werden mussten. Darauf reagierte der Aktienmarkt*: Viele Anleger zogen ihre Anteile aus den Unternehmen zurück. Als es am 25. Oktober 1929, dem „Schwarzen Freitag", an der New Yorker Börse zu einem Zusammenbruch kam (Seite 151), weil plötzlich Millionen von Aktien zum Verkauf standen, die niemand mehr haben wollte, konnten auch die Banken nicht mehr genügend Gelder bereitstellen, um eine Konkurswelle zu verhindern. Dadurch verloren die Banken auch die Gelder, die sie den Unternehmen zuvor geliehen hatten, und wurden zahlungsunfähig. Im November war in einer Schweizer Zeitung zu lesen:

Q2 ... Amerikanische Banken ziehen Kredite aus Europa ab.
- Bestellungen von Schweizer Uhren, von Diamanten aus Amsterdam, von Wein aus Frankreich und von Fabrikausrüstungen aus Deutschland werden zurückgezogen.
- In den Häfen der amerikanischen Ostküste lagern Waren, die aus Europa kommen und von den Empfängern nicht mehr bezahlt werden können.

2 *Gebt Ursachen und Folgen des „Börsenkrachs" in New York in eigenen Worten wieder.*
3 *Erklärt, wie die Nachrichten der Schweizer Zeitung mit dem Geschehen am amerikanischen Aktienmarkt zusammenhängen.*

Krise in Deutschland

Durch die Rückforderung der amerikanischen Kredite aus Europa fehlte auch den deutschen Unternehmen bald Geld: Viele Fabriken mussten die Produktion einschränken oder gar schließen. Die Arbeitslosenzahlen stiegen.
Überall wurde der Mangel spürbar. Die meisten Menschen kauften nur noch das Allernötigste, einige konnten sich nicht einmal das mehr leisten. Als der Konkurs vieler Unternehmen bekannt wurde, setzte zudem ein Ansturm der Sparer auf die deutschen Banken ein, die ihre Sparguthaben nicht verlieren wollten. Um die Zahlungsunfähigkeit der Banken zu verhindern, verordnete die Reichsregierung Bankfeiertage, Tage an denen die Banken geschlossen blieben. Langsam beruhigten sich die Sparer wieder, sodass ein völliger Zusammenbruch verhindert werden konnte. Ähnliche Entwicklungen gab es in Österreich, Großbritannien, Frankreich und den Balkanstaaten.

Arbeitslos!

4 *Sprecht darüber, was die große Zahl an Arbeitslosen für die Wirtschaft bedeutete. Denkt dabei auch an Bäcker, Fleischer, Einzelhandelsgeschäfte und Handwerker.*
5 *Erarbeitet anhand des Zahlenmaterials in der Randspalte eine grafische Darstellung der Entwicklung der Arbeitslosigkeit in Deutschland von 1929 bis 1933. Die Hinweise zum Umgang mit Statistiken helfen euch dabei (Seite 206).*

2 Familie eines Arbeitslosen. Foto, 1929.

Arbeitslos in Deutschland, 1930
Wer 1930 arbeitslos wurde, erhielt für 6,5 Monate Arbeitslosenunterstützung, danach für ein Jahr Krisenfürsorge. Wer diese nicht mehr bekam, konnte von der örtlichen Wohlfahrt* unterstützt werden. Im Reichsdurchschnitt lagen die Wohlfahrtssätze bei 30 bis 40 Reichsmark (RM) im Monat, oft darunter. Im März 1932 bekamen von den 6 128 000 Arbeitslosen:
- 1 850 750 Arbeitslosenunterstützung,
- 1 673 150 Krisenfürsorge,
- 1 832 500 Wohlfahrtsunterstützung,
- 771 600 keine Unterstützung.

Im Juni 1932 bekam eine Familie mit zwei Erwachsenen und einem Kind 51 RM als Krisenfürsorge. Davon wurden 32,50 RM für Miete, Beleuchtung und Heizung gerechnet. 18,50 RM verblieben dann für alle anderen Ausgaben im Monat. Nach damaligen Preisen konnte man davon kaufen: für jeden ein halbes Brot, 500 Gramm Kartoffeln, 100 Gramm Kohl und 50 Gramm Margarine täglich, drei Heringe für jeden im Monat und für das Kind extra einen halben Liter Milch täglich.
7 *Prüft, wofür kein Geld vorhanden war.*
8 *Beschreibt, welche Lebens- und Ernährungsgewohnheiten ihr bei dieser Unterstützung aufgeben müsstet.*

Das preußische Wohlfahrtsministerium berichtete 1931 über die Not der Kinder:
Q3 ... Die Arbeitslosigkeit der Eltern verursacht bei den jungen Kindern Unterernährung. ... Die Kinderkrankheiten und Erkältungskrankheiten häufen sich, da der Arzt sehr oft zu spät oder gar nicht aufgesucht wird, weil für Arztschein und Medizin die notwendigen Gebühren nicht aufzubringen sind. ... Schwindel und Ohnmachtsanfälle treten stark auf. ... (Es) hat sich herausgestellt, dass die Ernährung völlig unzureichend ist, Vitamine (Obst, Gemüse) fehlen ganz.

Die Zeitung „Der Tag" vom 22. September 1932 brachte folgende Stimme eines jungen Arbeitslosen:
Q4 Man ist rumgelaufen nach Arbeit, Tag für Tag. Man ist schon bekannt bei den einzelnen Fabriken, und wenn man dann immer das eine hört: Nichts zu machen – da wird man abgestumpft.
Ich hasse diesen Staat, und ich habe als Arbeitsloser das Recht und die Pflicht, den deutschen Besitzenden zu hassen.

9 *Bringt Q3 mit der staatlichen Unterstützung in Verbindung.*
10 *Spielt ein Gespräch zwischen den beiden Erwachsenen auf Abbildung 2 über ihre Lage.*
11 *Diskutiert den letzten Satz in Q4.*

„Erst Essen – dann Miete." Aufschrift auf einer Hauswand in einem Berliner Hinterhof. Foto, 1932.

Wohlfahrt*: *soziale Einrichtungen zur allgemeinen Pflege des Volkswohls.*

Young-Plan 1930: *Deutschland soll in 59 Jahren 34 Mrd. Goldmark als endgültige ▶ Reparation zahlen. Die Frage der Reparationen wurde 1932 mit der Herabsetzung auf eine Schlussrate von 3 Mrd. Goldmark gelöst.*

Die Krise der demokratischen Parteien

Wahlplakat der SPD. Die SPD hatte ihre Anhänger vor allem in der Arbeiterschaft und setzte sich für die Verbesserung ihrer sozialen Lage ein. Sie galt als fortschrittlich und demokratisch.

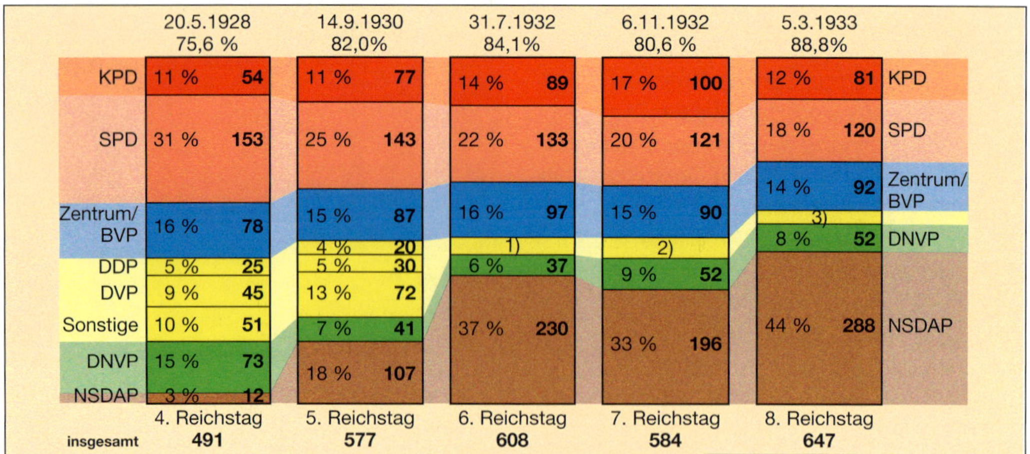

	1)		2)		3)	
DStP	1 %	4	1 %	2	1 %	5
DVP	1 %	7	2 %	11	1 %	2
Sonstige	3 %	11	3 %	12	2 %	7

1 **Die Stärke der Parteien in den deutschen Reichstagen.** Auf 60 000 Wähler kam ein Abgeordneter. In den Säulen: Anteil in Prozent und Anzahl der Sitze; über den Säulen: Höhe der Wahlbeteiligung.

Wahlplakat vom Zentrum. Das demokratisch orientierte Zentrum setzte sich für die Bewahrung christlich-katholischer Werte ein. Gewählt wurde es vor allem von katholischen Handwerkern, Arbeitern und Angestellten.

Der Reichstag in der Krise

An den Folgen der Wirtschaftskrise zerbrach 1930 die Regierung unter dem Sozialdemokraten Hermann Müller, der seit Juni 1928 eine Koalition aus SPD, Zentrum, BVP, DDP und DVP leitete. Der Anlass: Im Winter 1929/1930 drohte die Arbeitslosenversicherung zahlungsunfähig zu werden. Die DVP forderte daraufhin eine Herabsetzung der Leistungen, während die SPD die Beiträge von Arbeitnehmern und Arbeitgebern zur Arbeitslosenversicherung heraufsetzen wollte, um die bisherige Höhe der Leistungen aufrechterhalten zu können. Beide Seiten leiteten ihre Vorschläge aus den Interessen der von ihnen vertretenen Wählergruppen ab. Als kein Kompromiss gefunden wurde und das Zentrum auf die Seite der DVP einschwenkte, trat Reichskanzler Müller zurück und die Koalition löste sich auf.

1 *Beschreibt anhand der Grafik die Entwicklung der Zusammensetzung des Reichstags.*

2 *Überlegt, warum die Arbeitslosenversicherung zahlungsfähig erhalten werden sollte.*

3 *Prüft, welche anderen Koalitionsmöglichkeiten bestanden, wenn SPD und DVP nicht zusammengehen wollten.*

Regierung ohne Mehrheit

Der Zentrumspolitiker Heinrich Brüning, der von Reichspräsident Hindenburg mit der Bildung einer neuen Regierung beauftragt wurde, strebte von vornherein keine Mehrheit seiner Koalition aus Zentrum, BVP, DDP und DVP an, sondern verließ sich auf die Unterstützung durch den Reichspräsidenten und dessen Notverordnungsrecht nach Artikel 48.2 der Verfassung (Seite 177). Dieser Artikel erlaubte es, in Notsituationen der Regierung Gesetze auch ohne Zustimmung des Reichstages in Kraft zu setzen.

Brüning glaubte, durch eiserne Sparsamkeit die Wirtschaftskrise überwinden zu können. So wurden keine Aufträge des Staates mehr an die Industrie vergeben; die Leistungen der Arbeitslosenversicherung und der Fürsorge wurden gesenkt. Doch die Folge waren ein Rückgang der Kaufkraft und ein weiterer Anstieg der Arbeitslosigkeit. Als Brüning im Sommer 1930 seinen Haushaltsplan als Notverordnung durchsetzen wollte und daraufhin der Reichstag sein Recht, die Notverordnung aufheben zu können, gebrauchen wollte, löste Hindenburg das Parlament auf und ließ zum 14. September Neuwahlen ausschreiben.

Die Krise der demokratischen Parteien

4 *Prüft die Ergebnisse der Reichstagswahl vom 14. September 1930 anhand der Abbildung 1.*
5 *Äußert eure Vermutungen über die Folgen dieses Wahlergebnisses.*

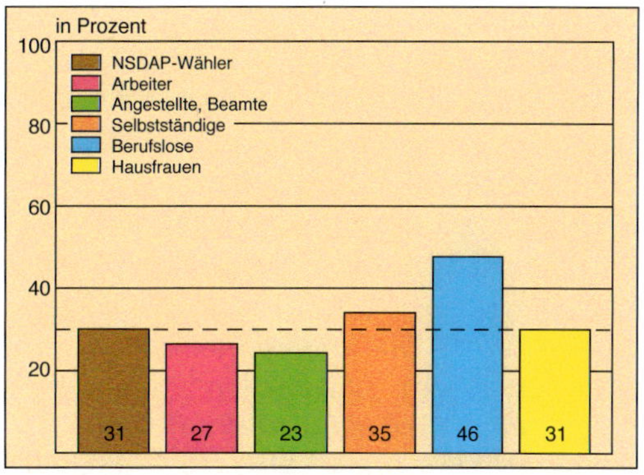

2 Anfälligkeit verschiedener Berufsgruppen für die NSDAP, Reichstagswahl Juli 1932. Angaben in Prozent der Wahlberechtigten der jeweiligen Gruppe. Lesebeispiel: Im Juli 1932 gaben 31 % aller Wahlberechtigten der NSDAP ihre Stimme, die Anfälligkeit der Arbeiter war mit 27 % unter dem Durchschnitt.

Untersucht mithilfe der Abbildung, welche Bevölkerungsgruppen die NSDAP vermehrt unterstützten.

Aufstieg der rechtsextremen Parteien

Je weniger Sitze des Parlaments an Parteien vergeben waren, die das bestehende politische System unterstützten, umso deutlicher trat die Unfähigkeit des Parlamentes, mehrheitsfähige Beschlüsse zu fassen, zutage: Weiterhin handelte die Regierung allein mithilfe von Notverordnungen. Zugleich wurde das Problem der Arbeitslosigkeit immer beherrschender: Im Sommer 1932 waren sechs Millionen Menschen ohne Arbeit. Vor diesem Hintergrund fanden gerade solche Parteien den Zuspruch der Wähler, die die Weimarer Demokratie ablehnten: Bei der Reichstagswahl im Juli 1932 konnte allein die NSDAP 37 Prozent der Sitze erringen.
6 *Diskutiert, woran der Reichstag gescheitert ist. Wäre in der Bundesrepublik Deutschland eine ähnliche Entwicklung vorstellbar? Begründet.*

Wahlplakat der NSDAP von 1932

Einfache Lösungen?

Der Vorsitzende der NSDAP, Adolf Hitler, benutzte die politischen Wirren und die Not der Menschen geschickt. Er forderte das Kanzleramt für sich und versprach in Wahlreden, innerhalb kurzer Zeit die politische und wirtschaftliche Krise zu lösen, indem schnell folgende Punkte verwirklicht würden:
- Arbeitsbeschaffung durch den Staat,
- Beseitigung der Demokratie,
- Aufhebung der Bestimmungen des Versailler Vertrags, vor allem endgültige Einstellung der ►Reparationszahlungen,
- Verfolgung und Ausschaltung der Juden aus dem wirtschaftlichen und öffentlichen Leben in Deutschland, da sie Urheber des Elends seien,
- Verfolgung und Ausschaltung der Kommunisten und Sozialdemokraten, die ebenfalls für die Not der Menschen in Deutschland verantwortlich seien.

Hitler auf dem Weg nach oben

Hindenburg weigerte sich zunächst, Hitler zum Reichskanzler zu machen. Doch sollte die neue Regierung mit einer nationalistisch orientierten Politik der NSDAP die Wähler streitig machen. Im November jedoch forderten führende Vertreter aus Wirtschaft und Großlandwirtschaft in einem Brief:

Q … Mit Eurer Exzellenz bejahen wir die Notwendigkeit einer vom parlamentarischen Parteiwesen unabhängigeren Regierung. … Gegen das bisherige Parteiregime sind nicht nur die Deutschnationale Volkspartei und die ihr nahe stehenden kleineren Gruppen, sondern auch die Nationalsozialistische Deutsche Arbeiterpartei grundsätzlich eingestellt und haben damit das Ziel Eurer Exzellenz bejaht. … Die Übertragung der verantwortlichen Leitung eines mit den besten sachlichen und persönlichen Kräften ausgestatteten Präsidialkabinetts* an den Führer der größten nationalen Gruppe wird die Schlacken und Fehler, die jeder Massenbewegung notgedrungen anhaften, ausmerzen und Millionen Menschen, die heute abseits stehen, zu bejahender Kraft mitreißen.

Präsidialkabinett*: *Regierung, die nur dem (Reichs-)Präsidenten verantwortlich ist.*

7 *Analysiert Q und erläutert, warum hier Hitlers Kanzlerschaft gefordert wurde.*

Hitlers politische Auffassungen und Ziele

Hitler übt eine Rede. Foto, ca. 1925.

„Volkswillen" statt Vielfalt

Die Nationalsozialisten lehnten die Auffassung ab, dass Interessenkonflikte oder Klassengegensätze (wie Arbeiter – Fabrikant, Bauer – Grundbesitzer) politische und soziale Auseinandersetzungen bestimmen. Für sie gab es das Ideal der Volksgemeinschaft, in der alle Gruppen im Staat zu einer Einheit verschmolzen. Die Volksgemeinschaft ordnete sich einem „Volkswillen" unter, den der „Führer" repräsentierte. In seinem 1925 veröffentlichten Buch „Mein Kampf"* und in zahlreichen Reden hat Adolf Hitler seine politischen Ansichten vorgetragen und immer wiederholt.

In „Mein Kampf" heißt es:

Q1 … Damit ist die Bewegung aber antiparlamentarisch und selbst ihre Beteiligung an einer parlamentarischen Institution kann nur den Sinn einer Tätigkeit zu deren Zertrümmerung besitzen, zur Beseitigung einer Einrichtung, in der wir eine der schwersten Verfallserscheinungen der Menschheit erblicken.

Im Jahr 1928 führte er in Reden aus:

Q2 … Unser Volk muss … bewusst planmäßig zum fanatischen Nationalismus erzogen werden …

Indem wir dieses Volk erziehen zum Kampf gegen den Wahnwitz der Demokratie, wieder hinführen zur Erkenntnis der Notwendigkeit der Autorität, des Führertums, der Persönlichkeit. Wegreißen von dem Unsinn des Parlamentarismus, erlösen aus dieser Atmosphäre der Unverantwortlichkeit und hinführen zur Verantwortlichkeit, zum Pflichtbewusstsein der einzelnen Person.

Indem wir dieses Volk herausreißen aus dieser Atmosphäre des erbärmlichen Glaubens an Möglichkeiten, die außerhalb der eigenen Kraft liegen, des Glaubens an Versöhnung, Verständigung, Weltfrieden, Völkerbund, internationale Solidarität. Indem wir diese Begriffe zerschlagen. Es gibt ein Recht auf dieser Welt und dieses Recht heißt eigene Kraft …

1 *Informiert euch mithilfe eines Lexikons über den Lebenslauf Adolf Hitlers.*

2 *Erarbeitet Hitlers Einstellung und Ziele der Demokratie gegenüber. Bearbeitungshinweise für Textquellen findet ihr im Anhang des Buches (Seite 205).*

„Lebensraum" für das „Herrenvolk"

Die Nationalsozialisten vertraten die Auffassung, dass die Menschen in verschiedene Rassen einzuteilen seien, die unterschiedliche Wertigkeiten besäßen. Die besten Anlagen hatte nach ihrer Theorie die germanische, auch arisch genannte Rasse. Daher seien die Deutschen zum „Herrenvolk" bestimmt. In seinem Buch „Mein Kampf" führte Hitler aus, dass die von den – rassisch angeblich untergeordneten – Slawen bewohnten Gebiete den Ariern „natürlichen Lebensraum" böten. Er erläuterte weiter:

Q3 … Nur ein genügend großer Raum auf dieser Erde sichert einem Volk die Freiheit des Daseins. … Damit ziehen wir Nationalsozialisten bewusst einen Strich unter die außenpolitische Richtung unserer Vorkriegszeit. Wir setzen dort an, wo man vor sechs Jahrhunderten endete. Wir stoppen den ewigen Germanenzug nach dem Süden und Westen Europas und weisen den Blick nach dem Land im Osten. Wir schließen endlich ab die Kolonial- und Handelspolitik der Vorkriegszeit und gehen über zur Bodenpolitik der Zukunft. Wenn wir aber heute in Europa von neuem Grund und Boden reden, können wir in erster Linie nur an Russland und die ihm untertanen Randstaaten denken. Das Schicksal selbst scheint uns hier einen Fingerzeig geben zu wollen; indem es Russland dem Bolschewismus* überantwortete, raubte es dem russischen Volk jene Intelligenz, die bisher dessen staatlichen Bestand herbeiführte und garantierte …

3 *Erläutert, auf welche Weise Hitler bereits 1925 einen möglichen Angriff auf Russland rechtfertigte.*

„Mein Kampf"*: *Von Adolf Hitler 1915 veröffentlichtes Buch, in welchem er seine Weltanschauung darlegt und politische Ziele beschreibt. Es entstand, als er sich nach seinem Putschversuch vom 8. November 1923 in München (Seite 181) in Festungshaft befand.*

Bolschewismus*: *Gemeint ist die nach der russischen Revolution angewendete Form des Kommunismus, die jedoch in der Regel als „Marxismus-Leninismus" bezeichnet wird. Die Verwendung des Begriffes „Bolschewismus" ist abfällig besetzt.*

Hitlers politische Auffassungen und Ziele

Der ▶Antisemitismus*

Die Juden hatten seit der Zerstörung Jerusalems im Jahr 70 n. Chr. durch römische Truppen keinen eigenen Staat. Sie lebten in verschiedenen Staaten verstreut, wo sie religiöse Minderheiten bildeten. Im Lauf der Geschichte wurden Angehörige jüdischen Glaubens immer wieder verfolgt. Erst Anfang des 19. Jahrhunderts erhielten sie in Deutschland die politische und rechtliche Gleichstellung und durften somit alle Berufe ausüben. Anfang des 20. Jahrhunderts stellten die Deutschen jüdischen Glaubens mit einem Anteil von etwa einem Prozent an der Bevölkerung eine religiöse Minderheit dar, die aber nicht zugleich eine einheitliche Gesellschaftsschicht bildete, sondern sich über alle Schichten verteilte.

Gerade in wirtschaftlichen Notzeiten wurden Juden jedoch immer wieder als unliebsame Konkurrenten betrachtet und an ihre ehemalige Rechtlosigkeit erinnert. In der Wirtschaftskrise der ▶Weimarer Republik machte sich insbesondere die nationalsozialistische Propaganda diese antijüdische Stimmung zu Nutze. In „Mein Kampf" verknüpfte Hitler die Feindbilder der Besitzenden und der „Bolschewisten" mit dem Judentum, indem er von der „jüdischen Weltfinanz" sprach, die die „restlose Zerstörung Deutschlands" anstrebe, angetrieben von „bolschewistischen Welteroberungstendenzen".

1919 hatte Hitler in einem Brief formuliert:

Q4 … Zunächst ist das Judentum unbedingt Rasse und nicht Religionsgenossenschaft. … Durch tausendjährige Inzucht … hat der Jude im Allgemeinen seine Rasse und ihre Eigenschaften schärfer bewahrt als zahlreiche Völker, unter denen er lebt, und damit ergibt sich die Tatsache, dass zwischen uns eine nicht deutsche fremde Rasse lebt, … die dennoch politisch alle Rechte besitzt wie wir selber. …
Der Antisemitismus aus rein gefühlsmäßigen Gründen wird seinen letzten Ausdruck finden in der Form von Pogromen*. Der Antisemitismus der Vernunft … muss führen zur planmäßigen gesetzlichen Bekämpfung und Beseitigung der Vorrechte des Juden … Sein letztes Ziel aber muss unverrückbar die Entfernung der Juden überhaupt sein.

4 *Stellt schriftlich gegenüber, wie die Situation der Juden in Deutschland jeweils von Verfassertext und Q4 dargestellt werden.*
5 *Erklärt und diskutiert die von Hitler genannten Konsequenzen des Antisemitismus.*

Zustimmen und Mitmachen?

Der britische Historiker Ian Kershaw, Autor einer großen Hitlerbiografie, schrieb im Mai 2001 über das Verhältnis der damaligen Deutschen zu Hitler:

M … Für die Masse der Bevölkerung erschien die Unterdrückung politischer Gegner und abgelehnter Minderheiten wie der Juden als eine notwendige Komponente des nationalen Wiedererwachens. Die Politik der Repression konnte mit weit verbreiteter Unterstützung rechnen. Je mehr Hitler im Stande war, „nationale" Erfolge zu verkünden, sein Image von dem eines Parteiführers in das eines Führers der Nation zu verwandeln, desto mehr schienen die „unangenehmen" Aspekte des Dritten Reiches hinnehmbar zu sein – etwas, was man in Kauf nehmen oder ignorieren konnte, wenn man nicht Beifall spendete.
Während Hitlers Macht indessen, gestützt auf seine ungeheure Popularität, absolut wurde, durchdrang der Antisemitismus alle Bereiche des öffentlichen Lebens. Zahllose Deutsche fanden sich in unzählbaren Detailangelegenheiten bereit, „dem Führer entgegenzuarbeiten", indem sie freiwillig bei der Verfolgung von Nachbarn oder Konkurrenten mitwirkten – ob nun aus ideologischen Motiven oder weil sie einfach auf Kosten von Juden eine bessere Wohnung oder sonst einen materiellen Vorteil haben wollten.

6 *Lest die Aussage des Historikers in M und versucht, sie in Beziehung zu euren Arbeitsergebnissen zu setzen.*

▶Antisemitismus*: *Abneigung oder Feindschaft gegenüber Juden.*

Der rassische Antisemitismus: *Hitler bezog sich in vielen seiner antisemitischen Vorstellungen auf den aus England stammenden Schriftsteller Houston Stewart Chamberlain (1855–1927), ein Schwiegersohn Richard Wagners. In seinem Werk „Die Grundlagen des 19. Jahrhunderts" hatte er behauptet, die Juden seien die „verachtungswürdigen Vertreter" der „minderwertigen semitischen Rasse" und führten ununterbrochen Krieg gegen die „Kultur der arischen Rasse", die „in höchster Reinheit" durch das deutsche Volk repräsentiert werde.*

Pogrom*: *organisierte Ausschreitung (Plünderung, Mord) gegen eine gesellschaftliche Minderheit.*

30. Januar 1933: „Machtergreifung" der Nationalsozialisten.

Die Errichtung der NS-Diktatur

1 Die „Machtergreifung" in einer propagandistischen Darstellung: Fackelzug der Nationalsozialisten am 30. 1. 1933 in Berlin. Gemälde, 1938.

Franz von Papen *(1879–1969), Mitglied der Zentrumspartei, war 1932 Nachfolger Brünings als Reichskanzler. Er erleichterte durch politische Fehleinschätzungen Hitlers Weg zur Macht.*

Die „Machtergreifung"

Am 30. Januar 1933 ernannte Reichspräsident Hindenburg Adolf Hitler, den Führer der NSDAP, zum Reichskanzler. Von den Nationalsozialisten wurde dieser Vorgang als „Machtergreifung" bezeichnet. 1965 schrieb eine ehemalige Anhängerin Hitlers über den Tag, den sie als 15-Jährige erlebte:

Q1 … Am Abend des 30. Januar nahmen meine Eltern uns Kinder mit in das Stadtzentrum. Dort erlebten wir den Fackelzug, mit dem die Nationalsozialisten ihren Sieg feierten. Etwas Unheimliches ist mir von dieser Nacht her gegenwärtig geblieben. Das Hämmern der Schritte, die düstere Feierlichkeit roter und schwarzer Fahnen, zuckender Widerschein der Fackeln auf den Gesichtern und Lieder, deren Melodien aufpeitschend und sentimental zugleich klangen. Stundenlang marschierten die Kolonnen vorüber.

1 *Berichtet über die Reaktionen der Menschen am 30. Januar 1933.*

Die Nationalsozialisten sichern ihre Macht

Die neue Regierung unter Adolf Hitler war eine Koalitionsregierung von NSDAP und DNVP. Außer Hitler als Reichskanzler gehörten nur noch zwei weitere Nationalsozialisten zur Regierung. Viele Menschen begrüßten Hitlers Ernennung. Die Gefahr, die in der Übertragung der Macht an Hitler lag, sahen sie nicht. Der frühere Reichskanzler von Papen (DNVP), der jetzt Vizekanzler war, erklärte gegenüber Vertrauten: „In zwei Monaten haben wir Hitler in die Ecke gedrückt, dass er quietscht." Noch vor der Ernennung Hitlers zum Reichskanzler hatte die DNVP zwei wichtigen Forderungen der Nationalsozialisten zugestimmt: sofortige Neuwahlen und die Absicht, dem Reichstag durch ein Gesetz vorübergehend seine Macht zu nehmen (▶Ermächtigungsgesetz). Neben der Reichswehr war die Polizei das wichtigste Machtmittel des Staates. Den Befehl über die preußische Polizei hatten sich die Nationalsozialisten ebenso gesichert wie die Macht über das Reichsinnenministerium.

2 *Erläutert die Machtverteilung in der neuen Regierung und im Staatsapparat.*

Hitlers Programm

Bereits drei Tage nach seiner Ernennung nannte Hitler in einer geheimen Rede vor Befehlshabern des Heeres und der Marine seine wahren politischen Ziele. In einem Stichwortprotokoll der Rede heißt es:

Das Ermächtigungsgesetz

Q2 ... Völlige Umkehrung der gegenwärtigen innenpolitischen Zustände in D. ... Wer sich nicht bekehren lässt, muss gebeugt werden. Ausrottung des Marxismus mit Stumpf und Stiel. ... Ertüchtigung der Jugend u. Stärkung des Wehrwillens mit allen Mitteln. Todesstrafe für Landes- u. Volksverrat. Straffste autoritäre Staatsführung. Beseitigung des Krebsschadens der Demokratie! ... Eroberung neuen Lebensraums im Osten u. dessen rücksichtslose Germanisierung.

3 *Untersucht das Stichwortprotokoll und erläutert, was die Befehlshaber über Hitlers Politik schon im Februar 1933 wussten.*

Notverordnungen und Terror

Nach dem 30. Januar 1933 wurden 50 000 SA-Männer* zu Hilfspolizisten ernannt und zahlreiche demokratisch eingestellte Polizeipräsidenten abgesetzt. Versammlungen der KPD, der SPD und des Zentrums wurden verboten oder aufgelöst. Der Nationalsozialist Hermann Göring, preußischer Innenminister, befahl der Polizei, mit der SA zusammenzuarbeiten, und ordnete an:

Q3 ... Dem Treiben staatsfeindlicher Organisationen ist mit den schärfsten Mitteln entgegenzutreten ...; wenn nötig, (ist) rücksichtslos von der Waffe Gebrauch zu machen. Polizeibeamte, die in Ausübung dieser Pflichten von der Schusswaffe Gebrauch machen, werden ohne Rücksicht auf die Folgen des Schusswaffengebrauchs von mir gedeckt. Wer hingegen in falscher Rücksichtnahme versagt, hat dienststrafrechtliche Folgen zu gewärtigen.

Als am 27. Februar 1933 der Reichstag ausbrannte, beschuldigten die Nationalsozialisten noch in der Nacht die Kommunisten der Brandstiftung. Hitler nutzte das Ereignis, um seine Macht zu festigen: Auf seinen Vorschlag erließ Reichspräsident Hindenburg am Tag nach dem Reichstagsbrand eine Notverordnung, in der wesentliche Grundrechte der Weimarer Verfassung außer Kraft gesetzt wurden. Gleichzeitig wurden über

2 Der Reichstagsbrand. Foto, 27. Februar 1933.

4000 Funktionäre der KPD nach längst vorbereiteten Listen verhaftet.

4 *Erklärt mit euren Worten, welchen Auftrag die preußische Polizei in Q3 erhielt.*

Das Ermächtigungsgesetz

Am 23. März 1933 beschloss der Reichstag mit großer Mehrheit das „Gesetz zur Behebung der Not von Volk und Staat", auch „Ermächtigungsgesetz" genannt. Es bestimmte, dass Gesetze – auch solche, die die Verfassung änderten – und Verträge mit anderen Staaten statt vom Reichstag künftig allein von der Regierung verabschiedet werden konnten. Die Gewaltenteilung war somit abgeschafft. Befristet zunächst auf vier Jahre, wurde das Gesetz später immer wieder verlängert.

Den Abgeordneten der KPD, von denen die meisten bereits in Haft waren, war die Teilnahme an der Abstimmung im Parlament verboten worden. Als einzige Partei stimmte die SPD gegen das Gesetz. Hitler hatte zuvor erklärt, die Regierung sei „... entschlossen und bereit, die Bekundung der Ablehnung und damit die Ansage des Widerstands entgegenzunehmen."

5 *Tragt mögliche Folgen der Abschaffung der Gewaltenteilung zusammen.*

Aufmarsch der SA. Foto, um 1933.

SA-Männer*: *Mitglieder der SA, der „Sturmabteilung" der NSDAP. Die SA war eine nationalsozialistische Truppe für Straßenschlachten und Aufzüge.*

23. März 1933: *Ermächtigungsgesetz.*

Who is who?

Was ist eine Biografie?
Das Wort Biografie steht für die Beschreibung der Lebensgeschichte eines Menschen.
Eine Biografie enthält Daten und wichtige Ereignisse im Leben einer Person.

Informationsbeschaffung
Ihr sucht genauere Informationen zu Personen, die am Ende des Ersten Weltkriegs und zu Beginn der Weimarer Republik eine wichtige Rolle spielten, zum Beispiel:
- Friedrich Ebert,
- Karl Liebknecht,
- Max von Baden,
- Philipp Scheidemann,
- Rosa Luxemburg und
- Walter Rathenau.

Die genannten Personen waren von unterschiedlicher Herkunft und vertraten unterschiedliche Positionen.
Ihr könnt so vorgehen:

1. Schritt: Bildet Arbeitsgruppen zu den jeweiligen Menschen.

2. Schritt: Sammelt Informationen über die Personen im Internet mit Hilfe von Suchmaschinen (z. B. www.google.de), Katalogen (z. B. www.web.de) oder Adressen (z. B. www.weltchronik.de).
Ihr könnt auch in Nachschlagewerken in eurer Schulbibliothek oder der Stadtbücherei nachschauen.

3. Schritt: Tragt eure Ergebnisse zu den Personen in einem Kurzreferat der Klasse vor.

4. Schritt: Erstellt eine Wandzeitung mit den wichtigsten biografischen Angaben zu den Personen.

1 **Rosa Luxemburg.** Foto, 1914.

2 **Karl Liebknecht.** Foto, um 1913.

3 **Walther Rathenau.** Foto, 1922.

4 **Max, Prinz von Baden.** Foto, um 1917.

5 **Friedrich Ebert.** Foto, 1924.

6 **Philipp Scheidemann.** Foto, um 1925.

Zusammenfassung

Vom Kaiserreich zur Weimarer Republik
Nach der Revolution vom November 1918 begann zunächst die Auseinandersetzung um die zukünftige Staatsform. Die beiden Hauptmodelle waren das kommunistisch geprägte Rätesystem und die demokratische Republik. Das Eintreten der SPD als stärkste politische Kraft für eine demokratische ►Verfassung gab den Ausschlag. Doch zwischen den Anhängern beider Modelle kam es zu Kampfhandlungen. Bürgerkriegsartige Zustände auch in der Hauptstadt Berlin führten dazu, dass die verfassunggebende Versammlung nach Weimar verlegt wurde.

Nachkriegszeit und innenpolitische Krisen
Auch nach Errichtung der ►Weimarer Republik blieben die politischen Lager unversöhnlich. Besonders an dem als Demütigung empfundenen „Diktatfrieden" von Versailles und den daraus entstehenden wirtschaftlichen Belastungen entzündete sich immer wieder Streit. Die französische Ruhrbesetzung, die Inflation und die soziale Entwurzelung weiter Bevölkerungskreise heizten die Situation in Deutschland zusätzlich an. 1923 gipfelten die Spannungen in mehreren Putschversuchen von rechts und links, darunter der Hitler-Putsch in München.

Politische Entspannung und „Goldene Zwanziger"
Die wirtschaftliche Erholung im Zuge des Dawes-Plans und die außenpolitische Entspannung durch die europäische Friedenspolitik Stresemanns und Briands schufen in Deutschland ein neues, freieres Klima – die „Goldenen Zwanziger". Für kurze Zeit stabilisierte sich die demokratische Gesellschaft und erlebte auch in Bezug auf Kunst und kulturelles Leben einen Aufschwung.

Die Schwäche der Demokratie
Die Weltwirtschaftskrise zerstörte die wirtschaftliche Grundlage des mühsam errungenen politischen und sozialen Friedens der Weimarer Republik. Die Republik mit ihrer demokratischen Verfassung schien vielen Menschen für ihre persönliche Not verantwortlich zu sein. Besonders die rechtsradikalen Parteien, am erfolgreichsten die NSDAP, nutzten diese Stimmung. Die Demokratie fand immer weniger Verteidiger. Am 30. Januar 1933 wurde Adolf Hitler, Führer der NSDAP, deutscher Reichskanzler. Mit dem so genannten „►Ermächtigungsgesetz" gelang es ihm im März, die Gewaltenteilung auszuhebeln.

1918/19

Von der Novemberrevolution zur Weimarer Verfassung.

1923

Das Krisenjahr: Ruhrkampf und Putschversuche.

1924–1928

Nach Wirtschaftskrise und Inflation bringen die „Goldenen Zwanziger" eine kurze Blütezeit.

1929–1933

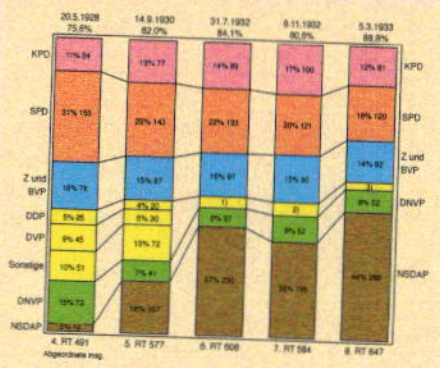

Die erste deutsche Demokratie scheitert am mangelnden politischen Rückhalt im Volk.

Frühgeschichte

Vor 4 Millionen Jahren

Jungsteinzeit

10 000 v. Chr.

Metallzeit

Altertum

3000 v. Chr.

Bronzezeit/Eisenzeit

Um 3000 v. Chr.	Erste Bronzeverarbeitung im Vorderen Orient
Um 2000 v. Chr.	Ausdehnung der Bronzetechnik bis Mitteleuropa
Um 1300 v. Chr.	Erste Eisenverarbeitung in Kleinasien
Um 800 v. Chr.	Beginn der Eisenzeit in Europa

10 000 v. Chr.	Erster Getreideanbau und erste Viehzucht im Vorderen Orient
6000 v. Chr.	Jungsteinzeitliche Siedlungen am Bodensee

Vor ca. 3,6 Mio. Jahren	Erste Menschen
Vor ca. 600 000 Jahren	Ältester Menschenfund in Deutschland
Vor ca. 300 000 Jahren	Frühmenschen in Bilzingsleben

In der gesamten Altsteinzeit lebten die Menschen als Jäger und Sammler.

Ägypten

3000 v. Chr.	In Ägypten und Mesopotamien entstehen Hochkulturen. Kennzeichen sind: Schrift, Vorratswirtschaft, Organisation gemeinschaftlicher Arbeiten, Verwaltung

Altertum

500 v. Chr. — Christi Geburt

Mittelalter

500 n. Chr.

Rom

753 v. Chr.	Gründung Roms (Sage)
500 v. Chr.	Beginn der römischen Republik
Um 250 v. Chr.	Rom ist stärkste Landmacht im Mittelmeerraum
44 v. Chr.	Alleinherrschaft Caesars
31 v. – 14 n. Chr.	Herrschaft des Kaisers Augustus
391 n. Chr.	Das Christentum wird Staatsreligion
395 n. Chr.	Teilung des Römischen Reiches
476 n. Chr.	Der letzte römische Kaiser wird von den Germanen abgesetzt

Griechenland

750–550 v. Chr.	Griechische Kolonisation
500 v. Chr.	Entstehung der Demokratie in Athen
356–336 v. Chr.	Philipp von Makedonien unterwirft Griechenland
300–30 v. Chr.	Hellenistische Staaten entstehen in Ägypten, Persien und Makedonien

Frankenreich

482	Chlodwig wird König der Franken
722–804	Sachsenkriege
768	Karl der Große wird König der Franken
800	Kaiserkrönung Karls des Großen in Rom
814	Tod Karls des Großen

Ausbreitung des Islam

570	Geburt Mohammeds in Mekka
622	Mohammed flieht nach Medina
630	Mohammed erobert Mekka
632–715	Ausbreitung des Islam bis Indien und Europa
632	Tod Mohammeds
711	Araber dringen in Europa (Spanien) ein

Mittelalter | *Neuzeit*

1000 n. Chr. | 1300 n. Chr. | 1500

Städte in Europa

12.–15. Jh.	Städteboom in Europa
Seit 1300	Gotische Kirchen werden in ganz Europa errichtet
1300–1400	Zünfte erkämpfen sich in zahlreichen Städten ein Mitspracherecht
14. Jh.	Bedeutende Stellung der Hanse in Nordeuropa

Deutsches Reich

919	Sachsenherzog Heinrich wird deutscher König
1077	Heinrich IV. in Canossa
1096	1. Kreuzzug

Vom Mittelalter zur Neuzeit

Um 1450	Erfindung des Buchdrucks
1492	Kolumbus sucht den Westweg nach Indien und entdeckt Amerika
1519	Cortez erobert Mexiko. Die Europäer errichten ihre Herrschaft in den Kolonien

Reformation und ihre Folgen

31.10.1517	Luther veröffentlicht die Wittenberger Thesen gegen den Missbrauch des Ablasses
1521	Reichstag zu Worms
1525	Bauernkrieg. Gründung des Jesuitenordens
1618–1648	Dreißigjähriger Krieg

Das Zeitalter des Absolutismus

1643–1715 Ludwig XIV., König von Frankreich
1689 Glorreiche Revolution. Bill of Rights in England
1740–1786 Friedrich II., König von Preußen entwickelt den „Aufgeklärten Absolutismus"

USA

1607 Gründung von Jamestown
1620 Pilgerväter landen in Amerika
1776 Unabhängigkeitserklärung der USA
1789 Verfassung der USA

Französische Revolution/Napoleon

1789 Versammlung der Generalstände. Sturm auf die Bastille. Erklärung der Menschenrechte
1791 1. Verfassung
1793/94 Schreckensherrschaft
1799 Napoleon übernimmt die Herrschaft
1804 Kaiserkrönung Napoleons

Industrialisierung

Restauration und Revolution

1814/15	Wiener Kongress
1815–1866	Deutscher Bund
1819	Karlsbader Beschlüsse
1830	Sturz des französischen Königs (Julirevolution)
1832	Hambacher Fest
1848	Märzaufstände in Wien, Berlin, Paris Nationalversammlung in Frankfurt am Main
1849	Friedrich Wilhelm IV. von Preußen lehnt die Kaiserkrone ab. Auflösung der Nationalversammlung. Regionale Aufstände werden durch Militär niedergeschlagen.

Deutsches Kaiserreich

1871	Gründung des Deutschen Reiches, Otto von Bismarck wird Reichskanzler
1878	Sozialistengesetz
1888	Wilhelm II. wird Kaiser
1890	Entlassung Bismarcks, neuer außenpolitischer Kurs

Imperialismus

Ab 1870	Eroberungspolitik europäischer Staaten in Afrika und Asien
1884	Deutschland wird Kolonialmacht in Afrika
Seit 1900	450 Millionen Einwohner gehören zum „British Empire“
1904	Herero-Aufstand

1950 2000

Der Erste Weltkrieg

28.6.1914	Attentat in Sarajevo
1.8.1914	Beginn des Ersten Weltkriegs
2.4.1917	Kriegseintritt der USA
11.11.1918	Ende des Ersten Weltkriegs

Neue Weltmächte: USA und UdSSR

ab 1860	Besiedelung des Westens, Industrialisierung, starkes Bevölkerungswachstum (Masseneinwanderung)
um 1900	Annexionen im mittelamerikanischen und pazifischen Raum
1917	Eingreifen in den Ersten Weltkrieg, Sieg über die Mittelmächte
ab 1918	Weltmachtstellung, Friedensplan Präsident Wilsons
1920er	Entstehung des „American Way of Life"/Börsenkrach, hohe Arbeitslosigkeit
ab 1933	Roosevelts „New Deal"

1917	Revolution in Russland stürzt Zarenherrschaft; Bolschewiki unter Lenin übernehmen die Macht
1918–1921	Bürgerkrieg; Sieg der Roten Armee
1922	Gründung der Sowjetunion (UdSSR)
1927–1953	Stalinismus
ab 1927	Industrialisierung und Kollektivierung der Bauern unter Stalin

Weimarer Republik

3.–9.11.1918	Novemberrevolution in Deutschland
9.11.1918	Ausrufung der Republik
Januar 1919	Januarkämpfe und Nationalversammlung
28.6.1919	Versailler Vertrag
11.8.1919	Weimarer Verfassung
1923	Inflation, Ruhrkampf und Putschversuche
1924–1928	Die „Goldenen Zwanziger"
8.9.1926	Aufnahme Deutschlands in den Völkerbund
1929	Weltwirtschaftskrise
1929–1933	Aufstieg der NSDAP
23.3.1933	Ermächtigungsgesetz

Gewusst wie ...

Karikaturen deuten

Bei einer Karikatur geht es dem Zeichner darum, seine Meinung zu einer Sache darzustellen. Um die Karikatur zu deuten, müsst ihr die Stilmittel (Übertreibung, Symbole) herausfinden.

1. Schritt: Beobachtung
Karikatur genau betrachten und Eindrücke festhalten.

2. Schritt: Beschreibung
Was ist dargestellt? Welche Texte gehören zum Bild?

3. Schritt: Deutung
Welche Bedeutung haben die dargestellten Personen, Tiere oder Gegenstände?

4. Schritt: Einordnung
Auf welche Situation beziehen sich die Aussagen der Karikatur?

5. Schritt: Wertung
Welche Position bezieht der Karikaturist? Wie seht ihr das Problem?

Bilder und Kunstwerke als Quellen nutzen

1. Schritt: Dem Bild begegnen
- Welchen ersten Eindruck macht das Bild als Ganzes auf mich?
- Welche Einzelheiten fallen mir besonders auf, welche sprechen mich besonders an? Was finde ich schön, abstoßend, lächerlich ...?

2. Schritt: Das Bild betrachten
- Welche Daten des Bildes sind bekannt (Name des Künstlers, Bildtitel, Entstehungszeit)?
- Was ist dargestellt (Thema)?
- Wie ist das Bild aufgebaut (Vorder-, Mittel-, Hintergrund)?
- Wie ist das Motiv dargestellt (Anordnung der Personen und Dinge, Einsatz von Licht und Schatten, Verwendung der Farben und Linien, naturnahe oder verzerrende Darstellung ...)?
- Welcher Platz wird dem Betrachter zugewiesen (z. B.: Sieht er auf das Dargestellte hinab, schaut er hinauf ...)?
- Wie wirken die eingesetzten Gestaltungsmittel (starr, ruhig, bewegt, kalt, freundlich, düster ...)?

3. Schritt: Das Bild deuten
- Zu welchem Zweck wurde das Bild geschaffen?
- Vor welchem gesellschaftlichen oder geschichtlichen Hintergrund wurde das Bild geschaffen (weitere Informationen über die Entstehungszeit)?
- Warum hat der Künstler das Motiv in dieser Weise dargestellt?
- Welche Fragen ergeben sich aus der Auseinandersetzung mit dem Bild?

Arbeitstechnik: Recherche im Internet

Das Internet bietet eine Fülle von Informationen. Doch gerade diese Fülle kann leicht dazu verleiten, immer wieder vom eigentlichen Thema abzukommen und sich zu verzetteln. Nimm dir also bei der Internetrecherche an erster Stelle vor, deinem Thema auf der Spur zu bleiben. Und noch eines: Nicht jeder Verfasser von Websites im Internet ist seriös. Achte also immer darauf, von wem die Seite stammt, die dir angezeigt wird. Die meisten glaubwürdigen Verfasser geben für Rückfragen Adressen und Ansprechpartner an. Auf jeden Fall kannst du Websites großer internationaler Organisationen und Forschungsinstitute vertrauen.

1. Schritt: Schlagwort finden
Wenn ihr euch z. B. über die Anwendung der Menschenrechte auf die Indianer in Nordamerika informieren wollt, so habt ihr verschiedene Möglichkeiten, Suchworte einzugeben. Das Suchwort „Indianer" ist vermutlich zu allgemein, ihr erhaltet sehr viele Hinweise, müsst aber endlos suchen. Ähnlich könnte es euch mit dem Suchwort „Menschenrechte" ergehen. Versuchen könnt ihr aber auch, die Begriffe zu kombinieren.
- Wie könnte ein gutes Suchwort lauten?

2. Schritt: Suchmaschine benutzen
Im Internet gibt es mehrere Anbieter von Suchmaschinen, bei denen ihr euer Stichwort nur eingeben müsst, dann durchforstet die Suchmaschine für euch alle Internetseiten. Ihr erhaltet dann eine Liste der passenden Internetseiten zu eurem Stichwort. Die bekanntesten Suchmaschinen sind: http://www.yahoo.de, http://www.lycos.de, http://www.google.de.

3. Schritt: Stichwort eingeben
Wenn ihr zu eurem Stichwort keine Einträge bekommt, solltet ihr die Rechtschreibung überprüfen. Wenn ihr euer Schlagwort falsch eingegeben habt, kann die Suchmaschine nichts finden. War dies nicht der Fall, so müsst ihr euch ein anderes Stichwort überlegen.

4. Schritt: Aus dem Angebot auswählen
Jetzt habt ihr eine Reihe von Einträgen und normalerweise stehen noch ein paar Angaben dabei. So könnt ihr einen Teil der Adressen gleich aussortieren, weil es hier nicht genau um das geht, was ihr gesucht habt. Die übrigen Seiten könnt ihr jetzt aufrufen, indem ihr die Internetadresse anklickt.

Sachquellen auswerten

Grabsteine, Werkzeuge, Haushaltsgeräte, Schmuck, Geld – Fundstücke aus vergangenen Zeiten werden Sachquellen genannt.

1. Schritt: Was kann man sehen?
- Größe
- Form
- Farbe/Muster
- Material
- Qualität …

2. Schritt: Was kann man erschließen oder nachfragen?
- Alter
- Herkunft
- Fundort und -zeit
- Transportwege und -mittel
- Verwendungszweck
- Herstellungstechnik
- verwendete Werkzeuge und Hilfsmittel
- Moden/Einflüsse
- Auftraggeber/Benutzer …

3. Schritt: Welche Erkenntnisse kann man gewinnen?
- Verbreitung: Einmaliger oder seltener Fund, viele ähnliche Funde hier und/oder anderswo?
- Sitten und Gebräuche: Wann, von wem, bei welcher Gelegenheit benutzt? Mit welchen anderen Dingen zusammen verwendet? Wie sah demnach der Alltag aus?
- Stand der Technik: selber hergestellt – von Spezialisten gemacht – von anderswo eingeführt?
- Handelsbeziehungen: Produkt hier hergestellt und anderswo gefunden oder umgekehrt? Rohmaterial einheimisch oder von weit her? …

Rollenspiel

Ein Rollenspiel soll helfen, sich in Menschen und Situationen einzufühlen.

1. Schritt: Ausgangslage klären
Auf der „Situationskarte" wird kurz beschrieben, worum es geht. Wird z. B. die Lösung eines Problems gesucht oder sollen einzelne Typen in ihrem Verhalten gezeigt werden?

2. Schritt: Rollen verteilen
- Rollen werden immer freiwillig übernommen.
- Jede Person kann von Jungen oder Mädchen dargestellt werden.
- Die Rollen können frei ausgestaltet werden, müssen aber mit der Rollenkarte übereinstimmen.

3. Schritt: Kurze Spielvorbereitung
- Die Spieler machen sich mit der Rolle vertraut; eventuell kurze Besprechung untereinander.
- Die Spieler stellen sich zu Beginn vor oder heften sich eine Namenskarte an.

4. Schritt: Spielen und Spielen beobachten
- Wenn ihr wollt, könnt ihr Spielbeobachter einsetzen (am besten zwei für jede Rolle).
- Welche Argumente wurden im Spiel genannt?
- Wie verhielten sich die einzelnen Spieler in ihrer Rolle?

5. Schritt: Auswertung und Besprechung
- Was konnte man sehen?
- Wie entwickelte sich die Handlung? Wurde alles verstanden? Wie haben sich die Spieler gefühlt?
- Was gefiel besonders gut? (Loben, nicht meckern!)
- Welche Fragen sind entstanden?

Bauwerke erkunden und erklären

Auch ein Gebäude – z. B. eine Kirche, ein Wohnhaus oder ein Rathaus – kann als Sachquelle betrachtet werden.

1. Schritt: Erste Eindrücke beschreiben
- Haltet erste Eindrücke als Bericht, Zeichnung oder Foto fest (Lage, Raumwirkung innen/außen; Fenster, Ausstattung [Altäre, Figuren, Mobiliar, Malereien usw.]).

2. Schritt: Informationen sammeln
- Informiert euch beim Pfarrer oder in der Bibliothek über die Baugeschichte (Wann begonnen? Nach welchen Vorbildern? Wer zahlt(e) Bau und Unterhalt früher und heute? Gab es Kriegsschäden usw.)

3. Schritt: Den gesamten Bau und einzelne Teile erklären
- Erklärt Bauteile, Figuren und Symbole.
- Welche Bedeutung haben sie? Weshalb wurden sie hergestellt? Was wollten die Baumeister oder Künstler ausdrücken?

4. Schritt: Eigene Meinung sagen
- Was gefällt euch ganz besonders? Was beeindruckt weniger?
- Was versteht ihr nicht, sodass ihr noch weitere Informationen einholen müsst?

Schaubilder auswerten

Mit Schaubildern wird versucht, komplizierte Zusammenhänge, z. B. Regierungsformen, vereinfacht darzustellen.

1. Schritt: Aufbau untersuchen
- Aus welchen Teilen besteht das Schema?
- Was bedeuten Form und Farbe der Teile?
- Wo ist der günstigste Einstieg, um das Schaubild zu ‚lesen' (von unten nach oben, von links nach rechts …)?

2. Schritt: Inhalt entschlüsseln
- Welche Fachbegriffe müssen geklärt werden?
- Welche Einschränkungen muss man beachten (z. B. wer ist mit ‚Volk' wirklich gemeint)?
- Welche Informationen erhält man durch das ‚Lesen' einzelner Teile des Schaubilds oder benachbarter Teile in ihrem unmittelbaren Zusammenhang?

3. Schritt: Gesamtaussage machen
- Wie kann man die Gesamtaussage in einfachen Sätzen vortragen?
- Womit kann man das Dargestellte evtl. vergleichen (z. B. Machtverteilung in Ägypten und in Griechenland)?
- Wie bewertet man das Dargestellte aus damaliger und heutiger Sicht?

Gewusst wie ...

Besuch eines Museums

1. Schritt: Die Erkundung vorbereiten
- Das Ziel auswählen und evtl. Anreise und Kosten klären.
- Einen Termin für die Besichtigung/Führung vereinbaren.
- Das Thema vorbereiten; einen Fragebogen entwerfen bzw. Arbeitsmaterialien beim Museum anfordern.
- Arbeitsgruppen mit bestimmten Aufgabenstellungen einteilen.
- Klären, wie die Ergebnisse festgehalten werden sollen, z. B. Notizen, Skizzen, Fotos oder Videofilm (falls erlaubt).

2. Schritt: Die Erkundung durchführen
Bei größeren Museen wird man durch die Fülle der Ausstellungsstücke eher verwirrt oder verliert die Lust an einer Besichtigung. Man muss sich auf bestimmte Bereiche konzentrieren. Museen sind entweder zeitlich oder nach bestimmten Themen aufgebaut. Einen Gesamtüberblick findet ihr oft im Eingangsbereich. Zudem:
- Bei einer Führung möglichst alle vorbereiteten Fragen stellen.
- Gegebenenfalls Arbeits- oder Fragebogen ausfüllen.
- Wenn möglich und erlaubt: Skizzen anfertigen, Fotos machen, Werkstücke herstellen, Videofilm drehen ...
- Wenn nötig: spontane Fragen stellen, weitere Informationen sammeln, unerwartete Beobachtungen festhalten.

3. Schritt: Die Ergebnisse auswerten und dokumentieren
- Das gesamte Material sichten, ordnen und feststellen, ob alle wichtigen Fragen beantwortet sind.
- Wenn nötig, weitere Informationen zusammenstellen oder beschaffen (Museumsführer, Arbeitsmaterial des Museums, Internet, Lexika, CD-ROM).
- Festlegen, wie die Ergebnisse dokumentiert werden sollen. Möglichkeiten: Erkundungsbericht, Museumsrätsel, Wandzeitung, Ausstellung ...

Eine Wandzeitung gestalten

Mithilfe von Wandzeitungen lassen sich gewonnene Erkenntnisse über ein ausgewähltes Thema anschaulich darstellen. Da der Betrachter eine Wandzeitung im Stehen anschaut, ist es wichtig, Inhalte anhand von wenigen, zentralen Materialien zu vermitteln.

1. Schritt: Informationen auswählen
- Was ist wichtig, was kann weggelassen werden? Was soll als Text, was im Bild, Schaubild oder in einer Tabelle dargestellt werden?

2. Schritt: Gestaltung überlegen
- Wie soll die Schrift aussehen (Druck- oder Schreibschrift, Größe, Farbe)? Welche Bilder sind geeignet und wie werden sie angeordnet? Welche Zeichnungen, Tabellen oder Schaubilder sollen angefertigt werden und an welchen Platz sollen sie kommen?

3. Schritt: Material bereitstellen
- Welches Material wird benötigt (Tapete, Pappe, Transparentpapier, Stifte, Kleber, Heftzwecken, Stecknadeln, Scheren, Lineal usw.)? Wer besorgt es?

4. Schritt: Arbeit verteilen und durchführen
- Wer möchte Texte schreiben, Bilder ausschneiden und beschriften, Zeichnungen, Tabellen anfertigen usw.? Sprecht euch untereinander ab. Wichtiger Hinweis: Bilder, Texte usw. nicht sofort festkleben, sondern erst alles lose auflegen.

5. Schritt: Wandzeitung präsentieren
- Wandzeitung aufhängen und den anderen Gruppen vorstellen (präsentieren).

Kartenarbeit

Geschichtskarten stellen ein Thema aus der Geschichte dar. Das kann eine bestimmte Situation sein. Es kann auch die Entwicklung über einen längeren Zeitraum hinweg sein.

1. Schritt: Thema und Zeitraum bestimmen
- Welche Einzelangaben finden sich auf der Karte? Wie lautet die Überschrift der Karte? Um welchen Zeitraum geht es?

2. Schritt: Das dargestellte Gebiet bestimmen
- Welcher Raum ist dargestellt? Welche heutigen Länder liegen in dem dargestellten Raum? Welche Ausdehnung hat der dargestellte Raum? (Beachtet den Maßstab!)

3. Schritt: Farben und Zeichen erkennen
- Welche Farben und Zeichen sind in der Zeichenerklärung (Legende) wiedergegeben und was bedeuten sie? Geht es um eine zeitlich eng begrenzte Situation? Oder werden z. B. Veränderungen, die sich über einen längeren Zeitraum hinweg vollzogen haben, dargestellt?

4. Schritt: Aussagen der Karte zusammenfassen
- Wie können die Aussagen der Karte zusammengefasst werden? Zum Beispiel: Stichworte machen, einen Bericht schreiben, eine Tabelle erstellen ...

5. Schritt: Offene Fragen notieren
- Welche weiteren Fragen ergeben sich aufgrund der Informationen, die ihr aus der Karte gewonnen habt?

Mit Texten umgehen

Textquellen lesen ...

Schriftliche Überlieferungen werden Textquellen genannt, weil man aus ihnen Informationen entnimmt, so wie man Wasser aus einer Quelle schöpft. Dabei kann es sich z. B. um Gesetzestexte, Briefe oder Inschriften handeln. Die Textquellen können auf Papier oder Stein, in Büchern oder auf Gebäuden stehen. Beim Umgang mit einer Textquelle solltest du folgende Schritte beachten:

1. Schritt: Fragen zum Text
- Wovon berichtet der Text? (Lies den Text sehr genau und beachte, welche Orte, Personen oder Gruppen und Handlungen genannt werden.)
- Welche unbekannten Wörter musst du klären?
- Wie ist der Text gegliedert? (Lassen sich für einzelne Abschnitte Überschriften finden? Welcher Gesichtspunkt steht jeweils im Mittelpunkt der einzelnen Abschnitte?)
- Gibt es Textstellen, die Widersprüche, Einseitigkeiten oder Übertreibungen enthalten?

2. Schritt: Fragen zum Verfasser
- Welche Informationen haben wir über den Verfasser?
- Kennt der Verfasser die Ereignisse, über die er berichtet, aus eigener Anschauung?

... und kritisch befragen

Wir müssen davon ausgehen, dass Verfasser von Texten manchmal in ihren Darstellungen übertreiben, um einen bestimmten Eindruck hervorzurufen. Folgende Fragen helfen dir, den Wahrheitsgehalt eines Textes zu überprüfen:

3. Schritt: Textkritik
- Wo gibt der Verfasser seine Meinung wieder? Wo urteilt und bewertet er?
- Stimmt der Bericht mit den bisherigen Kenntnissen, die wir von diesem Sachverhalt haben, überein?
- Wie steht er zu den Personen oder Gruppen, über die er schreibt? Ergreift er für eine Seite Partei?
- Welche Absichten verfolgte der Verfasser vermutlich mit seinem Text?

Eine politische Rede untersuchen

1. Den Text untersuchen

Untersucht die Rede zuerst mithilfe der Schritte zum Umgang mit Textquellen.
Wichtig ist vor allem, dass ihr folgende Fragen zum Text beantwortet:
- Was ist das Thema der Rede? Wo und wann wurde sie gehalten?
- Gibt es unbekannte Begriffe, die geklärt werden müssen?
- Ist eine Gliederung erkennbar?
- Gibt es z. B. Abschnitte, für die Überschriften gefunden werden können?

Auch sind Fragen zum Redner zu klären:
- Wer war der Redner? In welcher Situation war er, als er die Rede hielt? Aus welchem Anlass hat er geredet?
- Welche Haltung des Redners zum Thema ist erkennbar? Wo urteilt und bewertet er?

2. Die Argumentation erkennen

Notiert Stichworte zu den wichtigen Aussagen der Rede in einer Reihe untereinander. Stellt daran den Gedankengang des Textes dar. Ihr könnt ihn z. B. mithilfe von Pfeilen und Unterstreichungen skizzieren.

3. Die Wirkung der Rede ermitteln

Schreibt alle Redemittel heraus, die ihr für ungewöhnlich haltet, z. B. Wiederholungen, Vergleiche, Bilder, Appelle. Überlegt anschließend, wie die Redemittel wirken, welche Gefühle sie z. B. erzeugen.

4. Die Absicht erschließen

Versucht anhand der bisherigen Ergebnisse herauszufinden, wozu der Redner oder die Rednerin die Zuhörer „bewegen" möchte.

Politische Lieder verstehen

1. Entstehung klären
- Wann wurde das Lied geschrieben oder gesungen?
- In welchem Land war es bekannt?
- Wer hat das Lied verfasst?

2. Text untersuchen
- Wie heißt der Titel des Liedes?
- Was erfahren wir aus den einzelnen Strophen?
- Welche Absichten könnte der Autor mit dem Lied verfolgt haben?
- Wie können wir die Aussagen zusammenfassen?

3. Wirkung von Text und Melodie untersuchen
- Ist die Musik eher schnell/langsam, laut/leise, fröhlich/traurig, mitreißend/zurückhaltend, kriegerisch/besänftigend?
- Passen Text und Musik zusammen?
- Welche Gefühle könnte das Lied bei den Menschen damals ausgelöst haben?

4. Beurteilung
- Wie wirkt das Lied heute auf uns?
- Können wir dem Lied eine Botschaft für die heutige Zeit entnehmen? Wenn ja, wie würdet ihr sie formulieren?

Gewusst wie ...

Umgang mit Statistiken und Grafiken

1. Schritt: Den inhaltlichen Bezug der Zahlen erfassen
Prüft, worüber das gesammelte Zahlenmaterial Auskunft gibt und für welchen Zeitraum die Aussagen gelten.

2. Schritt: Eine Statistik erstellen
Fertigt eine Tabelle an, in der ihr die euch bekannten Zahlen einordnet. Achtet dabei besonders darauf, zutreffende Überschriften für die Spalten zu finden.

3. Schritt: Ein Diagramm zeichnen
Entscheidet euch zuerst für die Art des Diagramms, in der ihr die Daten veranschaulichen wollt:
- Lässt sich die Entwicklung, die ihr darstellen wollt, anschaulicher mithilfe einer Kurve oder mithilfe von Säulen darstellen?

4. Schritt: Das Diagramm beschreiben
Versucht, die dargestellte Entwicklung in Worte fassen. Z. B.: Wie verhalten sich die Säulenhöhen zueinander? Ist ein Anstieg oder ein Abfall zu erkennen? Ist der Anstieg stark/schwach, gleichmäßig/sprunghaft? Bleibt der Abstand zwischen zwei Kurven gleich oder verändert er sich?

5. Schritt: Die Aussage erfassen
Überlegt, wie eure Beobachtungen zu werten sind: In welchem Zeitraum ergibt sich der größte Anstieg/Abfall? Lässt sich zwischen einigen der beobachteten Zustände ein unmittelbarer Zusammenhang erkennen?
Versucht, die Beobachtung mit anderen euch bekannten Entwicklungen der untersuchten Zeit in Verbindung zu bringen.

Denkmäler untersuchen

1. Schritt: Bestandsaufnahme
- Formuliert zuerst, welchen Eindruck das Denkmal spontan auf euch macht.
- Betrachtet es anschließend genauer mithilfe der nebenstehenden Hinweise. (Was ist dargestellt und wie ist es dargestellt? Beachtet z. B. Größe, Material, äußere Form.)
- Dokumentiert das Denkmal mit Fotos und/oder Zeichnungen.
- Findet heraus, wann und von wem es errichtet wurde.
- Überlegt, welche Botschaft es der Nachwelt vermitteln sollte.

2. Schritt: Auskünfte einholen
- Erkundet, aus welchem Anlass das Denkmal errichtet wurde (Auskünfte erhaltet ihr evtl. im Gemeindebüro oder im Stadtarchiv.)
- Wer ist heute verantwortlich für das Denkmal? Wer pflegt es?
- Werden Gedenkfeiern organisiert, bei denen es eine Rolle spielt? Wenn ja: Von wem?
- Gibt es z. B. einen Kriegerverein, dessen Meinung zu dem Denkmal eingeholt werden könnte?

3. Schritt: Bewerten
- Was habt ihr über die bei der Errichtung oder in der Gegenwart wichtigen Motive und Gefühle, für die das Denkmal steht, herausgefunden?
- Hat sich die öffentliche Einstellung zu dem Denkmal verändert?
- Wie denkt ihr über die Aussage des Denkmals?

Werbebotschaften entschlüsseln

1. Schritt: Werbeträger, Produkt und Motiv beschreiben
- Klärt, welcher Art der Werbeträger ist: Wurde die Botschaft z. B. als Plakat, in der Zeitung, als Aufdruck auf Verpackungen, als Sammelbild verbreitet?
- Identifiziert das „Produkt“: Wofür wird geworben?
- Beschreibt das Motiv: Was ist dargestellt?
- In welcher Technik wurde die Werbung ausgeführt: z. B. als Zeichnung oder als Foto, farbig oder schwarzweiß?

2. Schritt: Auftraggeber und Botschaft ermitteln
- Findet den Auftraggeber heraus: Welche Firma, welcher Verein oder Veranstalter wirbt?
- Erläutert, welche Wünsche der Menschen durch die Werbung angesprochen werden sollen. Was wird in Bild und Text ausgesagt, unterstellt oder behauptet?

3. Schritt: „Verdeckte“ Botschaften und Einstellungen erkennen
- Mit welchen Mitteln und Methoden wurde gearbeitet, welche Leitbilder werden verwendet? Wird z. B. versucht, durch Text und Bild jemanden zu belehren, anzugreifen oder herabzusetzen? Wird jemand als besonders klug, sorgsam, verlässlich, gesund etc. dargestellt?

4. Schritt: Die Botschaft bewerten
- Eine Bewertung sollte sich anhand der vorher bearbeiteten Schritte auf drei Gesichtspunkte beziehen:

  a) Wirksamkeit:
  Wie schätzt ihr die Wirksamkeit zur Zeit der Verbreitung/Veröffentlichung ein?
  Überlegt auch, ob die Werbung heute noch wirksam sein könnte.
  b) Geschmack:
  Formuliert eure persönliche Meinung zu der Werbung.
  c) Moral:
  Was haltet ihr von der verdeckten Werbebotschaft? Formuliert eure Werturteile und diskutiert darüber in der Gruppe.

Ein Tribunal durchführen

Der Begriff Tribunal meint eine besondere Form des Rollenspiels als Gerichtsverhandlung.

1. Schritt: Informationen sammeln und bewerten
- Wertet Texte und Bilder aus. Was spricht für den „Angeklagten", was gegen ihn?
- Formuliert Argumente.

2. Schritt: Rollen übernehmen
- Legt nun die Rollen fest, z. B.: Ankläger, Verteidiger, Angeklagter, Zeugen, Experten (Lehrkraft?), unabhängige Beobachter/Presse, Richter (zur Leitung der Verhandlungen).
- Jede Rolle muss nun durch eine Gruppe besetzt werden, die sich auf die Verhandlung vorbereitet.
- Überlegt innerhalb der Gruppen, wie ihr vorgehen wollt.
- Entscheidet, ob ihr vor der Verhandlung unter den Gruppen die vorbereitenden Texte austauschen wollt.

3. Schritt: Argumente austauschen
- Argumentiert: Was spricht für, was gegen den Angeklagten?
- Gegebenenfalls: Nennt auftretende Probleme, die die Klärung erschwerten.
- Notiert auch abweichende Meinungen von Minderheiten.
- Findet abschließend ein Urteil.

4. Schritt: Abschlussbesprechung
- Diskutiert offene Fragen und unterschiedliche Meinungen zum Urteil.
- Überprüft, wenn möglich, den Verlauf des Tribunals mit der geschichtlichen Wirklichkeit.

Fotos auswerten

1. Schritt: Beschreibung
- Was ist zu sehen (Motiv/Thema)?
- Handelt es sich um ein Farb- oder ein Schwarzweißfoto?
- Wie groß wurde das Foto ursprünglich verbreitet?
- Welches Format hat es?
- Gibt es eine Bildunterschrift?
- Gibt es Hinweise auf Ort und Zeit der Aufnahme und auf den Fotografen?

2. Schritt: Untersuchung der Gestaltung
- Ist das Foto ein „Schnappschuss" oder ein gestelltes Bild?
- Aus welchem Blickwinkel zeigt der Fotograf das Motiv (Ausschnitt)?
- Wurde das Motiv bei natürlichem oder künstlichem Licht (Blitz) aufgenommen?
- Werden durch im Bild vorherrschende Linien oder durch die Verteilung von Licht und Schatten einzelne Motive besonders betont?

3. Schritt: Deutung/Erklärung
- Ist der Auftraggeber des Bildes bekannt? (Wer wollte, dass das Foto gemacht wird?)
- Wie wurde das Bild verbreitet?
- Mit welcher Absicht wurde das Bild aufgenommen und verbreitet? (Was soll gezeigt werden, was nicht?)

4. Schritt: Beurteilung
- Liefert das Foto Informationen, von denen ihr annehmt, dass sie nicht beabsichtigt waren?
- Was würdet ihr gern über den Hintergrund des Fotos erfahren?
- Gibt es etwas, das ihr besonders interessant/witzig/traurig findet? Begründet.

Plakate untersuchen

1. Schritt: Erster Eindruck – Einordnen
Betrachtet das Plakat genau und notiert, welchen ersten Eindruck es auf euch macht. Dafür könnt ihr z. B. die Form einer Adjektivliste wählen. Untersucht es anschließend nach folgenden Gesichtspunkten:
- Wer hat das Plakat in Auftrag gegeben?
- Worauf soll es aufmerksam machen?
- An wen (Adressat) wendet sich das Plakat?

2. Schritt: Betrachten
- Welcher Bildgegenstand ist dargestellt und in welcher Form ist er wiedergegeben? Z. B.: Ist eine Figur oder eine Szene beherrschendes Motiv? Wie wird sie dem Betrachter präsentiert?
- In welcher Technik ist das Plakat gestaltet?
- Welche Farben/Farbkontraste wurden verwendet und wie wirken sie?
- Wie wurde das Bild aufgebaut, wie wurde das Motiv ins Format gesetzt? Z. B.: Gibt die Linienführung dem Motiv eine vorherrschende Bewegungsrichtung? Wie wirkt sie?
- Ist der Gegenstand aus besonderer Nahsicht oder großer Entfernung wiedergegeben? Welche Rolle erhält der Betrachter? Ist er z. B. ein Zuschauer, dem etwas vor Augen geführt wird? Oder scheint er an der Szene beteiligt zu sein?
- Welcher Slogan, welche sprachlichen Formulierungen werden verwendet?
- Wie wurde die Schrift gestaltet und wie wirkt sie?

3. Schritt: Werten
- Welche Bedeutung haben die einzelnen Elemente des Plakats (Motiv, Farbe, Schrift)? Wurden Symbole verwendet?
- Welche Position bezieht das Plakat zum Thema, welche Aussage vermittelt es?
- Wie soll das Plakat auf den Betrachter wirken? Berücksichtigt dabei die herausgearbeiteten Wirkungsweisen der Gestaltungsmittel (wie Farben und Linien).
- Wie wirkt das Plakat auf euch/heutige Betrachter?

Lexikon

Alliierte Bezeichnung für das siegreiche militärische Bündnis gegen das Deutsche Reich und seine Verbündeten im Ersten Weltkrieg.
Antisemitismus Abneigung oder Feindschaft gegenüber Juden. Der Begriff bezieht sich darauf, dass sich die Juden in ihrer geschichtlichen Abstammung von den semitischen Stämmen des Nahen Ostens herleiten. Der rassische Antisemitismus Adolf Hitlers entwickelte sich vor dem Hintergrund der Theorien des aus England stammenden Houston Stewart Chamberlain, eines Schwiegersohns des deutschen Komponisten Richard Wagner.
arbeitsteilig/Arbeitsteilung Gemeint ist das Zerlegen eines Herstellungsprozesses in Teilschritte, die jeweils von einzelnen Arbeitern oder Arbeiterinnen ausgeführt werden. So kann es zu einer Beschränkung auf bestimmte Handgriffe kommen. Da ein Einzelner nicht mehr den ganzen Herstellungsprozess, sondern nur einen kleinen Ausschnitt kennen lernt, sehen Kritiker die arbeitsteilige Produktion als Ursache für die Entfremdung der Arbeiter von ihren Produkten.

Bolschewiki Innerhalb der russischen Sozialdemokratie hatten sich eine gemäßigte und eine extremere kommunistische Gruppe gebildet. Letztere war zwar zahlenmäßig geringer, wurde aber nach einem Kongress, bei dem ihre Delegierten zufällig in der Überzahl gewesen waren, fortan die „Bolschewiki" genannt, was im Russischen soviel bedeutet wie „Mehrheitler". Für die tatsächlich größere Gruppe der Gemäßigten bürgerte sich dagegen die Bezeichnung „Menschewiki" = „Minderheitler" ein.
Bourgeoisie (französisch: Bürgertum). Bezeichnung für das Besitz- und Bildungsbürgertum, das im 19. Jahrhundert auch an politischem Einfluss gewann. Hierzu gehörten z. B. Unternehmer, Bankiers oder Professoren.

Ermächtigungsgesetz Bezeichnung für das am 23. März 1933 auf Betreiben der nationalsozialistischen Regierung beschlossene „Gesetz zur Behebung der Not von Volk und Staat". Es bestimmte, dass Gesetze – auch solche, die die Verfassung änderten – und Verträge mit anderen Staaten statt vom Reichstag künftig von der Regierung verabschiedet werden konnten. Allein durch die Unterschrift des Kanzlers sollten sie Gültigkeit erlangen. Somit wurde dem Kanzler ungeteilte Macht zuerkannt; die Gewaltenteilung hatte keine Bedeutung mehr, war faktisch außer Kraft gesetzt. Befristet zunächst auf vier Jahre, wurde es später immer wieder verlängert.

Fabrik (von lateinisch „fabrica" = Werkstätte). Großbetrieb mit oft mehreren hundert Arbeiterinnen und Arbeitern zur maschinellen Fertigung von Erzeugnissen. Der Aufstieg der Fabriken und der Niedergang des Heimgewerbes begann in England 1770 mit der Erfindung der „Spinning Jenny" (Seite 71). Die Heimarbeiter mussten sich nun als Lohnarbeiter bei den Fabrikbesitzern andienen.
Frauenbewegung Bezeichnung für den organisierten Kampf um die rechtliche, politische und soziale Gleichstellung der Frau. 1865 wurde der „Allgemeine Deutsche Frauenverein" gegründet, 1894 der „Bund deutscher Frauenvereine". Hauptforderungen waren: gleiche Bildungschancen, Wahlrecht für Frauen (seit 1918) und gleicher Lohn für gleiche Arbeit.

Gewerkschaften Nachdem Arbeiter in England bereits ab 1811 Fabriken gestürmt und Maschinen zerstört hatten („machine stormers"), um die vermeintliche Ursache ihrer Notlage zu treffen, kam es Mitte des 19. Jahrhunderts zu Zusammenschlüssen von Arbeitern in Gewerkschaften. Sie forderten bessere Arbeitsbedingungen und höhere Löhne. Wichtigstes Druckmittel der Gewerkschaften war der Streik, d. h. die zeitweise Niederlegung der Arbeit. Die ersten Gewerkschaften in Deutschland waren die der Tabakarbeiter (1865) und die der Buchdrucker (1866).

Hegemonie (griechisch: Oberbefehl, Führerschaft). Die Vorherrschaft oder Überlegenheit einer Institution – zum Beispiel eines Staates – in politischer, militärischer, wirtschaftlicher und kultureller Hinsicht über andere Institutionen. Diese haben in der Regel kaum Möglichkeiten, ihre Vorstellungen gegenüber dem die Hegemonie Ausübenden (dem Hegemon) durchzusetzen, weil er über die notwendige Macht verfügt, Einflussmöglichkeiten anderer zu verhindern.

Imperialismus (von lateinisch „imperium" = Befehl, Herrschaft, sinngemäß auch: Reich). Bezeichnung für das Streben von Großmächten nach wirtschaftlicher, politischer und militärischer Vorherrschaft und der Errichtung von Weltreichen. Darüber hinaus bezeichnet der Be-

griff als Epochenbegriff die Zeit zwischen 1880 und 1914.
Industrielle Revolution Umwälzung der Arbeitswelt und der Gesellschaft durch verbreitete Anwendung von Maschinen, die menschliche und tierische Kräfte in großem Ausmaß ersetzten (z. B. Dampfmaschine, später Verbrennungs- und Elektromotor). Die industrielle Revolution begann im 18. Jahrhundert in England und breitete sich im 19. Jahrhundert auf dem europäischen Kontinent und in den USA aus. Sie trug zu tief greifenden Veränderungen der Gesellschaftsstrukturen bei.
Inflation Zunahme der umlaufenden Geldmenge, verbunden mit einem Wertverlust des Geldes.
Investitionen Bezeichnung für Geldsummen, die für Maschinen und andere Produktionsmittel ausgegeben werden, um damit Gewinne zu erwirtschaften.

■

Kapital Ein Vermögen, das im Wirtschaftsprozess eingesetzt wird und Gewinn erzielen soll. Unterschieden wird zwischen Geldkapital und Produktivkapital (Maschinen, Produktionsstätten). Eine Wirtschaftsordnung, in der Einzelne als Unternehmer Kapital einsetzen, um Gewinn zu erzielen, nennt man ▶Kapitalismus.
Kapitalismus Wirtschaftsordnung, innerhalb derer sich die Industrialisierung in Europa und Nordamerika vollzog. In dieser Ordnung befinden sich die Produktionsmittel in den Händen von Privatbesitzern, den Unternehmern. Diese treffen wirtschaftliche Entscheidungen, z. B. für ▶Investitionen, in Hinblick auf den Markt und die zu erwirtschaftenden Gewinne. Den Eigentümern von Produktionsmitteln bzw. ▶Kapital stehen die Lohnarbeiter gegenüber.
Klassenkampf Ein sich als Folge von gegensätzlichen Interessen entwickelnder Kampf der unterschiedlichen gesellschaftlichen Klassen, der Besitzlosen (Arbeiterklasse) gegen die Besitzenden (z. B. die Unternehmer, von Karl Marx als ▶Bourgeoisie bezeichnet). Karl Marx geht in seiner Theorie über die Entwicklung der Gesellschaften davon aus, dass der Klassenkampf unausweichlich ist und auf lange Sicht notwendig für das Erreichen einer klassenlosen Gesellschaft.
Kolonien Auswärtige Besitzungen eines Staates in Übersee (z. B. von europäischen Staaten in Afrika). Aus den Kolonien werden Waren ins Mutterland geschafft, die in diesem nicht vorkommen, wie etwa Öl, Kokosnüsse, Kaffee, Kakao.
Konstitutionelle Monarchie Staatsform, in der die Macht des Monarchen nicht mehr absolut (uneingeschränkt), sondern von einer geschriebenen Verfassung (lateinisch = „constitutio") geregelt wird. Es existiert ein Parlament, das die Gesetzgebung entweder allein oder zusammen mit dem Monarchen wahrnimmt. Die Ernennung und Entlassung der Regierung blieb in manchen konstitutionellen Monarchien allein dem Herrscher überlassen (z. B. im Deutschen Reich 1871 bis 1918), in anderen war und ist sie Sache des Parlaments (z. B. in Großbritannien). Letztere werden dann auch ▶Parlamentarische Monarchie genannt. Die Herrscher in parlamentarischen Monarchien sind Staatsoberhäupter mit fast ausschließlich repräsentativen Aufgaben.

■

Massenproduktion Der Ausdruck bezeichnet die maschinelle Herstellung großer Mengen gleicher Produkte unter Verwendung von austauschbaren Einzelteilen. Anfang des 20. Jahrhunderts entwickelte der amerikanische Autohersteller Henry Ford die Produktion an Fertigungsstraßen (Fließbandproduktion).
Militarismus Eine militaristische Gesellschaft zeichnet sich dadurch aus, dass sie sich an militärischen Bräuchen und Ehrenvorstellungen orientiert und den Soldaten zum Rollenvorbild erhebt. So wird z. B. der Gehorsam gegenüber Befehlen verlangt. Um dieser Orientierung einen Rahmen zu geben, werden militärische Rituale gepflegt, etwa indem Kinder bereits Uniformen tragen und den Stechschritt üben. Eine militaristische Politik gibt dem Krieg in der Regel den Vorzug vor der diplomatischen Verhandlung.
Mittelmächte Bezeichnung für das Bündnis von Deutschem Reich, Österreich-Ungarn, Bulgarien und dem Osmanischen Reich im Ersten Weltkrieg.

■

Nation (von lateinisch „natio" = Geburt, Herkunft, Volksstamm). Bezeichnung für eine größere Gruppe von Personen gleicher Abstammung, Sprache und Kultur, die sich aufgrund ihrer Gemeinsamkeiten als Einheit verstehen.
Nationalbewusstsein Bezeichnung für die Überzeugung, ein gemeinsamer Staat sei für die Angehörigen einer Nation die bestmögliche politische Organisationsform.
Nationalstaat Ein Staat, dessen Bürger ganz oder überwiegend Angehörige einer ▶Nation sind. Innerhalb der Grenzen des Deutschen Reiches von 1871, das sich als Nationalstaat verstand, lebten etwa 42,5 Millionen Einwohner. Darunter waren 3 Millionen Polen und 0,2 Millionen Dänen. Durch die Vereinnahmung Elsass-Lothringens waren

zudem etwa 1,5 Millionen Franzosen Bürger des Deutschen Reiches geworden.

■

Parlamentarische Monarchie Unterform der konstitutionellen (= an eine Verfassung gebundene) Monarchie, in der das Parlament die Regierung ernennt und entlässt. Die Herrscher in parlamentarischen Monarchien sind Staatsoberhäupter mit vor allem repräsentativen Aufgaben.

Proletariat (von lateinisch „proles" = die Nachkommenschaft). Im Alten Rom bezeichnete der Begriff die Besitzlosen, diejenigen, die nichts außer ihrer Nachkommenschaft besaßen. Später wurde der Begriff auch auf die Industriearbeiterschaft in der Zeit der industriellen Revolution angewendet: Menschen, die ihre vormals bäuerlichen oder kleingewerblichen Existenzen aufgeben mussten und in den Städten zu Industriearbeitern wurden. Der Philosoph Karl Marx (Seite 93) bestimmte das Proletariat als die Klasse, die ihre Arbeitskraft verkauft, um zu überleben.

■

Räte Volksvertreter, die direkt und auf mehreren Ebenen gewählt werden. So wählen z. B. Arbeiter in den Betrieben Räte, diese wählen dann wiederum selbst Räte. Unmittelbar an den Auftrag ihrer Wähler gebunden, können Räte von ihrem Posten jederzeit abberufen werden. Auf ihrer jeweiligen Ebene üben sie alle drei Gewalten aus: Für Gesetzgebung, Rechtsprechung und Ausführung sind sie voll verantwortlich.

Räterepublik Regierungssystem, bei dem die Herrschaft vom Volk über direkt gewählte Räte ausgeübt wird (direkte Demokratie). In Rätesystemen existiert keine Gewaltenteilung: Die Räte sind für Gesetzgebung, Rechtsprechung und Ausführung voll verantwortlich. Erstmals wurde das System in Russland ab 1905 umgesetzt.

Reparationen Zahlungen Deutschlands an die Siegermächte, mit denen Deutschland für die durch seine Aggression verursachten Zerstörungen und Kosten des Ersten Weltkriegs aufkommen sollte.

Republik (von lateinisch „res publica" = öffentliche Angelegenheit). Staatsform, bei der das Volk höchste Gewalt des Staates ist. Die Bürger ernennen durch eine Volksabstimmung das Staatsoberhaupt und Abgeordnete, die die Ansichten der allgemeinen Öffentlichkeit vertreten. In einer parlamentarischen Republik wird die Meinung der Bevölkerung durch ein jeweils auf mehrere Jahre gewähltes Parlament vertreten, wobei die einzelnen Abgeordneten ihrem Gewissen verpflichtet sind und nicht abberufen werden können.

■

Soziale Frage Bezeichnung für die Notlage und die ungelösten Probleme der Industriearbeiterschaft im 19. Jahrhundert. Dazu zählten z. B. das Wohnungselend, unzumutbare Arbeitsbedingungen, Verarmung aufgrund niedriger Löhne und hoher Arbeitslosigkeit sowie Kinderarbeit.

■

Ultimatum Ein diplomatisches Schriftstück, das vom Absender als letztes, zeitlich befristetes Verhandlungsangebot aufgefasst wird.

■

Verfassung Eine Verfassung legt die rechtlichen Grundlagen des Staates verbindlich fest. Sie schreibt z. B. vor, welche Regierungsform der Staat hat und regelt die Rechte und Pflichten der am Gemeinwesen Beteiligten. Die Verfassung der Bundesrepublik Deutschland ist im „Grundgesetz" festgelegt.

Völkerbund Auf Initiative des amerikanischen Präsidenten Woodrow Wilson (1856–1924) im Jahr 1920 gegründetes Staatenbündnis. Es verfolgte das Ziel, eine Weltfriedensordnung zu schaffen und zu erhalten, indem Konflikte zwischen Staaten durch ein internationales Gremium geregelt werden sollten. In seiner Wirkung war der Völkerbund jedoch schwach, zum einen, weil die Großmacht USA dem Bündnis letztlich nicht beitrat, zum anderen, weil zur Durchsetzung von Interessen allein wirtschaftliche Machtmittel (z. B. Handelsblockaden) zur Verfügung standen. 1946, ein Jahr nach Ende des Zweiten Weltkriegs, wurde der Völkerbund aufgelöst.

■

Weimarer Republik Nach politischen Unruhen gegen Ende des Ersten Weltkrieges wurde das Deutsche Reich zu einem demokratischen Staat, einer ▶ Republik. Das Parlament war der Reichstag, die Hauptstadt war Berlin. Abgeleitet vom Tagungsort der Verfassung gebenden Nationalversammlung, der thüringischen Stadt Weimar, wurde der neue deutsche Staat als „Weimarer Republik" bezeichnet. Sie bestand von 1919 bis 1933.

■

zensieren/Zensur Gezielte Unterdrückung von unerwünschten Verlautbarungen wie Nachrichten oder persönlichen Meinungsäußerungen.

Register

Register

Register

Textquellenverzeichnis

S. 8: (Q1) Friedrich Max Kircheisen (Hrsg.), Gespräche Napoleons des Ersten, Bd. 2. Stuttgart: Lutz 1912, S. 63 – **S. 9:** (Q3) Meinrad Maria Grewenig (Hrsg.), Napoleon: Feldherr, Kaiser, Mensch. Speyer: Historisches Museum der Pfalz o. J., S. 40; (Q4) Franz Herre, Napoleon Bonaparte. Wegbereiter des Jahrhunderts. München: Bertelsmann 1988, S. 108 – **S. 10:** Napoleon: Feldherr, Kaiser, Mensch, S. 44; (Q2) Francois René de Chateaubriand, Erinnerungen. München: Nymphenburger Verlagshandlung 1968, S. 363 ff. – **S. 15:** (Q1) Martin Riegel, Der Buchhändler Johann Philipp Palm. Ein Lebensbild. Hamburg: Broschek 1938, S. 118; (Q2) Friedrich Max Kircheisen (Hrsg.), Briefe Napoleons des Ersten, Bd. 2. Stuttgart: Lutz 1910, S. 246 f. – **S. 16:** (Q1) Georg Winter (Hrsg.), Die Reorganisation des Preußischen Staates unter Stein und Hardenberg, Bd. 1. Leipzig: Hirzel 1931, S. 306; (Q2) Ernst Rudolf Huber (Hrsg.), Dokumente zur deutschen Verfassungsgeschichte, Bd. 1. Stuttgart: Kohlhammer 1978, S. 41 – **S. 17:** (Q3) ebd., S. 45 – **S. 18:** (Q1): Wolfgang Venohr/Friedrich Habermann, Brennpunkte der deutschen Geschichte 1450–1850. Kronberg/Taunus: Athenäum 1978, S. 160 – **S. 19:** (Q2): ebd. – **S. 20:** (Q1) Flugschrift Christian Ulrich Detlef Freiherr von Eggers, 1808; in: Hans-Bernd Spieß (Hrsg.): Die Erhebung gegen Napoleon. Darmstadt: Wissenschaftliche Buchgesellschaft 1981, S. 67; (Q2) Tim Klein (Hrsg.) Die Befreiung 1813. Urkunden, Berichte, Briefe. Ebenhausen bei München: Langewiesche-Brand 1913, S. 26 – **S. 21:** (Q3) Eckart Kleßmann (Hrsg.), Die deutsche Revolution in Augenzeugenberichten. München: dtv 1973, S. 45 – **S. 31:** (Q) H. D. Dyroff, Der Wiener Kongress. München: dtv 1966, S. 111 – **S. 32:** (Q1) Günter Schönbrunn, Geschichte in Quellen, Bd. 5. München: Bayerischer Schulbuchverlag 1980, S. 83 – **S. 33:** (Q2) Philipp Jakob Siebenpfeiffer, Der deutsche Mai. Eröffnungsrede von 1832 (gekürzt). Neustadt 1832, S. 10 – **S. 34:** (Q1) Gottfried Kinkel, Des Untertanen Glaubensbekenntnis, zit. n.: Karl Otto Conrady (Hrsg.), Das Große Deutsche Gedichtbuch. Kronberg/Taunus: Athenäum 1978, S. 499 f. – **S. 35:** (Q2) Rolf Schloesser (Hrsg.), Deutsches Bürgerbuch von 1845. Köln: Europäische Verlagsanstalt 1975, S. 266 ff. – **S. 36:** (Q1) Die deutsche Revolution in Augenzeugenberichten, a.a.O., S. 40 – **S. 37:** (Q2) Walter Grab (Hrsg.), Die Revolution von 1848. Stuttgart: Reclam 1998, S. 59 – **S. 38:** (Q1) Wolfgang Venohr/Friedrich Habermann, a.a.O., S. 274; (Q2) Ferdinand Siebert, Von Frankfurt nach Bonn. Die deutschen Verfassungen 1849–1949. Frankfurt am Main: Hirschgraben 1982, o. S. – **S. 39:** (Q3) Wolfgang Venohr/Friedrich Habermann, a.a.O., S. 292 – **S. 40:** (M) Jürgen Keddigkeit/Erich Schneider, Die pfälzische Revolution von 1848/49. Kaiserslautern: Kulturamt der Stadt 1999, S. 98 ff. – **S. 41:** (Q) Wochenschau. Geschichte aus erster Hand, Heft 2/1998, S. 41 – **S. 47:** (Q3) Ludwig Quidde, Der Militarismus im Deutschen Reich. Eine Anklageschrift von einem deutschen Historiker. Stuttgart: Lutz 1893, S. 27 f. – **S. 50:** (Q1) Horst Kohl (Hrsg.), Die politischen Reden des Fürsten Bismarck 1892–1905, Bd. III. Stuttgart: Cotta o. J., S. 142 – **S. 51:** (Q2) Bruno Walden (Hrsg.) Fürst Bismarcks Gesammelte Werke, Bd. 5. Berlin: Fried 1942 ff., S. 95; (Q3) Günther Schönbrunn (Hrsg.), Geschichte in Quellen. Das bürgerliche Zeitalter. München: Bayerischer Schulbuchverlag 1980, S. 343; zit. n.: Karl Georg Faber, Realpolitik als Ideologie, HZ 203, München: C. H. Beck 1966, S. 15 f. – **S. 52:** (Q1) Bruno Walden (Hrsg.) Fürst Bismarcks Gesammelte Werke, Bd. 7. Berlin 1942 ff., S. 301 – **S. 53:** (Q2) Günther Schönbrunn (Hrsg.), Geschichte in Quellen. Das bürgerliche Zeitalter. München: Bayerischer Schulbuchverlag 1980, S. 263; (Q3) Michael Doeberl, Bayern und die Bismarckische Reichsgründung. München/Berlin: Oldenbourg 1925, S. 174 f. – **S. 55:** (Q1) Wilhelm Mommsen, Deutsche Parteiprogramme. München: Olzog 1960, S. 216 f.; (Q2) ebd., S. 148; (Q3) ebd., S. 68; (Q4) Carl Fischer, Denkwürdigkeiten und Erinnerungen eines Arbeiters, hrsgg. von Paul Göhre. Leipzig: Diederichs 1903, S. 291 f. – **S. 57:** (Q) Walter Rathenau, Briefe, Bd. 1, 1927, S. 52. Zitiert n.: Praxis Geschichte. Braunschweig: Westermann 5/1993, S. 30; (M) Hermann Glaser, Industriekultur und Alltagsleben. Vom Biedermeier zur Postmoderne. Frankfurt am Main: Fischer 1994, S. 189 ff. – **S. 58:** (Q1) Franz Rehbein, Das Leben eines Landarbeiters, hrsgg. von Paul Göhre. Jena: Diederichs 1911, S. 4; (Q2) Oskar Stillich, Die Lage der weiblichen Dienstboten in Berlin. Berlin: Akademischer Verlag für Soziale Wissenschaften 1902, S. 125 – **S. 59:** (Q3) Walter Bloem, Der krasse Fuchs. Leipzig u. a.: Grethlein 1910, S. 73 f.; (Q4) Lily Braun, Memoiren einer Sozialistin. Berlin: Dietz 1985 (Neusausg.), S. 4 – **S. 60:** (Q1) Wolfgang Ruppert, Die Arbeiter. Lebensformen, Alltag und Kultur von der Frühindustrialisierung bis zum „Wirtschaftswunder". München: C. H. Beck 1986, S. 438; (Q2) Fanny Lewald, Meine Lebensgeschichte, Bd. 3. Berlin 1863. Zit. n.: Ute Frevert, Frauen-Geschichte zwischen bürgerlicher Verbesserung und neuer Weiblichkeit. Frankfurt am Main: Suhrkamp 1986, S. 258 ff. – **S. 61:** (Q3) ebd., S. 121 f. – **S. 70:** (Q) Friedrich Engels, Die Lage der arbeitenden Klasse in England. München: dtv 1975, S. 33 f. – **S. 74:** (Q1) Herbert Pönicke, Die wirtschaftliche und soziale Entwicklung Europas im 19. Jahrhundert. Paderborn: Schöningh 1970, S. 31 – **S. 75:** (Q2) Wolfgang Venohr/Friedrich Habermann, a.a.O., S. 238; (M) Hermann Heinz Wille, Sternstunden der Technik. Leipzig: Urania 1987, S. 96 – **S. 77:** (M) Richard van Dülmen/Eva Labouvie (Hrsg.), Die Saar. Geschichte eines Flusses. St. Ingbert: Röhrig 1992, S. 167 ff. – **S. 78:** (M) ebd., S. 170 ff. – **S. 82:** (Q) Ernst Abbe, Gesammelte Abhandlungen. Jena: Fischer 1906, S. 74 – **S. 83:** (M) Willibald Gutsche (Hrsg.), Kleine illustrierte Geschichte der Stadt Erfurt. Marburg: Hitzeroth 1991, S. 68 – **S. 84:** (Q1) Jürgen Kuczynski, Geschichte des Alltags des deutschen Volkes. Köln: Pahl-Rugenstein 1981, S. 258; (M) Sieghard Bender (Hrsg.), Chemnitz – Die Industriestadt in Sachsen, Ausstellungskatalog. Chemnitz: Beschäftigungs- und Qualifizierungsgesellschaft mbH 1994, S. 25 – **S. 85:** Heidi Rosenbaum, Formen der Familie. Frankfurt am Main: Suhrkamp 1982, S. 408 f. (vereinfacht) – **S. 86:** Adelheid Popp, Jugend einer Arbeiterin. Berlin/Bonn: Dietz 1977 (Neuausg.), S. 36 – **S. 88:** (Q1) Johann Heinrich Wichern, Gesammelte Schriften, Bd. 2. Hamburg: Agentur des Rauhen Hauses 1905, S. 108; (Q2) Hermann de Buhr/Michael Regenbrecht (Hrsg.): Industrielle Revolution und Industriegesellschaft. Berlin: Cornelsen 1996, S. 51 – **S. 89:** (Q3) Ernst Schraepler (Hrsg.), Quellen zur Geschichte der sozialen Frage, Bd. 1. Göttingen: Musterschmidt 1965, S. 93 ff. – **S. 91:** (Q) Dieter Bradtke, Die industrielle Revolution in Deutschland. Stuttgart: Klett 1985, S. 323 f. – **S. 93:** (Q1, Q2) Zit. n.: Hermann de Buhr/Michael Regenbrecht (Hrsg.), Industrielle Revolution und Industriegesellschaft, a.a.O., S. 54 (gekürzt) – **S. 94:** Ursula Schulz, Die deutsche Arbeiterbewegung 1848–1919 in Augenzeugenberichten. Düsseldorf: Karl Rauch 1968, S. 241; (Q2) Bruno Walden (Hrsg.) Fürst Bismarcks Gesammelte Werke, Bd. 13. Berlin: Fried 1942 ff., S. 395 – **S. 100:** (Q1) Zit. n.: stern millenium. Hamburg: Gruner & Jahr 9/2000, S. 37 – **S. 101:** (Q2) Zit. n.: Misereor-Lehrerforum/Nicola Rosendahl, 33/1999 – **S. 106:** (Q) Gerhard A. Ritter (Hrsg.), Historisches Lesebuch 2. Frankfurt am Main: Fischer 1967, S. 300 f. – **S. 108:** (Q1) Zit. n.: Namibia Magazin, Vierteljahres-Zeitschrift der Deutsch-Namibischen Gesellschaft e. V., 3/1994, S. 11 – **S. 109:** (Q2) Zit. n.: Wolfgang J. Mommsen, Imperialismus. Seine geistigen, politischen und wirtschaftlichen Grundlagen. Hamburg: Hoffmann & Campe 1977, S. 65 f. – **S. 110:** (Q1) Helgard Patemann, Lernbuch Namibia. Wuppertal: Hammer 1984, S. 23 f. – **S. 111:** Walter Bärsch, Beschimpft, bespuckt, beleidigt – Warum? In: TV Hören und Sehen, 12.01.1991 – **S. 112:** (Q1) Zit. n.: Praxis Geschichte. Braunschweig: Westermann 1/1993, S. 41, M10 – **S. 113:** (Q2) a.a.O., M 17; (Q3) a.a.O., S. 43, M 19 – **S. 114:** a.a.O., S. 14, M 3 – **S. 115:** Jawaharlal Nehru, Weltgeschichtliche Betrachtungen. Briefe an Indira. Grundershausen: Progress 1957, S. 485 ff. (gekürzt) – **S. 116:** (Q) Aimé Césaire, Über den Kolonialismus, Berlin: Wagenbach 1968 – **S. 120:** (Q1) Zit. n.: Westfront – Die Fratze des Teufels, stern millenium. Hamburg: Gruner & Jahr 10/2000, S. 22 – **S. 124:** (Q1) Axel Kuhn (Hrsg.), Deutsche Parlamentsdebatten, Bd. 1, 1871–1918. Frankfurt

Textquellenverzeichnis/Bildquellenverzeichnis

am Main: Fischer 1970, S. 191 f.; (Q2), a.a.O., S. 194 f. – **S. 126:** alle Zitate aus: Arno Orzessek, Sprengstoff für den Frieden. Süddeutsche Zeitung 283/1996, S. 3 – **S. 128:** (Q1) Ernst Johann, Innenansicht eines Krieges. Deutsche Dokumente 1914–1918. München: dtv 1973, S. 16; (Q2) Tagebuch des Grenadiers Stefan Helmolt, in: Hans F. Helmolt (Hrsg.), Der Weltkrieg in Bildern und Dokumenten. Leipzig: Meulenhoff, o. J., S. 74; (Q3, Q4) Susanne Miller/Heinrich Potthoff, Kleine Geschichte der SPD. Darstellung und Dokumentation 1846–1980. Bonn: Verlag Neue Gesellschaft 1981 – **S. 130:** (Q1) Ernst Rudolf Huber (Hrsg.), Dokumente zur deutschen Verfassungsgeschichte, Bd. 2. Stuttgart: Kohlhammer 1964, S. 455; (Q2) Karl-Heinrich Peter, Reden, die die Welt bewegten. Stuttgart: Cotta 1959, S. 206 – **S. 131:** (Q3) Karl-Heinrich Peter, a.a.O., S. 230 f.; (Q4) Fritz Fischer, Griff nach der Weltmacht. Kronberg/Taunus: Athenäum 1977, S. 84; (Q5) Geschichte in Wissenschaft und Unterricht. Stuttgart: Klett 1952, S. 294; (Q6) Gerhard Ritter, Staatskunst und Kriegshandwerk. Das Problem des „Militarismus" in Deutschland, Bd. 3. München: Oldenbourg 1964 (2., neu durchges. Aufl.), S. 15 ff.; (Q7) Wolfgang Schieder (Hrsg.), Erster Weltkrieg. Ursachen, Entstehung und Kriegsziele. Köln/Berlin: Kiepenheuer & Witsch 1969; (Q8) Sönke Neitzel, Kriegsausbruch. Deutschlands Weg in die Katastrophe 1900–1914. München/Zürich: Pendo 2002 – **S. 132:** (Q1) Zit. n.: Franz Hofmeier (Hrsg.), Wege durch die Geschichte, Bd. 4. Berlin: Cornelsen 1992, S. 74 – **S. 133:** (Q2) Jean-Pierre Cartier, Der Erste Weltkrieg, zit. n.: Hans Heumann (Hrsg.), Geschichte für morgen, Arbeitsbuch für den Geschichtsunterricht an Hauptschulen in Baden-Württemberg, Bd. 8. Frankfurt am Main: Hirschgraben 1987, S. 157 – **S. 134:** (Q1) Zit. n.: Ulrich Cartarius (Hrsg.), Deutschland im Ersten Weltkrieg. Texte und Dokumente. München: dtv 1982, S. 87; (Q2) Gunther Mai, Kriegswirtschaft und Arbeiterbewegung. Stuttgart: Klett-Cotta 1983, S. 337 – **S. 135:** (Q3) Jo Mihaly, ... da gibt's ein Wiedersehen! Kriegstagebuch eines Mädchens 1914–1918. Freiburg/Breisgau u. a.: Kerle 1982, S. 216 – **S. 136:** (Q1) Günter Schönbrunn (Hrsg.), Geschichte in Quellen. Weltkriege und Revolutionen 1914–1945. München: BSV 1979 (3. Aufl.), S. 52 f. – **S. 137:** (Q2) Herbert Michaelis u. a. (Hrsg.), Ursachen und Folgen. Vom deutschen Zusammenbruch 1918 und 1945 bis zur staatlichen Neuordnung Deutschlands in der Gegenwart. Berlin: Wendler o. J., Bd. 2, S. 325 – **S. 138:** (Q) a.a.O., S. 391 – **S. 144:** (Q) Erich Angermann (Hrsg.), Der Aufstieg der Vereinigten Staaten von Amerika. Stuttgart: Klett 1981 (3. Aufl.), S. 77 – **S. 146:** (Q) Franklin Delano Roosevelt. Links von der Mitte – Briefe, Reden, Konferenzen, hrsgg. von Donald Day. Frankfurt am Main: Verlag der Frankfurter Hefte 1951; S. 378 – **S. 149:** (M) Gert Raeithel, Geschichte der nordamerikanischen Kultur, Bd. 2. Weinheim: Quadriga 1988, S. 232 ff.; (Q) Andrew Carnegie, Wealth. In: North American Review 148, S. 665 f. (übers.) – **S. 150:** (M2) Erich Angermann, Die Vereinigten Staaten von Amerika seit 1917 (Weltgeschichte des 20. Jahrhunderts, Bd. 7). München: dtv 1978, S. 95 f. – **S. 151:** (M3) ebd., S. 130 – **S. 152:** (Q1) Erich Angermann (Hrsg.), Der Aufstieg der Vereinigten Staaten von Amerika, a.a.O., S. 25); (Q2) Herbert Hoover, Memoiren, Bd. 3. Mainz: Matthias-Gruenewald-Verlag 1952, S. 329 ff. – **S. 153:** (M1) Willi Paul Adams, Die USA im 20. Jahrhundert. München: Oldenbourg 2000, S. 62 ff.; (M2) Jörg Nagler, Weg zur Weltmacht 1898 bis 1945. In: Informationen zur politischen Bildung 268/2000, S. 27 f. – **S. 155:** (Q) Leo Trotzkij, Geschichte der Russischen Revolution. Frankfurt am Main: Fischer Taschenbuch Verlag 1973, S. 133 – **S. 156:** (Q1) Wolf-Rüdiger Grössl/Harald Hermann, Stundenblätter: Die russische Revolution und die innere Entwicklung der Sowjetunion bis zum XX. Parteitag. Stuttgart: Klett 1983, S. 36 – **S. 157:** (Q2) Wladimir I. Lenin, Ausgewählte Werke II. Berlin: Dietz 1970, S. 40 f.; (Q3) Otto Böss (Hrsg.), Russland-Chronik. Salzburg: Das Bergland-Buch 1975, S. 35 – **S. 158:** (Q1) Nikolaj N. Suchanow, 1917. Tagebuch der russischen Revolution. München: Piper 1967, S. 656; (Q2) Helmut Altrichter/Heiko Haumann (Hrsg.), Die Sowjetunion. Von der Oktoberrevolution bis zu Stalins Tod, Bd. 2: Wirtschaft und Gesellschaft. München: dtv 1987, S. 26 f.; (Q3) ebd., S. 37. – **S. 159:** (Q4) Zit. n.: Wladislav Hedeler u. a. (Hrsg.), Die Russische Revolution 1917. Berlin: Dietz 1996, S. 418 f. – **S. 161:** (Q) Roj A. Medwedew, Die Wahrheit ist unsere Stärke. Geschichte und Folgen des Stalinismus. Frankfurt am Main: S. Fischer 1973, S. 310 – **S. 162:** (Q) Josef Stalin, Werke, Bd. 2. Berlin: Dietz 1954, S. 220 – **S. 173:** Herbert Michaelis u. a. (Hrsg.), Ursachen und Folgen. Vom deutschen Zusammenbruch 1918 und 1945 bis zur staatlichen Neuordnung Deutschlands in der Gegenwart, Bd. 2. Berlin: Wendler o. J., S. 572; (Q2) ebd., S. 573 – **S. 176:** (Q1) Die Verfassung des Deutschen Reiches. Verlag der Reichsdruckerei (o. O.) 1924, S. 7; (Q2) ebd., S. 7 – **S. 177:** (Q3) ebd., S. 12, 14 ff. – **S. 178:** (Q1) Herbert Michaelis u. a. (Hrsg.), Ursachen und Folgen, a.a.O., S. 405 – **S. 180:** Joachim Hoffmann, Die großen Krisen (Bilder aus der Weltgeschichte 14). Frankfurt am Main u. a.: Diesterweg 1975, S. 59 – **S. 184:** (Q1 Günter Schönbrunn (Hrsg.), Geschichte in Quellen. Weltkriege und Revolutionen 1914–1945. München: BSV 1979 (3. Aufl.), S. 210; (Q2) ebd., S. 212 – **S. 185:** (M) Paul Schmidt, Statist auf diplomatischer Bühne 1923–1945. Erlebnisse des Chefdolmetschers im Auswärtigen Amt mit den Staatsmännern Europas, Wiesbaden: Aula (14. Aufl.) 1986; (Q3) Gustav Stresemann, Reden und Schriften. Politik, Geschichte, Literatur 1897–1926, Bd. 2. Dresden: Reissner 1926, S. 303 f.; (Q4) Zit. n.: Paul Schmidt, a.a.O., S. 118 – **S. 186:** (Q1) Deutsche Bergwerkszeitung, 15.03.1929; (Q2) Zürcher Zeitung im November 1929 – **S. 187:** (Q1) Wilhelm Treue (Hrsg.), Deutschland in der Weltwirtschaftskrise in Augenzeugenberichten. Düsseldorf: Rauch 1967, S. 128; (Q4) Der Tag, 22.09.1932 – **S. 189:** (Q) Wolfgang Michalka/Gottfried Niedhart (Hrsg.), Die ungeliebte Republik: Dokumentation zur Innen- und Außenpolitik Weimars 1918–1933. München: dtv 1980, S. 340 f. – **S. 190:** (Q1) Adolf Hitler, Mein Kampf. München 1925, S. 379; (Q2) Walter Hofer, Der Nationalsozialismus. Dokumente. Frankfurt am Main: Fischer Taschenbuch Verlag 1982, S. 37; (Q3) Adolf Hitler, a.a.O., S. 127 – **S. 191:** (Q4) Eberhard Jäckel (Hrsg.), Adolf Hitler. Sämtliche Aufzeichnungen 1905–1924. Stuttgart: Deutsche Verlagsanstalt 1980, S. 88 ff.; (M) Ian Kershaw, Trauma der Deutschen. In: Der Spiegel 19/2001 vom 07.05.2001 – **S. 192:** (Q1) Melita Maschmann, Fazit. Kein Rechtfertigungsversuch. Stuttgart: Deutsche Verlagsanstalt 1963 (3. Aufl.), S. 17 f. – **S. 193:** (Q2) Wolfgang Michalka (Hrsg.), Das Dritte Reich. Dokumente zur Innen- und Außenpolitik, Bd. 1. München: dtv 1985, S. 23; (Q3) Günther Schönbrunn, Geschichte in Quellen. Weltkriege und Revolutionen 1914–1945. München: Bayerischer Schulbuchverlag 1979, 3. Auflage, S. 279

Bildquellen

Umschlag: view/Reiner Voß – **S. 6/7:** Bildarchiv Preußischer Kulturbesitz (= BPK), Berlin (Wdh. S. 4, S. 23 a) – **S. 8:** (1) Artothek, Weilheim; (2) Napoleonmuseum Schloss Arenenberg, Salenstein/Schweiz – **S. 9:** (3) Verein für Heimatpflege e. V. Schifferstadt; (4) Verein für Heimatpflege e. V. Schifferstadt/Foto: Lenz/VG Bild-Kunst 2005; (5) Archiv für Kunst und Geschichte (= AKG), Berlin (Wdh./Ausschnitt S. 11) – **S. 10:** (1) Bibliothèque Nationale de France, Paris – **S. 13:** (2) Übernahme aus: Napoleon ZeitBild – Das historische Nachrichtenmagazin, © 1978 Carl Ueberreuter Verlag Wien/Heidelberg – **S. 15:** (2) Städtisches Museum Simeonstift, Trier – **S. 16:** (1) AKG, Berlin (Wdh. S. 23 c) – **S. 18:** (1) AKG, Berlin – **S. 19:** (2) Albertina, Wien/Graphische Sammlungen (Wdh. S. 23 d) – **S. 20:** (1) AKG, Berlin – **S. 21:** (2) Archiv Gerstenberg, Wietze – **S. 22:** (1) Archiv Filmmuseum Potsdam/Foto: DEFA-Daum – **S. 24/25:** Bilderbogen-Dokumentationszentrum Neuruppin (Wdh./Ausschnitte S. 4, 26) – **S. 27:** (9) Süddeutscher Verlag Bilderdienst/Dokumentations- und Informationszentrum (= DIZ), München; (11) BPK, Berlin – **S. 31:** (2) Archiv Gerstenberg, Wietze – **S. 32:** (1, RS) AKG, Berlin – **S. 33:** (2) AKG, Berlin (Wdh. S. 43 a, S. 200); (RS) Archiv Gerstenberg, Wietze – **S. 34:** (1) AKG, Berlin – **S. 35:** (2) Archiv

Bildquellenverzeichnis

Gerstenberg, Wietze – **S. 37:** (2) AKG, Berlin (Wdh. S. 43 b) – **S. 38:** (1) Historisches Museum, Frankfurt/Main (Wdh. S. 43 c) – **S. 39:** (2) Archiv Gerstenberg, Wietze (Wdh. S. 43 d) – **S. 40:** (1) Museum Alzey; (2) Bayerisches Armeemuseum Ingolstadt Inv.-Nr. 213/87; (RS) © Reiss-Engelhorn-Museum/Kunst- und Stadtgeschichtliche Sammlungen Mannheim/Foto: Jean Christen – **S. 41:** (3) BPK, Berlin; (RS) © Reiss-Engelhorn-Museum/Kunst- und Stadtgeschichtliche Sammlungen Mannheim/Foto: Jean Christen – **S. 42:** (1) AKG, Berlin – **S. 44/45:** Ullsteinbild, Berlin/Foto: Waldemar Titzenthaler (Wdh. S. 4); (Einklinker) Ullsteinbild, Berlin – **S. 46:** (1) Landesmedienzentrum RhP/Foto: Fritz Gutmann; (2) Wehrtechnische Studiensammlungen/BWB Sign. FA 84 – **S. 47:** (3) BPK, Berlin (Wdh. S. 63 c) – **S. 48:** (2) aus: ExKöln vor 100 Jahren (c) I.P. Verlagsgesellschaft München – **S. 51:** (2, 3) AKG, Berlin; (3: Wdh. S. 63 a, S. 200) – **S. 52:** (1) Les Musées de la Ville Strasbourg – **S. 53:** (2, RS) AKG, Berlin (2: Wdh. S. 63 b) – **S. 56:** (1, 2) BASF Unternehmensarchiv, Ludwigshafen am Rhein – **S. 57:** (3) Siemens AG, München; (4) DIZ, München; (RS) beide Deutsches Museum, München – **S. 58:** (1) Artothek, Weilheim – **S. 59:** (2) DIZ, München – **S. 60:** (1) BPK, Berlin (Wdh. S. 63 d); (RS) AKG, Berlin – **S. 61** (3) Fotomuseum im Stadtmuseum, München – **S. 62:** (1) Deutsches Filminstitut, Fankfurt/Main; (2) Wilhelm Stöckle, Filderstadt; (3) Günter Englert, Frankfurt/Main – **S. 64/65:** Stadtarchiv Ludwigshafen (Wdh. S. 4); (Einklinker S. 64 oben) BASF-Unternehmensarchiv, Ludwigshafen am Rhein; (Einklinker S. 65) Werbeverlag R. Gorzinski, Mannheim – **S. 67:** (4, 5) BASF-Unternehmensarchiv, Ludwigshafen am Rhein; (6, 7) Stadtarchiv Ludwigshafen – **S. 70:** (1) Heinemann Educational, Oxford; (RS) Bridgeman Art Library, London – **S. 71:** (2) Heinemann Educational, Oxford – **S. 72:** (1) Heinemann Educational, Oxford – **S. 73:** (3) Heinemann Educational, Oxford – **S. 75:** (2) Saarländisches Bergbaumuseum, Bexbach; (RS) Klaus Becker, Frankfurt/Main – **S. 77:** (2) BPK, Berlin – **S. 78:** (1) DB-Museum im Verkehrsmuseum, Nürnberg – **S. 79:** (2) Staatliche Museen Preußischer Kulturbesitz/Kunstbibliothek, Berlin; (3) Bildarchiv Historisches Museum Saar, Saarbrücken – **S. 80:** (1) Historisches Archiv der Friedrich Krupp GmbH, Essen – **S. 81:** (2, 3) AEG-Firmenarchiv, Frankfurt/Main – **S. 83:** (2, 3) AKG, Berlin – **S. 84:** (1, RS) AKG, Berlin – **S. 85:** (2) Ullsteinbild, Berlin – **S. 87:** (2) Ullsteinbild, Berlin – **S. 88:** (1) BPK, Berlin – **S. 89:** (2) Bildarchiv Historisches Museum Saar, Saarbrücken – **S. 90:** (1) Erzbischof Bolslaw Pytak, Lublin/Muzeum Archiediecezjalne Sztuki Rligijney – **S. 91:** (2, 3) Deutsches Historisches Museum (= DHM) Berlin – **S. 92:** (1) Archiv der sozialen Demokratie der Friedrich-Ebert-Stiftung, Bonn (Wdh. S. 97 d) – **S. 93:** (2) AKG, Berlin (Wdh. S. 97 c) – **S. 94:** (1) Punch, London – **S. 95:** (2) Archiv der sozialen Demokratie der Friedrich-Ebert-Stiftung, Bonn; (3) BPK, Berlin – **S. 96:** (1, 2) Klaus Becker, Frankfurt/Main – **S. 97:** (b) AKG, Berlin – **S. 98/99:** Ullsteinbild, Berlin/Foto: Holger Steinle (Wdh. S. 5); (Einklinker S. 98 links) AKG, Berlin; (Einklinker S. 98 rechts) Sarotti GmbH, Berlin; (Einklinker S. 99 links) Klaus Becker, Frankfurt/Main; (Einklinker S. 99 rechts) Katholische Nachrichtenagentur, Frankfurt/Main – **S. 100:** (1) AKG, Berlin – **S. 101:** (3, 4) Katholische Nachrichtenagentur, Frankfurt/Main – **S. 102:** (1) Sammlung Hans-Wilhelm Goffart, Dormagen; (3) Filmmuseum Düsseldorf; (4) DHM, Berlin/Sign. E 92/955; (5) Hauptstaatsarchiv Stuttgart – **S. 104:** (1) AKG, Berlin (Wdh. S. 117 a) – **S. 106:** (RS) AKG, Berlin – **S. 107:** (2) Archiv Gerstenberg, Wietze; (RS) AKG, Berlin – **S. 110:** (1, 2) Staatsarchiv, Bremen; (RS) Museum für Völkerkunde, Wien – **S. 111:** (3) BPK, Berlin (Wdh. S. 117 b); (4) Elisabeth Oechtering, Geesthacht; (RS) Andradi – **S. 113:** (2) Ullsteinbild, Berlin (Wdh. S. 117 c) – **S. 116:** (1) Katholische Nachrichtenagentur, Frankfurt/Main (Wdh. S. 117 d) – **S. 118/119:** DIZ, München (Wdh. S. 5); (Einklinker S. 118 oben) Ullsteinbild, Berlin; (Einklinker S. 118 unten) DIZ; München; (Einklinker S. 119) Deutsche Presseagentur (= dpa) Frankfurt/Main – **S. 120:** (1) Institut Géographique National, Paris – **S. 121:** (2) Keystone Pressedienst, Hamburg; (3) dpa, Frankfurt/Main – **S. 122:** (1, 2): Klaus Becker, Franfurt/Main – **S. 124:** (2) BPK, Berlin – **S. 126:** (1) Ullsteinbild, Berlin; (RS) BPK, Berlin – **S. 128:** (1/Wdh. S. 141 b, 2) DIZ; München – **S. 130:** (1) BPK, Berlin – **S. 132:** (1) DIZ, München – **S. 133:** (2, 3/Wdh. S. 141 c) Imperial War Museum, London; (RS/Wdh. S. 201) DHM, Berlin – **S. 135:** (2) DIZ, München; (3) Ullsteinbild, Berlin; (4/Wdh. S. 141 d) DIZ, München – **S. 136:** (1, RS) AKG, Berlin – **S. 137:** Anschläge: Deutsche Plakate 1900–1970, Verlag Langewiesche-Brandt, Ebenhausen/München (= Anschläge, Verlag Langewiesche-Brandt) – **S. 138:** (RS) AKG, Berlin – **S. 139:** (2) AKG, Berlin – **S. 140:** (1–3) Deutsches Institut für Filmkunst, Frankfurt/Main – **S. 142/143** (Wdh. S. 5): dpa, Frankfurt/Main – **S. 144:** (1) BPK, Berlin – **S. 145:** (2, 3) The Norman Rockwell Family Trust – **S. 146:** (1) Franz Hafner, Berlin – **S. 148:** (1/Wdh. S. 165 a) Corbis, Düsseldorf; (2/Wdh. S. 165 b, 201) Library of Congress, Washington D. C.; (RS) BPK, Berlin – **S. 150:** (1) Culver Pictures, New York; (RS) Archiv Gerstenberg, Wietze – **S. 152:** (2) T. H. Benton and R. P. Benton Testamentary Trust/VG Bild-Kunst, Bonn 2005 – **S. 153:** (2) Verlag Schirmer-Mosel, München – **S. 154:** (RS) Ullsteinbild, Berlin – **S. 155:** (RS) BPK, Berlin – **S. 156:** (1/Wdh. S. 165 c) ebd. – **S. 157:** (2, RS) AKG, Berlin – **S. 158:** (1/Wdh. S. 201) RIA Novosti, Berlin – **S. 160:** (1) AKG, Berlin – **S. 161:** (2/Wdh. S. 165 d) Tretjakow Galerie, Moskau – **S. 163:** (3) Ullsteinbild, Berlin – **S. 164:** (1, 2) DIZ, München – **S. 166/167** (Wdh. S. 5): Ullsteinbild, Berlin; (Einklinker S. 169 oben) Märkisches Museum, Berlin; (Einklinker S. 169 unten) AKG, Berlin – **S. 168:** (1) AKB, Berlin; (2) Ullsteinbild, Berlin – **S. 169:** (4) Hessisches Landesmuseum, Darmstadt; (5) BPK, Berlin – **S. 170:** (1) Anschläge; Verlag Langewiesche-Brandt, Ebenhausen/München; (2) Bundesarchiv Koblenz; S. 172: (RS) AKG, Berlin – **S. 173:** (2/Wdh. S. 195 a u. 201, 3) Ullsteinbild, Berlin; (RS) AKG, Berlin – **S. 174:** (RS) AKG, Berlin – **S. 175:** (1) DIZ, München; (2) Ullsteinbild, Berlin – **S. 176:** (2) Ullsteinbild, Berlin – **S. 177:** (RS) AKG, Berlin – **S. 179:** (2, 3) AKG, Berlin – **S. 180:** (1/Wdh. S. 195 b) DIZ, München; (2) Anschläge; Verlag Langewiesche-Brandt, Ebenhausen/München – **S. 181:** (3) Übernahme aus: Weimarer Ausstellungskatalog, S. 71, Elephanten Press, Berlin; (RS oben) AKG, Berlin; (RS unten) Anschläge; Verlag Langewiesche-Brandt, Ebenhausen/München – **S. 182:** (1) DIZ, München – **S. 183:** Berliner Illustrierte Zeitung 1923 – **S. 184:** (1) Anschläge; Verlag Langewiesche-Brandt, Ebenhausen/München; (RS) AKG, Berlin – **S. 185:** (2/Wdh. S. 195 c) Keystone Pressedienst, Hamburg – **S. 186:** (1) DIZ, München – **S. 187:** (2, RS) Ullsteinbild, Berlin – **S. 188/189:** (RS, alle) Anschläge; Verlag Langewiesche-Brandt, Ebenhausen/München – **S. 190:** (RS) Hoffmann & Hitler. Fotografie als Medium des Führermythos, Ausstellungskatalog, Hrsg. Rudolf Herz. München: Verlagsbuchhandlung Klinkhardt und Biermann 1994 – **S. 192:** (1, RS) AKG, Berlin – **S. 193:** (2) AKG, Berlin; (RS) H. Weber, Köln – **S. 194:** (1–6) Ullsteinbild, Berlin – **S. 196:** (unten rechts) Länderpress, Düssseldorf – **S. 197:** (oben links) BPK, Berlin; (oben rechts) AKG, Berlin, (unten links) N. Gouvouris, Athen – **S. 198:** (Mitte links) Universitätsbibliothek Heidelberg; (unten links) Bibliothèque Nationale de France, Paris; (oben rechts) AKG, Berlin; (Mitte rechts) Germanisches Nationalmuseum, Nürnberg; (unten rechts) AKG, Berlin – **S. 199:** (oben) Bridgeman, London; (unten links) DIZ, München; (unten rechts) Bridgeman, London

Nicht in allen Fällen war es uns möglich, den Rechteinhaber der Abbildungen ausfindig zu machen. Berechtigte Ansprüche werden selbstverständlich im Rahmen der üblichen Vereinbarungen abgegolten.

Zeichnungen: Klaus Becker, Frankfurt am Main – Bettina Bick, Hamburg – Thomas Binder, Magdeburg – Rainer Fischer, Berlin – Ika Gerrard, Hamburg – Gabriele Heinisch, Berlin – Andreas Müller, Hamburg – Michael Teßmer, Hamburg – Stephan Warnatsch, Berlin

Grafiken und Karten: Klaus Becker, Frankfurt am Main – Carlos Borrell, Berlin – Elisabeth Galas, Köln – Skip Langkafel, Berlin